The Selective Mutism
Resource Manual

（2nd Edition）

选择性缄默症
资源手册

（原书第2版）

［英］ 玛吉·约翰逊（Maggie Johnson）　　著
　　　艾莉森·温特根斯（Alison Wintgens）

王俊华　许念华　译
吕云舫　审校

机械工业出版社
China Machine Press

图书在版编目（CIP）数据

选择性缄默症资源手册（原书第 2 版）/（英）玛吉·约翰逊（Maggie Johnson），（英）艾莉森·温特根斯（Alison Wintgens）著；王俊华，许念华译．—北京：机械工业出版社，2020.8（2024.6 重印）

书名原文：The Selective Mutism Resource Manual

ISBN 978-7-111-66232-7

I. 选… II. ① 玛… ② 艾… ③ 王… ④ 许… III. 缄默症 – 儿童教育 – 特殊教育 – 手册 IV. G766-62

中国版本图书馆 CIP 数据核字（2020）第 139211 号

选择性缄默症资源手册（原书第 2 版）

出版发行：机械工业出版社（北京市西城区百万庄大街 22 号　邮政编码：100037）

责任编辑：向睿洋　　　　　　　　　　　　　责任校对：殷　虹

印　　刷：北京建宏印刷有限公司　　　　　　版　　次：2024 年 6 月第 1 版第 5 次印刷

开　　本：170mm×230mm　1/16　　　　　　印　　张：26

书　　号：ISBN 978-7-111-66232-7　　　　　定　　价：119.00 元

客服电话：（010）88361066　68326294

勇气是对恐惧的抵抗，是对恐惧的掌控，而不是没有恐惧。

——马克·吐温（1835—1910）

谨以此书献给

我的小乌里特，她是我们所有人中最勇敢的人

感谢彼得的支持、鼓励和耐心

关于本书缩写和用词的说明

- 请注意，在整本手册中，缩写"SM"是指"选择性缄默症"。
- 我们经常具体说明我们谈论的是哪个年龄组（幼儿、儿童、少年或青少年），但需要泛指的时候我们用"孩子"或"孩子们"。
- "父母"指父母或监护人。
- "执业者"（practitioner）指任何与孩子及其家庭合作的治疗师、心理学家或临床医生。

目录

⊖　读者可以登录网址 course.cmpreading.com，在搜索栏输入书名或书号进行下载。

致中国读者

　　我们很高兴为《选择性缄默症资源手册（原书第 2 版）》的中译本写序。第 2 版中译本的出版对我们而言是一个正向反馈，这让我们很是欣喜，因为这样看来第 1 版对中国读者是有帮助的。一想到在中国有那么多人有机会借助我们的书理解和帮助选择性缄默症（selective mutism, SM）患者，我们就感到兴奋！

　　帮助 SM 患者，并为所有接触到患有 SM 的儿童、青少年或成人的人提供指导，这是一件很不容易的事情。我们希望第 2 版新增的资料能够增进你对 SM 的理解，为你提供更多的资源，并鼓励你从事干预 SM 这项重要的工作。我们感谢俊华、云舫和念华及其团队召集海内外华人咨询师、督导和家长翻译本书，把本书带给广大中文读者。

　　现在距离英文第 1 版的问世已有 19 年，英文第 2 版的出版也已有三年多。在英国及其他西方国家，我们看到公众对 SM 的意识逐渐提高，广播、电视、报纸、杂志等媒体也有了更多的相关宣传。专业人员和机构已经能很好地识别 SM，并且在语言治疗领域，SM 和其他交流障碍一样受到重视。

　　我们向所有读者致以最诚挚的祝福；祝福 SM 患者，他们的父母、家人和朋友，教育、医疗和心理健康专业人员，还有社区中其他帮助 SM 患者的人们。

玛吉·约翰逊（Maggie Johnson）

艾莉森·温特根斯（Alison Wintgens）

关于选择

如果可以选择，作为父母，你一定希望自己的孩子健康、聪明、快乐，但是如果孩子必须面临一项先天的挑战，而父母可以选择，你会选择哪一项呢？这个假设听上去残酷又毫无意义。我为什么会这样问呢？继续往下读，你会明白。

我的一位朋友是个"超级妈妈"，每次找她，她好像不是在女儿学校做义工或者开会，就是带着女儿去参加各种各样的活动。我一直以为她是个望子成龙的虎妈，直到有一天她跟我讲起女儿的故事。

她的女儿，一个在家里聪明伶俐、能说会道的孩子，三岁开始在幼儿园像变了一个人：不说话，不吃不喝，不上厕所。朋友带着孩子四处求医，过了两年才被诊断出这是一种心理疾病，叫作"选择性缄默症"。朋友花费不少周折为女儿找到了一个懂 SM 的治疗师，在学校里争取到了 IEP（个别化教学计划，是美国政府为需要特殊教育的孩子分配的教育资源），在课外更是想尽办法带孩子参加各种活动来"脱敏"。现在孩子在学校有很多好朋友，喜欢上学，说话也没问题了。

朋友说："你知道吗，学校 IEP 里有不少孩子情况比较严重（比如自闭症、智力发育迟缓等），他们的父母再拼也很难让孩子很快进步。**如果孩子必须面临一项先天挑战，我会毫不犹豫地选择 SM，因为我知道，只要选对治疗师，父母**

够拼，加上老师配合，孩子一定能好起来。"

这就是我第一次听说 SM，当时的感受说是震撼也不为过。虽然我以前从来没有听说过 SM，但是自从听说这个名词之后，我竟然陆续接触到不少这样的例子。有的 SM 孩子成功地走出了缄默，比如有个女孩小时候患了严重的 SM，现在是一名阳光的藤校大学生，能够面对几千人自信地演讲。有的孩子却因为 SM，后来学业、工作和生活都受到影响，比如有个从小患 SM 的青年，因不敢参加求职面试而一直没有工作。那么是什么原因让同样患了 SM 的孩子有如此不同的发展呢？

作为一个学者，我开始学习和研究 SM，从上网收集信息、阅读书籍文献，到参加相关会议、请教 SM 专家和 SM 孩子的家长。在这个过程中，我一次又一次看到和听到《选择性缄默症资源手册》(简称《资源手册》) 这本书。有的家长表示，《资源手册》在孩子的康复道路上起了关键作用；有的家长表示，倘若早几年得到《资源手册》，孩子和全家可以少走很多弯路，避免很多痛苦。而不少专业工作者（包括心理医生、心理咨询师、社会工作者、语言治疗师等）不仅向 SM 患者家庭推荐《资源手册》，还把这本书作为自己的学习材料和治疗 SM 的重要工具。

在学习和研究过程中，我有以下几个关于"选择"的感悟。

1. 如果命运选择了让孩子接受 SM 的挑战，那么家长可以把这个挑战当成一个跟孩子共同成长的机会。因为只要对 SM 有正确的理解，给予恰当的干预，孩子是完全可以战胜 SM 的，而在这个过程中孩子可以学习了解自己，家长还可以跟孩子建立更亲密的亲子关系。

2. 如果只能选择一本关于治疗 SM 的参考书，那么这本在经典基础上进行了大量更新的《资源手册》必定是 SM 患者家庭、教育工作者和专业人员的首选。

3. 如果孩子患了 SM，家长必定面临如下选择：是否提供干预，何时提供干预，怎样提供干预。面对以上选择，有些家长会觉得"压力山大"而不愿意做选择。但是，不做选择就等于选择在孩子面前关上机会之门。

4. 其实只要认真阅读《资源手册》，家长就会发现以上选择并不是那么难，因为研究表明，提供恰当的早期干预，SM 患儿的预后是非常好的。所以，家长显而易见的最好选择是：如果孩子患了 SM，应该尽早开始干预。至于如何干预，这本《资源手册》里有详细的讨论——在有丰富资源（包括专业帮助）的情况下，在缺乏专业资源的情况下，都有相应的实用策略。

5. 如果你是心理或者教育工作者，希望选择一个领域做一点有影响力的事情，那么请考虑选择 SM 这个领域吧！虽然知道 SM 的人不多，但是据统计 1000 个孩子中就有 4 ~ 7 个孩子患有 SM。⊖可惜即使在医疗和教育资源比较丰富的西方国家，患者也很难找到懂 SM 的专业人士来提供有效干预。当前在中国，SM 的公众意识度还不高，能够为患者提供有效干预的专业人员更是凤毛麟角。如果你选择投入一点学习时间，成为一个懂 SM 的心理咨询师或者特教老师，那么你将有机会帮助成百上千的 SM 孩子走出缄默，影响他们的一生，乃至他们家庭的幸福。

那么有了以上感悟之后，我自己的选择是什么呢？我选择跟一群志愿者一起，用我们微薄的力量，把关于 SM 的知识带到中国，让更多人了解 SM，让 SM 患者家庭获得帮助。我们发起"中华选择性缄默症协会"⊜这个民间组织，组建了华语 SM 家长互助群，翻译了几本有价值的 SM 参考书（包括这本《资源手册》），也翻译了国际著名 SM 专家的系列网课来帮助 SM 家长自救，并协助专家培训出中国首批 SM 专业治疗师，包括儿童心理咨询师和心理医生。

⊖ 根据来自西欧、美国和以色列的汇总案例研究，SM 的流行率为 4.7‰ ~ 7.6‰（Viana AG, Beidel DC, Rabian B. Selective mutism: A review and integration of the last 15 years[J]. Clin Psychol Rev, 2009, 29:57 - 67.）。根据世界卫生组织（WHO）的定义，罕见病为患病人数占总人口 0.65‰ ~ 1‰的疾病。所以，SM 并不是真正的罕见病。

⊜ 中华选择性缄默症协会网站：www.selectivemutism.org.cn；如果你希望参加 SM 家长互助群，寻找 SM 相关资源，或者了解如何接受 SM 专业治疗师培训，可以通过这个网站联系我们。

我很荣幸有机会见证《资源手册》走进中国。这本书即将改变 SM 孩子的命运。希望你也选择加入我们，把关于 SM 的知识传播出去，为更多的 SM 患者带来希望。

吕云舫

博士，美国选择性缄默症协会协调员

译者序1

　　我的女儿艾米是个聪明、美丽又幽默的孩子。艾米3岁的时候，艾米妈（我）注意到她在公共场合越来越不爱说话。到了5岁时她已基本不在外面讲话了，尤其在幼儿园和学校里，她更是不和任何人说话。学校的心理顾问指出艾米可能患了选择性缄默症（SM），于是艾米走上了漫长的和SM做斗争的道路。在寻找和等待SM专家咨询的3个月时间里，我学习了大量与SM有关的图书和文献，成功地帮助艾米结束了长达两年半的完全沉默，艾米第一次开始与一个同学说话了。当然，开口说话只是万里长征的第一步。我也从玛丽亚·蒙特梭利的教育理念中学习到如何帮助孩子，即以儿童为中心，根据孩子的能力给他们活动的自由、机会和帮助，家长和老师只是从旁指导。我将蒙特梭利的教育理念和SM知识相结合，并运用各种策略和活动来帮助艾米。艾米参加了所有能参加的活动，包括参加爱尔兰舞大赛、跳踢踏舞、骑马、游泳、露营、话剧表演、女童子军活动，以及做义工。

　　2017年7月25日是个特别的日子，在这一天心理医生正式宣布10岁的艾米已经完全摆脱了SM。如今艾米已经15岁，她是一名高中生，同时参加生物医学科学院的学习，是活跃的社区志愿者，并积极参与学校服务和学术俱乐部的活动；在学校剧团中，她是舞台剧组的道具经理。我感谢所有在艾米康复过程中帮助我们的人：我们的家人、老师、朋友和治疗专业人士。

　　随着艾米的康复，除了感恩，我意识到我的使命还没有结束。在和缄默症斗争的漫长过程中，《选择性缄默症资源手册》（以下简称《资源手册》）英文第1版给予我们许多指导。从中我们了解到什么是SM、SM的治疗方法，以及家长和老师的帮助方法。2016 年《资源手册》英文第 2 版出版了，书里有更多、更详细的干预指导方法，指导家长根据孩子的焦虑状况实施相应的策略。我与志愿者将《资源手册》第 2 版翻译成中文，还组织家长在线学习本书，帮助家长应用基本策略和方法，并收到来自家长的积极反馈。

2021 年，我和本书作者之一玛吉分享了我们在线学习的一些成功案例，这次讨论促成了我们的合作——《选择性缄默症实操手册》（以下简称《实操手册》）。这本书基于 SM 专家、家长和教师的第一手经验，介绍精心挑选的策略和活动。2022 年，我、女儿艾米和念华博士编写了《在家里、社区和学校帮助选择性缄默症孩子——家长手册》（以下简称《家长手册》），通过插图和故事把 SM 儿童在现实生活中的挑战呈现出来，并介绍《资源手册》和《实操手册》中与之相关的策略。《实操手册》和《家长手册》英文版将由英国 Routledge 出版社于 2023 年出版。我们还在制作一套面向家长和教师的网课，以《资源手册》《实操手册》和《家长手册》的内容为基础，运用生动的实例，提纲挈领地帮助家长和老师快速制定计划并采取行动，让孩子早日走出缄默。

SM 家长、老师和专业人士共同致力于传播 SM 知识，帮助那些处于摸索中的家长。我们建立了中华选择性缄默症家长微信群和中文网站 www.selectivemutism.org.cn。我们希望能帮助更多的缄默症孩子。

最后，除了我、许念华和吕云舫以外，以下几位义工也参加了本书的翻译、编辑和审校工作：张燕、张敏、胡莹、周丽、钱晓华、王春燕、江宏、汪苒、冯怡、张沂、胡灵、高玲、金安琦、王玄通（XiuanTong Wang）、王晓燕（Amelia Wang Reitman）、Reichard Wang、Albert Wang。一行行、一段段的文字在短短几个月时间里从英文变成中文，倾注了义工们的心血。从翻译初稿到审核，反复推敲，义工们用心、用智慧来完成本书的翻译工作。感谢所有义工对 SM 儿童和家庭的关爱！

由于译者时间和水平有限，本书难免出现不妥之处。如有问题，请读者批评指正。同时，关于第五部分在线资源的使用，也欢迎通过网站与我们讨论。

王俊华（Jun Reitman）

心理学硕士

SM 家长督导、SM 图书作者和译者

美国小溪蒙特梭利学校（STREAM Montessori School）校长

译者序2

让选择性缄默症孩子找到自己的声音

在翻译《选择性缄默症资源手册（原书第 2 版）》的过程中我认识了这样一群小朋友，他们在家一切正常，能说会道，活泼聪明，但他们一出门就缄默不语，不和人打招呼，在学校和在幼儿园不敢跟老师或同学说话，这严重影响他们的学习生活和身心健康。而给我带来震撼的是一个上初中的女孩子，处在本该青春张扬、朝气蓬勃的年龄，却无法与人对视，面对人时手足无措，不能有任何交流。看着他们陷于沟通的困境，真的让人难过和惋惜。

这些在家内家外、校内校外表现不一的孩子实际上患有选择性缄默症（SM），一种罕见的、严重的儿童焦虑症。这也是一个在现代社会中人们了解不多的疾病。很多医生和家长认为孩子还小，长大懂事了自然会说话；或者把孩子的不说话跟害羞混为一谈，甚至认为这是一种性格，不是一种病，不需要治疗。有些家长焦急地要孩子更正行为，有的甚至强迫孩子在外面说话，结果孩子更加紧张焦虑，更不敢在外面说话了。

那么到底要不要进行干预治疗呢？什么才是合理有效的治疗方法呢？从事健康研究多年的我带着好奇心，阅读了大量与 SM 相关的文献和图书，还参加了一些专题会议。这些文献资料和专题报告给出一个共同的信息，即早期干预是治愈 SM 的关键。由于对疾病的误解而错过最佳治疗期，从而导致更严重的精神科疾病，着实会让人很痛心。SM 不仅需要治疗，而且家长应该现在就开始采取行动帮助 SM 孩子，通过一系列科学的干预和治疗来降低孩子的焦虑，引导孩子改善 SM 状况，从而使孩子能够早日打破沉默。

《选择性缄默症资源手册》是由资深语言治疗师玛吉·约翰逊和艾莉森·温特根斯基于多年的临床经验撰写的。自 2001 年英文第 1 版问世以来，它就为 SM 的诊断和治疗提供了依据，是治疗师和家长首选的参考资料。又经过 15 年的研究和实践，作者在英文第 2 版中更新了对 SM 的认知，完善了 SM 的分级系统和应对策略，增加了 SM "过来人"对抗 SM 的经历和感悟。全书分四个部分，从基础知识、评估诊断、干预治疗到临床案例，非常详尽地讲述了 SM，让人深入了解 SM 的致病因素和维持因素，为评估做出指导。在干预治疗方面，作者强调家长、教师和咨询师共同作用的重要性。以孩子的状况为依据，采取小步骤，循序渐进，反复评估、调整策略，从而帮助孩子走出困境。临床案例分析部分为读者提供了宝贵的经验。附录部分提供了更加丰富的讲义和资料。全书字里行间都显示出作者对 SM 的深刻理解。

本书不仅是一本理论著作，也是一本实际操作手册。它主题明确，对施用的方法和策略有详细的分步指导。不论你是专业治疗师，还是家长、教育工作者，或是希望帮助 SM 孩子和家庭的热心人士，我相信你都可以从书中找到有用的信息并应用于你的干预中。

我非常荣幸能够参与这本书的翻译，并将 SM 的知识传播给更多的人，提高人们对这种儿童焦虑的意识，从而为 SM 儿童营造一个适宜的环境，帮助他们摆脱 SM 的束缚。

真心希望所有 SM 孩子都能发出自己自信的声音，拥有一个健康、快乐、幸福的童年！

许念华

博士，美国选择性缄默症协会协调员

　　20 年前，我在临床实践中遇到了第一个患有选择性缄默症（SM）的孩子。我仍然记得那种令人不快的无力感，而且没有文献可以给出答案。这促使我开始了 20 年的 SM 研究。

　　到 2016 年，关于 SM 的文献和相关知识明显增多，临床医生对如何理解和治疗这个病种有了更一致的意见，也许最重要的进展是将 SM 归类为焦虑症。然而，为这些孩子提供足够的帮助仍然是一项挑战。

　　这本非常好的资源手册提供了有关 SM 重要方面的最新信息。最重要的是，它不但为相关的临床医生、教师、儿童和青少年及其家庭成员提供了关于如何处理问题的既实用又详细的信息，而且提供了许多有用的讲义。书中的案例具有代表性，说明了 SM 症状的多样性，并强调了为每个孩子量身定制干预措施的重要性。

　　两位作者对治疗患有 SM 的儿童和青少年有丰富而独特的经验，她们对每个人的深切尊重都反映在所有章节中。她们在所有相关领域解决缄默问题，并处理缄默对每个孩子生活中重要的人的影响。这对治疗的成功至关重要，并且对我们的同事来说这提供了一个明确的信息，即不要将干预限制在临床环境中。

　　这本书包含了丰富的知识！

汉娜·克里斯滕森（Hanne Kristensen）博士

挪威南部及东部儿童和青少年心理健康中心

2016 年 3 月

前言

　　在过去的 15 年中，尽管有很多相关的家长组织、培训、图书、研究和媒体报道，但选择性缄默症（SM）仍然是一种被误解的病。然而，由于以下几个原因，它的重要性一如既往。患有 SM 的儿童在个人和社交方面都处于明显劣势。SM 是学习的一个巨大障碍，如果被忽视或治疗不善，它可能会持续到成年时期，并带来毁灭性的影响。然而，SM 由于症状隐秘而容易被忽视，"安静的孩子是被遗忘的孩子"，更多的注意力和资源都集中在表现出破坏性的孩子身上。谁应该对此负责？不同的学科可能有不同的见解，许多专业人士没有接受足够的培训，或者没接触过足够多的 SM 孩子去积累丰富的经验。

　　SM 对孩子周围的人（特别是父母和老师）有显著影响。正是 SM 的本质扰乱了正常的互动过程：当与一个孩子互动的愿望明显被拒绝时，人们感到不安甚至觉得受到威胁。根据我们的经验，人们第一次遇到 SM 案例时，即使他们熟悉所涉及的原则，他们也很少有足够的信息来确信如何管理孩子或将治疗计划付诸实践。此外，父母和专业人士有时会害怕进行干预，担心他们会使情况变得更糟。问题越早得到解决，对所有参与者来说就越好。

　　1999 年，在约克举行的一次国际会议上，我们两人相遇并都做了关于 SM 的报告。作为语言治疗师，我们从事两种不同的服务：一种是儿童和青少年心理健康，另一种是社区健康。我们决定将我们的经验和观点汇集起来。我们希望提供有关如何识别和管理 SM 的实用的评估与治疗策略，给出建议和信息，供家长和专业人员使用。结果是，我们于 2001 年出版了《选择性缄默症资源手册》英文第 1 版。现在，我们两人加在一起，已经与数百名 SM 患者一起工作了超过 60 年，工作范围包括直接干预和督导，以及作为顾问治疗 SM、管理家长团体，并在英国和其他国家教学。

我们的许多想法不可避免地有所发展甚至改变，但我们的方法并没有从根本上改变。英文第 2 版同样基于充分了解 SM 的本质并创建合理的环境来明确管理 SM 的重要性，以及在更广泛的自信谈话模式中建立分级暴露无遗计划的行为原则。

第一部分从第 1 章"常见问题"开始，这些问题引向手册的其他部分，第 2 章根据研究结果和临床经验解释了我们方法的基本原理和框架。第二部分和第三部分分别提供了有关评估和管理的详细建议。你会看到我们强调父母对孩子的帮助、非正式的全天候支持方式、更全面地了解和控制焦虑。我们还提供了新的讲义、表格和清单供你查阅和打印，以及适合大龄儿童和年轻人的补充材料。我们专注于家庭、社区和教学环境，而不是临床环境，因为我们认为这些环境才是临床医生需要通过直接与孩子一起工作或支持孩子的家庭和学校来帮助孩子参与的环境。第四部分从疑难解答开始——了解并杜绝阻止或阻碍进展的各种做法。第 13 章关于识别和管理 SM 的合并症，第 14 章介绍了各种儿童和年轻人的干预案例。本手册以过去经历过 SM 的成年人的见解和反思结束。我们认识到，现在需要关注仍然患有 SM 的成年人。

请不要被这本手册的厚度吓到——你不必阅读所有章节！它仍然是一本资源手册，是为各种各样的人编写的，包括教师、临床医生、教育心理学家、语言治疗师、儿童精神病学家以及很重要的患有 SM 的儿童、青少年和他们的父母。因此它包含许多资料，你可以甄选与你最相关并最能帮助你的那个部分阅读。例如，你可以从第 1 章"关于选择性缄默症的常见问题"开始或者直奔第二部分的评估而去。父母访谈表格更适合临床医生使用，而"确保无焦虑的环境"和"面对家里和社区的恐惧"中的建议有更广泛的应用。

　　我们建议你访问在线资源库，打印与你的情况相关，或者与你家的儿童、青少年年龄相符的任何资源。管理大量案例的学校或团队可能更愿意打印出所有资料，并将其保存在文件中以便查阅。考虑到不同的读者，我们的目标是尽量适合每个人的风格。无论你是谁，我们希望本手册能让你更好地了解 SM，并给你缓解 SM 的信心和工具。

玛吉·约翰逊

艾莉森·温特根斯

2016 年 3 月

第一部分

了解选择性缄默症

第1章

关于选择性缄默症的常见问题

引言

尽管自本手册英文第 1 版问世以来人们对选择性缄默症（SM）的意识和专业兴趣有了大幅提高，但对其性质仍存在很多误解和分歧。为了有效地处理各种病况，了解我们面对的是什么，同时消除一些对 SM 的误解是很重要的。本章首先列出有关 SM 的常见问题。接下来的答案将引导你到手册的各个部分或线上资源库进一步阅读。

 常见问题

1. 我的孩子有选择性缄默症吗？

2. 有些孩子只是害羞，我如何分辨出 SM 和害羞的区别呢？

3. 不会说话还是不愿说话？

4. 他们长大就自然好了吗？

5. 是什么原因导致 SM？

6. 我的孩子不应该有那样的表现——为什么父母要容忍它？

7. 这个孩子不就是固执吗？

8. 孩子对着我傻笑，那是什么意思？

9. SM 是为了掌握控制权吗？

10. 患有 SM 的孩子受到过创伤或虐待吗？

11. 我的孩子可以在学校说话，所以我被告知他没有 SM，这对吗？

12. 我的孩子已停止在游戏小组里说话了，这是 SM 吗？

13. 我的孩子根本不说话，这是否排除了 SM 呢？

14. 为什么我的孩子也不再和家人说话了？

15. 孩子对一切事物越来越抗拒，而不仅仅是对说话，我能做什么？

16. 当双胞胎中有一人或两人都患有 SM 时，是否建议分开？

17. 我的孩子发现上学压力很大，我应该考虑让他在家上学吗？

18. 为什么我的孩子和陌生人说话，跟熟悉的人反而不说话？

19. 我的孩子正在取得进步，但是如果我在旁边，他就不说话了，这是为什么？

20. 我们是否应该更多地保护患 SM 的孩子？

21. SM 孩子很常见吗？

22. SM 从什么年龄开始？

23. 我需要医生的正式诊断吗？

24. 如果我需要医生的正式诊断，谁能胜任诊断？

25. 我的孩子被转介去接受语言治疗，SM 不是心理问题吗？

26. 应该在什么时候采取干预措施？

27. 为什么早期干预如此重要？

28. 帮助患 SM 的青少年和成年人是否为时已晚？

29. 到目前为止没有什么方法能起作用，为什么这次会有所不同？

30. 要采取什么干预形式？

31. 用药效果怎么样？

32. 谁应该参与干预？我们需要 SM 专家吗？

33. 干预需要多长时间？

1. 我的孩子有选择性缄默症吗

SM 的基本特征是在某些情况下，孩子说话很少或根本不说话，而在其他情况下，他们可以不受约束地自由交谈。这种说话模式是可预测的，并持续至少一个月（在新环境下，比如开学时，则为两个月）。另外，没有两个患 SM 的孩子表现完全一样。

经过多年的误解，SM 现在被认为是一种焦虑症。这并不意味着孩子总是焦虑不安，而是在特定的时间，即当他们感觉到被期望说话时，他们的焦虑水平会飙升。例如，他们可能在大型、嘈杂的超市中能很容易地与父母交谈，但在每个词都可以被别人听清的街角小店里却不能说话。他们的身体和面部表情突然变得僵硬，他们或者没有语言交流，或者把说话的声音变小——窃窃私语，只用最简单的词、短语或手势交流。同样，他们可以在学校操场上愉快地与朋友交谈，可一旦有老师接近，他们就会闭嘴。每个和他们经常接触的人都擅长预测他们在每种情况下会发生什么状况。这与有情绪障碍的儿童和典型的青少年"看心情"式交流非常不同，后者可以每天变化。

当意识到旁人的存在时，SM 儿童会突然从轻松的说话状态转变为警惕和缄默状态，这种变化是 SM 的典型特征。只有在孩子的舒适区里的人才会看到他的这些情绪和语言的变化，其他人只看到一个安静的孩子，可能都没有意识到孩子说过话。如果孩子没有出现这些明显的变化，或在相同的情境下有些天说话，有些天不说话，那么他们就不太可能患有 SM。

以下是需要考虑的最后几点：

- SM 可能与其他病症或问题并存。
- SM 可能被混淆为其他病症。
- 随着时间的推移，SM 的病征会发生变化，孩子也可能会停止在家里说话。
- 短暂或孤立的沉默事件不符合 SM 的标准。
- SM 不仅仅影响说话。

- 孩子会因为说话而变得焦虑，以至于肌肉极度紧张，从而影响他们用手指示、拿东西、走路或跑步的能力。

参见：

第 1 章　"为什么我的孩子也不再和家人说话了"

第 1 章　"我需要医生的正式诊断吗"

第 2 章

第 3 章　"做出诊断"

第 13 章

在线资源：讲义 2　"什么是选择性缄默症"

2. 有些孩子只是害羞，我如何分辨出 SM 和害羞的区别呢

患 SM 的孩子在许多情况下看起来很害羞，但他们天性并不一定害羞，他们的家人会证实这一点。当没有必要说话时，他们可能会显得非常自信。但是，当被他们舒适区以外的人提问时，他们会立即变得紧张、反应迟钝，在说话的压力解除之前，这种情况不会改善。

害羞的孩子可能会担心说话，患有 SM 的孩子则会恐惧说话。

害羞的孩子通常没有自信、慢热，没那么快挺身而出，但他们并没有表现出 SM 孩子那样极端厌恶说话的特征。他们的面部表情和肢体语言传达出的是不确定性和犹豫，而不是一成不变的凝视和僵硬。在适度的支持和鼓励下，他们会逐渐适应新的情况和新的人，说话则随着获得自信和参与活动自然而然地发生了。在学校或托儿所安顿下来后（这可能需要长达一个月的时间），害羞的孩子可能仍然很难主动交流，但如果其他人主动交流，他们能够并且通常很乐意回应。他们的语言表达与他们在家里说话的方式没有什么不同。

值得注意的是，如果害羞的孩子在准备好说话之前受到嘲笑或被施压，那么他们可能会发展为 SM。所有害羞的孩子和不愿发言者都需要得到支持和保证，以他们自己的节奏适应并参与活动。

参见：

第 1 章　"我的孩子可以在学校说话，所以我被告知他没有 SM，这对吗"

在线资源：讲义 3　"安静的孩子还是有选择性缄默症的孩子"

讲义 9　"帮助幼儿在学校说话"

3. 不会说话还是不愿说话

有 SM 的孩子会愉快地对某些人说话，但是一旦其他人进入房间就会闭嘴。他们脸上冷漠的表情可能给人的印象是，他们的沉默是故意的，甚至是挑衅的。孩子拒绝与某些人交谈，这导致了诸如"他想说的时候才会说话"和"如果她不愿和我说话，我为什么要和她说话"这样的言论。

> 认识到选择性缄默症是一种恐惧症，是给予共情和适当支持
> 的第一步，也是非常重要的一步。

每个人都可以选择拒绝说话，但这通常是短暂的，而且并不是无法说话。患有 SM 的孩子想要说话，但有一种不能控制的害怕或畏忌：当被期望说话时，他们会因内心恐慌而变得身体僵硬，无法发出声音（类似于怯场）。恐慌的感觉是如此令人痛苦，于是他们竭尽全力避免说话，甚至试图不让某些人知道他们可以说话。他们并不是"不愿"说话，

艾玛的老师很沮丧："艾玛好像在捉弄我们。她很喜欢每天跟助教在一起的时间，但是只愿意画画或者做游戏。一旦被要求说话，她就会固执地拒绝。"

他们只是无法面对他们尝试说话时的感受。其他形式的回避说话可能包括使用其他形式的交流，如打手势、窃窃私语、写纸条或使用变声，如果这些交流形式被周围的人长期接受，不说话就会变成孩子的一种"安全"习惯，不再引起孩子的焦虑。

必须将 SM 视为一种恐惧症，而不是有意选择保持沉默。

参见：

第 2 章

第 14 章 丹尼尔的案例

在线资源：讲义 5 "选择性缄默症是一种恐惧症"

4. 他们长大就自然好了吗

孩子长大就自然不再对黑暗感到恐惧了吗？表面看起来是这样，但事实上，是富有同情心的对待以及适当的支持使他们能够逐步克服恐惧。如果不顾孩子的害怕，反复将他们关闭在黑暗的房间里，他们长大后就会在黑暗感到深深的恐惧感和失控感。

> 在我小的时候，没有人听说过选择性缄默症。我记得当有人来到我们家时，我因为非常害怕而躲在我母亲房间的梳妆台后面。我知道我的行为让她很伤心，但我不知道如何改变。

这个道理同样适用于 SM。有些孩子很幸运，能得到正确的帮助，解决了 SM 问题。然而，由于 SM 在通常情况下被误解，许多孩子被反复置于鼓励说话的情景下，当他们不说话时，周围的人对他们表现出失望或否定，于是他们对说话更加恐惧，他们的自尊、自信、学业和友谊都处于危险之中。如果任其发展多年而未接受治疗，

有些人将成为患有 SM 的成年人。这种障碍可能会使成年人不再与任何人说话，甚至包括亲密的朋友或家人。不过，很多人在没有正式干预的情况下克服了他

们的恐惧，但在此过程中不可避免地会经历很多不愉快。

由于没有办法确定哪些孩子会得到适当的帮助或找到他们自己的方式来应对恐惧，我们无法保证孩子会自己克服 SM。因此，我们应该认真对待每一个 SM 案例。及时的干预会带来几乎立竿见影的积极变化。

参见：

第 1 章　"应该在什么时候采取干预措施"

第 2 章　"早期干预的重要性"

在线资源：给青少年和成人的小册子《当说不出话时》

幸运的是，我有一位非常善解人意的老师。她经常来家访，并且在学校花更多的时间跟我在一起。她不让我做任何我无法应对的事情，渐渐地我开始参与活动。当我六七岁的时候，虽然有时还是会全身僵硬，但我已经应对得很好了。直到十几岁的时候，我才意识到我对谈话的焦虑已经消失了。

5. 是什么原因导致 SM

当患有 SM 的孩子不说话时，有两种情况可能发生：要么在某些情况下被期待说话使他们充满了恐惧以至于生理上无法说话，要么他们通过主动避免说话来逃避这种非常令人痛苦的经历。无论发生的是哪种情况，他们遇到的这些情形越多，对说话的恐惧就会越强烈。

与其他恐惧症一样，SM 不是由单一的原因造成的，而是一个由三重因素促成的"恐惧条件反射"过程：特定的人和被期望说话诱发了孩子对说话的非理性恐惧。

- 敏感的性格——基因（遗传）和心理因素的结合使个体特别容易患上焦虑症。
- 生活事件把说话的需要和强烈的焦虑联系起来。
- 维持行为——其他人对说话的反应巩固并强化了孩子的信念，即说话很困难、压力大、最好避免。

这三个促成因素为随后的病情管理提供了重要线索。不过虽然确认并解决维持行为至关重要，但并不总是需要准确地指出 SM 开始的方式和时间。更重要的是，自责或推卸责任没有必要，也没有意义。即使尽了最大努力去提供安全、充满爱和丰富多彩的环境，SM 仍然可能发生。

参见：

第 2 章

表 8-2 "可能的维持因素与相应的管理策略"

在线资源：表格 4 "可能的 SM 维持因素清单"

表格 10 "家人 / 朋友 / 工作人员的反应清单"

6. 我的孩子不应该有那样的表现——为什么父母要容忍它

SM 不是由缺席、无效或过度放纵的养育造成的。父母尽最大努力让孩子说话，但没有任何作用。温和的鼓励、恳求、哄骗、坚持要求、威胁、贿赂、奖励和惩罚都会让孩子更害怕说话。SM 是潜意识习得性恐惧的结果，克服它的唯一方法就是抛去这种恐惧。

> 我们不会责备那些害怕黑暗的孩子，或是强迫他们在黑暗的
> 房间里睡觉。

为了帮助理解，考虑另一种常见的童年焦虑——对黑暗的恐惧。很少有孩子长大后还有黑暗恐惧症，我们不需要育儿课程来指导如何适当地处理这种情况。我们认识到，提供奖励以帮助孩子忍受没有光明的夜晚是毫无意义的，提供的奖励永远不会超过孩子真正的恐惧。我们不会通过惩罚、训斥或者坚持让他们在黑暗的房间里待上几个小时来增加他们的焦虑。如果我们这样做了，我们很快就会在白天看到尿湿的床和不安全感的增加，并且每天晚上我们都会为

让孩子上床睡觉而争吵。相反，我们留一盏灯照明，提供共情的聆听，并开诚布公地谈论孩子的恐惧。我们告诉他们，我们并不遥远。我们找到合适的故事书并告诉他们，他们不会总是害怕。并且，我们不会任由事情保持原样，而是自然地实施一种被称为逐步曝光脱敏的心理疗法。我们遵循孩子的节奏，从留一盏落地灯到小夜灯，然后半关闭门，直到最终他们习惯在黑暗中独自一人。相同的方法也适用于 SM。

参见：

第 8 章

第 9 章

在线资源：讲义 5 "选择性缄默症是一种恐惧症"

讲义 7 "帮助孩子应对焦虑"

7. 这个孩子不就是固执吗

人们经常发表评论，例如"她是如何设法保持安静这么久的？她肯定拥有令人难以置信的意志力！"然而，一旦 SM 被认为是一种恐惧症，这样的评论就变得荒谬，就像问"她怎么会拒绝捡起蜘蛛"或"为什么固执地拒绝坐飞机"。患有恐惧症的

> 伊恩的父亲评论说："我不知道他为什么不妥协。我许诺当他与老师说话时，就给他想要的自行车，但他根本不说话。他太固执了。"

人不会顽固地拒绝做他们害怕的事情，他们只是无法面对他们的恐惧，并通过回避和采用更舒适的替代方法来应对。同样，患有 SM 的孩子可能会保持沉默，但这与"选择"保持沉默或"拒绝"说话不同。如果他们在说话这个问题上有选择的权利，他们会选择不患 SM。

如果孩子能找到避免焦虑的方法，他们自然会采用。如果成功，他们就不会焦虑，就像有飞行恐惧症的成年人不在飞机上就不会焦虑一样。因此，具有

更坚强意志的孩子可能会坚持不去重复以前曾诱发他们恐慌反应的经历，而那些具有更多顺从性格的人可能会要赖或乞求他们的父母能够不让他们说话。

当从这种要求的根源中感受到孩子真正的愁苦时，家长会试图允许孩子完全退出活动。然而，从长远来看这没有任何帮助，它只会使孩子更加逃避和害怕说话。关键是要找到让孩子以非紧张的方式参与活动的方法。

参见：

第 8 章

第 9 章

在线资源：讲义 5　"选择性缄默症是一种恐惧症"

　　　　　讲义 7　"帮助孩子应对焦虑"

8. 孩子对着我傻笑，那是什么意思

就像有 SM 的孩子可能被描述为怒目而视、闷闷不乐或脾气暴躁一样，他们的老师或旁人也可能经常认为他们在傻笑。这些孩子只是既不能微笑也不能做鬼脸，正处于一个紧张、僵住的时刻。谁知道他们的感受是什么？他们可能试图用微笑表示愿意，可能感到恐慌。当关注的焦点从他们身上转移到另一个孩子身上时，他们可能会感到宽慰。仅仅通过观察是不可能辨别的……

我们都不像我们认为的那样善于阅读面部表情。幸运的是，我们通常有很多线索可循：我们从头到尾见证了全方位的面部动作，并将其与对话人所说的内容以及他们在双向对话中的表达方式相匹配。但是，当观察具有固着表情的沉默儿童时，这些线索是不存在的。再加上关于 SM 的信息的缺乏和常见错误假设，我们可能会得出对儿童不利的结论。最终，这些结论可能会提高或破坏孩子在学校或其他社交环境的体验质量，因为它们必然会影响成年人对孩子的态度。

为了演示阅读面部表情有多困难，请访问 http://greatergood.berkeley.edu/ei_quiz/ 并尝试肢体语言测验。即使得分高于平均分的人也可能会犯几个错误。测

验表明当没有其他情境线索时，对面部表情的理解是多么容易犯错，以及某些表情之间的差异是多么微妙。

参见：

第 5 章

第 8 章　"分享情感"

第 10 章　"谈论感受"

9. SM 是为了掌握控制权吗

患有 SM 的孩子通常被认为"非常有控制力"。任何有"控制狂"朋友的人都会知道，控制和焦虑是密切相关的！

然而，为降低焦虑所做的对周围环境的控制和为追求权力所做的控制是不同的。前者是人类对安全感的基本需求的一部分。例如，我们检查门已锁好，我们准备面试，我们不愿意委托会犯错误的人做事。

患有 SM 的孩子需要对周遭有一定的控制以避免焦虑。

同样，患有 SM 的孩子会采取措施来控制他们对说话的焦虑。考虑到在预期要说话的情况下的恐慌以及做不到所带来的尴尬或羞耻感，他们寻求减少伤害是很自然的。他们以三种方式降低焦虑：

- 回避说话，如问题 7 所述。
- 了解将要发生的事情的每一个细节，这样就不会有任何意外。
- 规定可变因素，使情况更易于管理。

夏洛特小时候控制了我们整个家庭。除了我们（她的父母）和她的兄弟以外，她不和任何人说话，所以我不能把她托付给任何朋友。她像一个帽贝似的黏着我，能找到一位愿意在我们家与她建立关系的老师真是太让人欣慰了。

这不是操纵或控制，而是大多数人应对焦虑的方式。为了让患有 SM 的孩子全身心参与治疗，我们需要通过让他们参与方案的修改来给予他们更多的控制权。

参见：

第 8 章

第 9 章

第 10 章

在线资源：讲义 7 "帮助孩子应对焦虑"

10. 患有 SM 的孩子受到过创伤或虐待吗

SM 不是对导致我们所有人悲伤、愤怒或痛苦的情境所产生的情绪反应，也不是与对令人震惊的事件反复重现的记忆相关的情绪障碍。令人遗憾的是，它经常与"创伤性"或"反应性"缄默症混淆，后者是创伤后应激障碍（PTSD）的症状。每个热销书店都有图书是关于在悲惨事件后突然变得缄默的孩子，经过几个月或几年抚平创伤后，他们会逐渐恢复说话。患有反应性缄默症的儿童在事件发生之前能够正常交流，之后在所有环境中都不能交流。与之相反，SM 儿童只在特定情况下难以交流。绝大多数 SM 儿童都没有经历过任何不寻常事件，并且作为一个群体，他们受到虐待的可能性并不比其他儿童高（或低）。

然而，很有可能有一个诱发 SM 的关键事件，例如迷路、被留下和陌生人待在一起、被留在难以承受的环境中、醒来看到陌生的保姆或被取笑口音。这种情况对孩子来说是创伤性的，但这是因为孩子对事件的反应极端，而不是事件本身极端。

参见：

第 2 章

第 3 章 "创伤性缄默症"

在线资源：附录 E "证据基础"

11. 我的孩子可以在学校说话，所以我被告知他没有 SM，这对吗

患有 SM 的孩子在学校不一定保持沉默，但他们的说话习惯会有一贯的模式。例如，他们可能会与一个或多个成年人说话，但不与儿童说话；或与儿童说话但不与成年人说话；或在操场上说话，但在教室里不说话。

有一种不那么明显的模式是孩子会给出最简短的答案，但不主动提出问题、不主动说话、遇到问题也不说出来，除非被特别指示这样做。例如，他们能说出非常简短的答案、参加诸如唱歌或回答点名之类的集体或例行活动，或在其他人的要求下传递短信息。这种"轻度"的 SM 往往被视为害羞，但他们不会像害羞的孩子那样回应温和的鼓励，并敞开心扉。相反，他们表现出越来越多的社交焦虑和一个明确的分割点，那之后他们就无法做出进一步的回应。这些孩子与其他有 SM 的孩子一样害怕说话，但他们的顺从倾向和害怕破坏规则使他们同样害怕引起批评。因此，他们设法做出最低限度的回应以迎合成年人的期望。

> 阿瓦塔把他的家长同意书忘在了家里，并坚信他会因此错过他的班级外出活动。他在这一天结束时滞留徘徊，直到他的老师温和地问出了什么事。
>
> 终于，他第一次说话了。在此之后，每当他的老师问他一个问题时，阿瓦塔都会和她说话，但仍无法主动说话。

参见：

第 1 章　"有些孩子只是害羞。我如何分辨出 SM 和害羞的区别呢"

第 2 章　"高度和低度的 SM"

第 4 章　"孩子的说话习惯"

在线资源：讲义 3　"安静的孩子还是有选择性缄默症的孩子"

12. 我的孩子已停止在游戏小组里说话了，这是 SM 吗

患有 SM 的幼儿通常不会与在新环境中遇到的人说话。如果孩子突然停止

与他们之前能与之自由交谈的一个或多个人说话，则应该寻求另一种解释。他们可能受到批评、身体被另一个孩子伤害，或被他们所看到或听到的东西吓坏了，并且缺乏情绪控制、语言表达或自信来应对这种情况。一旦他们被帮助去识别或沟通问题所在，并确信问题不会再次发生，他们通常会很快恢复说话。

然而，如果这种情况没有及时处理，并且孩子经历了长时间的沉默和焦虑，在此期间他们感到有说话的压力，那么孩子就有可能将他们的焦虑与说话联系起来，而不是与这一具体事件相联系。这时，他们更有可能符合 SM 的标准，并可能将他们对说话的恐惧转移到其他的情境中去。

参见：

第 3 章 "与选择性缄默症诊断不符的特征"

13. 我的孩子根本不说话，这是否排除了 SM 呢

如果孩子从未说过话，或在癫痫发作等事件后退步，则他的病症不是 SM。这种情况需要进行专家评估，以确定他们不说话的原因。有些孩子有身体、神经、感知或认知困难，这会延迟或阻碍正常的言语发展。

如果一个孩子在所有情况下一直正常说话，但突然停止说话，这是完全的缄默而不是选择性缄默。任何形式的冲击，例如一场严重的事故或从燃烧的房屋中被救出，都可能使儿童陷入暂时沉默。他们需要时间来理解事件和抚平创伤情绪，直到他们感到放心并觉得现在是安全的。如果没有明显的诱发因素，应该追查这种情况，因为孩子可能已经经历或目睹了严重的威胁或攻击——幸好这种情况非常罕见。

SM 患者在初始阶段与越来越少的人交谈。正如对一只猫的恐惧症可以发展为对所有猫、玩具猫以及猫的图片的恐惧症，孩子对说话的恐惧会与越来越多的人联系在一起。这很少影响到他们能与之自由交谈的人。然而，这个过程有时会扩散到他们最初没有任何交流困难的亲密朋友或家人。这被称为"进行性

缄默症"，通常意味着 SM 没有得到很好的处理，或者已经因为其他使孩子受到创伤的事件而变得复杂。所有的问题来源都需要得到处理。

参见：

第 1 章　"为什么我的孩子也不再和家人说话了"

第 3 章　"创伤性缄默症"

第 9 章　"进行性缄默症"

第 13 章

14. 为什么我的孩子也不再和家人说话了

如上所述，一些有 SM 的孩子停止与家人交谈，这是"进行性缄默症"的一部分。下面总结了可能的原因。有时突然的沉默与 SM 无关，但一般认为孩子的 SM 已经"波及"到直系亲属。我们应该关注孩子在所有情境中说话的整体模式，以及孩子在生活中停止与家人交谈时所发生的事。

a）**SM 儿童、思维模式僵化的儿童或者有自闭症谱系障碍（ASD）的儿童可能因为冲突的"规则"而产生问题。**这些规则不是由孩子决定的，它们代表了恐惧条件反射发生后出现的说话模式。例如，当将家庭和托儿所完全分割开时，没有问题，孩子可能会将规则内化为"我可以与妈妈和爸爸交谈"，但"我不能和老师交谈"。然而，当边界变得模糊时，就存在冲突。例如，妈妈跟孩子一起去学校时，孩子不能在老师面前跟妈妈说话。对于推理能力差的孩子来说，这可能是一个巨大的冲击。孩子把"老师能听见我说话"而带来的恐慌跟"与妈妈说话"联系起来了。相对于"我可以在没有人听到的时候跟妈妈说话"，有些孩子制定了一条简单的规则："我不能和我的老师或妈妈说话"。

b）**在 SM 问题未被公众理解和考量时，害怕被任何可能"泄露这个秘密"的人听到是孩子主要的顾虑。**例如，孩子可能会不断减少社交活动，以避免与他们的说话圈子和不说话圈子里的朋友碰面。同样，如果孩子在学校里面临说话的压力，他们可能会害怕老师一旦知道他们曾与朋友交谈或在家里可以说话，会增加对他们说话的期望。处于这种状况的孩子否认自己说过话。在家里也停止说话或许会减少痛苦。

c）**患有 SM 的青少年可能会因教师或家长的缺乏理解、失望、批评或恳求说话而感到强烈的压力。**他们无力满足不切实际的期望，且无法面对更多的困境，所以完全不再交流像是他们的唯一选择。

d）**当孩子的 SM 变得更加根深蒂固时，他们也可能会停止与他们不经常接触的父母说话，或者停止与对他们说话过于挑剔、过分批评或强迫的父母说话。**

e）**当一个（对孩子而言的）陌生人加入家庭圈子时，SM 孩子可能会感到处境非常困难。**例如，当引入新的伙伴、继父母或住家保姆时，至少在最初，只要这个人在场，孩子就可能无法开口说话，其原因可能不能得到充分理解。如果这些孩子在准备好之前被逼迫说话，他们可能就会完全停止在家里说话。

f）**幼儿经常有分离焦虑，如果与母亲分开一段时间，他们会特别痛苦。**例如，当母亲生病住院时，一个亲戚搬进来，孩子可能无法与这位亲戚说话，要么因为他对与母亲分离感到不安，要么因为他本身患有 SM 并且与这个亲戚完全不熟。这样有可能建立一种在家里不说话的模式，而当母亲回来时，孩子仍很难打破这种模式。

g）**像所有孩子一样，患有 SM 的孩子在学校可能会被欺负。**如果他们因为畏惧使事情变得更糟而害怕告诉任何人，或缺乏意识或词汇来解释发生了什么事情，他们可能在家里也越来越沉默。

h）**患有 SM 的儿童或年轻人可能会遭受额外的创伤或不安，从而使他们无法说话。**例如，丧亲和疾病可能使人过于震惊、疲惫或激动，以至于在短期内无法与亲人交谈。通常这被认为是正常反应，并且个体在一个月内就又开始说话了。而 SM 的诊断标准之一是不说话必须持续一个月以上。

但是，当孩子已经有 SM 病史时，不发言则会引起其父母或当事人相当大的警觉，因为他们担心或认为这种情况可能是永久性的。在他们需要冷静时，周遭的交流充斥着焦虑和紧张，这更让他们无法开口说话。

注意：极少数的情况下，当交流与焦虑而非快乐联系在一起时，SM 会发端于家庭环境。例如，当有客人来访时被反复要求表演或者口音被过度纠正时。

参见：

第 9 章　"进行性缄默症"

第 13 章　"自闭症谱系障碍（ASD）"

在线资源：讲义 13　"让朋友和亲戚逐渐加入"对新的合作伙伴和访客非常有用

　　　　　　附录 F　"资源信息和有用的联系方式"：萨顿和福雷斯特（Sutton & Forrester，2015）书中的附录部分"帮助一个新伙伴加入一个有 SM 孩子的家庭"

> 我去了校外的舞蹈课，快要在那里说话了。然后一个和我同校的同学出现了。我无法忍受在这个同校女孩面前隐藏说话的压力，以及在舞蹈课上需要沉默的压力，所以我最后放弃了舞蹈课。

15. 孩子对一切事物越来越抗拒，而不仅仅是对说话，我能做什么

对许多孩子来说，SM 只是他们的焦虑之一，所有这些焦虑都可以通过大致相似的方式进行管理。

孩子对尝试新事物越来越抗拒，这是越来越焦虑的迹象。通常这意味着他们唯一的应对策略是消除而不是管理他们的焦虑。通常他们选择与父母待在一起而不是面对焦虑，例如晚上和父母一起入睡或待在家里而不是去上学。从表面上看，孩子的要求越来越高，隐藏在这些要求后面的是，一个孩子认识到世界充满了必须回避的恐怖，而父母的角色就是通过消除他们的焦虑来保护他们。

逃避强化了恐惧。

当孩子建议做一些不同的事情来帮助他们参与或取得成功时，成年人必须学会去倾听和了解。然而，当孩子开始发号施令时，家长必须拿出他们作为成年人的权威！当孩子想要退出活动和社交场合时，我们需要起到强有力的引导作用。逃避面对可能在短期内消除焦虑，但随之而来的解脱是极为有力的强化因素，会使得再次尝试面对难上加难。相反，我们应该尽一切可能通过了解和处理焦虑的根源来把孩子的焦虑降到最低。一旦我们确信某种情况不会构成任何身体或情感上的实际威胁，我们就必须解释说担心是正常的，并支持孩子去勇敢面对恐惧。

参见：

第 8 章

第 9 章

在线资源：讲义 7 "帮助孩子应对焦虑"

16. 当双胞胎中有一人或两人都患有 SM 时，是否建议分开

患有 SM 的孩子不能说话，所以将孩子与他们的双胞胎兄弟姐妹（或朋友、其他兄弟姐妹）分开会剥夺他们唯一的安全感来源并使他们处于更加紧张的状态。适当的支持策略必须到位，这包括允许患有 SM 的孩子和他们的兄弟姐妹或朋友交谈，并以此为基础培养他们独立交谈的能力。为双胞胎分别选择不同课程的唯一合理理由是他们想要花更多的时间分别发展自己的特性。

参见：

第 9 章　表 9-1 "阶段 0 ~ 4"

第 10 章　"通过其他孩子交谈"

17. 我的孩子发现上学压力很大，我应该考虑让他在家上学吗

在家上学是出于各种原因做出的个人决定。如果在公立机构没有得到很好

的帮助，那么在家上学将给 SM 儿童提供喘息的机会，但是在家上学无法治愈 SM。就像所有的恐惧症一样，SM 只能通过在产生焦虑的情况下面对恐惧而被克服，逃避那些情况只会使恐惧更加强烈。

我们所知道的所有在家接受教育的孩子都想及时回到学校，但我们肯定不希望他们回到一个恶劣的环境中。所有孩子都成功地过渡到学校或学院，这些学校与家长合作，了解 SM 并配合治疗 SM。值得庆幸的是，大多数英国的学校都知道只要患有 SM 的孩子注册，他们就有法律义务投入到支持和帮助 SM 孩子的工作中去。

参见：

第 8 章

第 10 章

第 11 章

第 14 章　丽莎的案例

18. 为什么我的孩子和陌生人说话，跟熟悉的人反而不说话

患有 SM 的孩子可能会与他们几乎不认识的人交谈从而让所有人感到惊讶，这对于一直期待他们说话的工作人员和亲属来说是非常受伤的，但这与孩子的喜好无关。在新的情况下，没有过去的联系来影响行为，很少需要或期望进行长期的对话，也没有机会被他们无法交谈的人"发现"，孩子说话的自然动机可能不会被焦虑所抑制。进行评估的临床医生可以通过小步骤的进展来巧妙地促进说话。年纪大一点的学

乌塔从没和她的祖父母说过话，所以当她和从未见过面的叔叔说话并且在他离开之前都没有闭过嘴时，我们不敢相信。叔叔不习惯与年幼的孩子相处，所以他并没有试图让乌塔说话。但是他确实向乌塔展示了如何制作一根探测杆并让乌塔沉迷其中，以至于她似乎忘记了自己并开始说话。乌塔的叔叔不知道这是多么了不起的事情，他如常做的这件事，在我看来真的很有帮助。

我们希望这将成为转折点，但是，在下一周，当我的父母再来时，乌塔又回到只点头和摇头的状态。

生经常解释说，与陌生人说话更容易，因为陌生人在听到他们说话时不会感到惊讶——不像他们在学校的同龄人。令人遗憾的是，这些成功通常是孤立事件，不会影响已经建立起的情境性缄默模式。

参见：

第 4 ~ 6 章　评估

第 10 章 "和孩子谈论其他人的反应"

19. 我的孩子正在取得进步，但是如果我在旁边，他就不说话了，这是为什么

当孩子习惯了父母替他们回答时，这种情况很常见。如果父母在社交场合扮演说话者的角色（尽管是为了回应孩子的支持需求），孩子将自动在父母身边扮演非说话者的被动角色。当父母发现停止回答但同样能支持他们的孩子的方式时，情况很快就会发生好转。

参见：

第 2 章 "促成因素概述"

第 8 章　表 8-2 "可能的维持因素与相应的管理策略"，第 24 项

在线资源：讲义 12 "我该替孩子回答吗"

20. 我们是否应该更多地保护患 SM 的孩子

没有确凿的证据表明患 SM 的儿童比其他儿童更容易受到伤害或欺凌，但有必要采取一些重要的保障措施。有两个问题需要考虑：

* 孩子如何应对紧急情况？

* 孩子是欺凌者和掠夺者的首选目标吗？

在应对紧急情况方面，SM 儿童反应良好。他们对说话的强烈恐惧意味着他

们可以忍受失望、沮丧、烦恼、羞辱甚至痛苦而保持沉默。不过，一旦出现真正的威胁，他们就会说话，正如肾上腺素激增让母亲从汽车的轮子下救出她的孩子一样。据报道，患有 SM 的孩子在他们的朋友受伤时会发出警报；当他们是唯一知道回家的路的人时，他们会提供方向，当他们被告知除非读完整页书否则无法回家时，他们会出声朗读。当然，我们并不赞成以这种方式故意恐吓孩子。通过恐吓使孩子说话并不能治愈 SM。正相反，这种做法只是加剧了他们与说话的负面联系。

在极端情况下，安全感将占上风。

虽然"战斗－逃跑－僵住"反应保护我们的安全，但它不能保护任何人免受他人的伤害。患有 SM 的孩子如果被认为不说话并且"不会告知"，那么他们确实可能容易被选为欺凌目标。重要的是要记住，虽然 SM 儿童经常不说话，但他们可以和与他们亲近的人交谈。与任何其他孩子一样，他们需要：

• 确保安全的明确规则；
• 与父母保持良好的沟通，以便孩子知道他们可以谈论任何让他们感到不舒服的事情；
• 知道如果他们确实说出来，他们就会被相信。

在学校，建立类似的沟通渠道至关重要。不能指望患有 SM 的孩子主动发起口头或书面对话来报告疾病、欺凌或戏弄。这种无法主动沟通的状况是诊断 SM 的条件之一。他们可能通过站在成年人附近来"报告"事故，希望有人发现他们出血，但做出进一步的解释通常要等到他们看到父母之后。因此，指定的成年人必须与每个儿童或青少年建立关系，并与他们及其家人就如何报告困难达成一致。至少在最初，需要定期询问他们是否有任何麻烦或者是否需要帮助。

参见：

第 8 章

在线资源：表格 12 和表格 13　"环境检查清单"

21. SM 孩子很常见吗

以前很少在游戏小组或幼儿园里见到不说话的孩子。如今，许多幼儿园的工作人员会遇到一个或多个几乎不说一句话的孩子，但据父母报告他们在家里能够自由说话。大多数学校可以预期至少有一个 SM 孩子在册，但他们并不总是能被识别出来。

鉴于 SM 是一种焦虑症，病患数字正在增加并不令人奇怪。一般的焦虑症状越来越常见，专家认为这与我们日常生活中的压力增加有关。作为一个现代人，我们有更多的选择、更大的期望、更不健康的工作 - 生活平衡以及对健康和安全更极端的重视。今天的孩子会面对压力过大的父母、日益增多的家庭破裂，以及多变的日常活动。为了达到教学目标，越来越大的压力被施加给学校来让孩子们说话。似乎没有时间让任何人放慢速度，只是简单地生活。

参见：

第 2 章 "患病率"和"实施预防策略"

在线资源：讲义 3 "安静的孩子还是有选择性缄默症的孩子"

附录 D "幼儿工作坊"

附录 E "证据基础"（流行率）

22. SM 从什么年龄开始

SM 可以在学龄前到青少年期的任何年龄段产生，但通常在 2 ~ 4 岁开始。然而，实际的发病很容易被忽视，因为幼儿的沉默经常被视为羞怯。只有当孩子被反复期望与他们的舒适区以外的人说话时，他们的不适才会变得明显，从而引起警觉。例如，当他们开始上学、进入托儿所或被介绍给新的伙伴或继父母时。即便如此，孩子的沉默仍可能被误解为害羞或怨恨。

后来的发作通常由一个实际或被感知到的源于教师或同伴的戏弄、欺凌或羞辱事件引发。这可能与过渡到中学和青春期时的极端自我意识共同作用。这些孩子已经具有焦虑或敏感的特质，并且可能在事件之前（当然也可能在事件之后）经历社交焦虑。

参见：

第 1 章　"有些孩子只是害羞，我如何分辨出 SM 和害羞的区别呢"

第 2 章　"什么原因导致 SM"

23. 我需要医生的正式诊断吗

答案是不一定，特别是当孩子年幼且除了 SM 之外没有其他困难时。本手册中列出了 SM 的特征。在决定让专业人士参与前或你正等待预约时，你还可以做很多事情。

参见：

第 3 章　"进行非专业诊断的情况"

第 8 章　"达成共识"

在线资源：讲义 2　"什么是选择性缄默症"

讲义 3　"安静的孩子还是有选择性缄默症的孩子"

24. 如果我需要医生的正式诊断，谁能胜任诊断

在英国履行此职责的临床医生主要是语言治疗师，因为 SM 是一种沟通困难，但是儿科医生、心理学家和精神健康专业人员也有资格做出诊断。在所有情况下，都应询问他们一些问题，以了解他们对 SM 的理解和他们处理 SM 的经验。

参见：

第 3 章　"如何找到合适的专业人员进行诊断"

25. 我的孩子被转介去接受语言治疗，SM 不是心理问题吗

　　语言治疗师（SLT）处理由各种原因导致的各种沟通困难，原因包括生理、发育、认知、神经和心理方面的问题。由心理原因导致的问题包括成人的心理性语音丧失、青春期后持续性假声（高音调持续到青春期以后）以及 SM。焦虑管理将是治疗所有这些疾病的重要组成部分。

　　口吃与 SM 有许多相似之处，特别是在回避说话方面，SLT 用于治疗口吃的经验和知识可直接应用于 SM 的治疗。

　　参见：
　　第 2 章　"SM 涉及多学科范畴"
　　第 13 章　"SM 与口吃"

26. 应该在什么时候采取干预措施

　　许多孩子需要一段时间才能在他们的学校或托儿所安顿下来，并且可能在几周内不会与陌生成人交谈。应立即采取行动以确保不愿说话的孩子不会受到说话的压力，同时提供温和的支持，使他们能够按照自己的节奏参与。

　　一个月后，如果工作人员和家人对比记录并开始监控情况，会对确定孩子的情况有所帮助。

　　• 孩子的说话在不同情况下和面对不同的人时会有所不同吗？
　　• 哪些活动能够带来最好的表现？
　　• 对孩子不说话有什么可能的解释？

　　这同样适用于正在学习第二语言的儿童。两个月后，家长和工作人员应该开会，进行开诚布公的、非批判性的讨论，分享他们的观察结果和顾虑，并就下一步的工作达成共识。请记住，这些初步调查不一定会得出 SM 的诊断。

一旦怀疑有 SM，有两点需要记住：不要拖延，但也不要急于求成。这两点是互补的而不是矛盾的，因为尽管所有证据都指向早期干预，但确保良好的信息收集、人员间的联络以及干预规划是非常重要的。必须严格按照所有相关人员的需求和能力量身定制干预措施。一旦制订了计划，就应立即实施。

参见：

第 2 章　"早期干预的重要性"

第 3 章　"进行诊断"

第 7 章

在线资源：讲义 9　"帮助幼儿在学校说话"

27. 为什么早期干预如此重要

如果及早发现并妥善管理，SM 有很大可能得到根除。如果被忽视或处理不当，孩子的焦虑加剧，那么治疗他们的 SM 则需要更长的时间。这可能会导致其他并发症，例如自卑、社交焦虑不断升级、不愿意提交书面作业和逃避学业等。

早期干预技术不仅有效且无创，而且相对便宜、易于实施。而对于 SM 症状已经根深蒂固的大龄儿童和成年人，只能采用更昂贵的干预措施，如家庭补习、伤残津贴、药物治疗以及精神健康服务的大量投入。

参见：

第 2 章　"早期干预的重要性"

在线资源：附录 E　"证据基础"

28. 帮助患 SM 的青少年和成年人是否为时已晚

帮助个人克服 SM 并提高他们的生活质量永远不会太晚。

一些青少年通常不需要任何正式的干预。他们承认对说话的恐惧是不合理直到中学，我还患有 SM，当我上大学时我知道我必须改变。我专注于在学校外建立自信，与那些不了解我的问题的人一起设置对自己来说越来越困难的任务，这些任务虽可怕但是可行的。与那些认为我只是有点安静的人交往越多，我的信心就越强。但是，我还是不能在学校说话！

最让我心宽的事情是，我认识到是 SM 这种病（如同湿疹）使我遭受不幸，而我自己并不是这种痛苦的来源。一旦我开始这样看，我也可以把它看成是帮助我学会生活的事件，学会应对并帮助自己克服。我仍然是一个焦虑的人，但 SM 不再控制我，而我可以控制它。

（写于成功过渡到大学后）

的，但是如果他们被贴上"不说话之人"的标签，他们的沉默在当前的环境中就将很难被打破。升入中学、学院或大学将提供一个重新开始的机会，他们从第一天起就决心发言，他们成功地开口说话并且随着每一点新的进步不断增加信心。根据我们的经验，这些青少年通常都是目标明确的，他们在整个学校教育过程中保持了一定的独立性和亲密友谊。他们可以在学校以外的某些情境下进行相当好的沟通，尤其在涉及陌生人的时候。正是这种经历使他们相信，他们可以在新环境中进行改变。

其他青少年则需要更多帮助，家庭和工作人员需要处理为什么他们的困难会长期存在的问题。他们应该考虑进一步评估的必要性，更好地了解青少年的困难，以及考虑更集中的或不同的策略。有了坚定的支持，这些青少年也可以努力应对新环境，了解自己的焦虑，发展自己的社交技能和独立性，以及培养与重要成人、同龄人和陌生人交谈的信心。同时，他们的现任教师有责任确保充分理解他们的需求，并听取他们的"声音"，以改善他们的生活质量。

成年人也可以通过自助、同伴支持、主流疗法或替代疗法改变他们的生活。

参见：

第 10 章 "青少年和青年人的其他考虑因素"

29. 到目前为止没有什么方法能起作用，为什么这次会有所不同

你可以遵循本手册中的建议，将 SM 作为恐惧症处理，治疗手段是让孩子或青少年完全参与管理他们对焦虑诱发因素的反应。如果 SM 被视为行为问题或控制问题，那么任何干预措施都不会有效。如果在没有适

> 当我 3 岁的孩子说"妈咪，我让你难过吗"，我知道是该采取不同做法的时候了。

当考虑焦虑管理的一般原则或整体治疗进展的情况下从本手册中摘取某些策略，也会收效甚微。因为从来没有捷径，良好的结果来自适当、始终如一的支持，以及与孩子就他们的困难进行开诚布公的交流，无论他们多大年龄。

许多父母发现后者——开诚布公地交流是最困难的，他们要么一言不发，以免让孩子觉得尴尬，要么推托"他不会讨论这一话题"或"如果我试着跟他说话，他会立马跑开"。但是通常情况下，父母没有和孩子谈论 SM 的本质，也没有平心静气地将 SM 与其他常见的恐惧放在一起讨论。相反，他们提出了孩子无法回答的问题："你为什么不……""你什么时候……""你能否……"这让孩子觉得他们做错了什么。他们不想听，这并不奇怪。

有 SM 的孩子需要从他们请求指导的成年人那里获取解释、保证和信心。如果我们保持沉默并希望问题消失，或者试图干预却不解释我们正在做什么，或者只是鼓励孩子说话而不提供任何策略，那只会增加他们的焦虑。好的对话会是这样开始的："我看到你正在努力与爷爷交谈。当你试着把话说出时感觉如何？"

与青少年的交流即使在最好的情况下也有可能很棘手，特别是当他们说没

事，并且表面上看起来很高兴地坐在他们的卧室里只与电脑为伴时。我们必须认识到，对面对困难的极端抵抗是出于对失败、不合理的期望、焦虑和羞耻感的恐惧。经过多年的失望，脱离社交成为一种保护性的应对策略。同样，我们需要摆出事实而不是提出问题。如果青少年不知道有哪些帮助、干预方案涉及什么以及它将如何运作，我们就不能指望他们"愿意改变"。一旦他们相信改变的可能性，我们就可以开始帮助他们向前推进。

参见：

第 5 章

第 9 章 "青少年的其他考虑因素"

在线资源：讲义 1 "与孩子谈论说话焦虑——'鼓舞士气的谈话'"

给青少年和成人的小册子《当说不出话时》

30. 要采取什么干预形式

首先，我们考虑一些无用的干预类型。一个广泛存在的误解是，SM 儿童受到创伤且无法表达自己，因为他们害怕揭露家庭秘密或更深层次的焦虑。这可能会指向数周的心理咨询或某种形式的游戏或艺术疗法。孩子可能享受这些心理治疗，特别是在没有让他们说话的压力时。他们对治疗可能有好的回应，表现为在治疗室的特定环境中，他们会变得更加放松和爱说话，但他们很少将此转移到其他环境中。在大多数情况下，这种方法会延迟而不是促进进步。

> SM 儿童害怕自己的声音，而不是他们所说的话。

本手册中推荐的干预方法从行为和认知水平上处理焦虑问题。我们开诚布公地和孩子谈论他们的焦虑，以及他们在尝试说话时的感受。我们在家庭和学校背景下看待每个孩子，以确保缄默症得到积极和一致的管理。需要做的是通过早期识别，对工作人员和父母与孩子的互动风格进行一些修改，从而强化沟通的努力，而不是沉默、逃避或替代说话的不当交流方式。

如果情况显然需要我们采用更有条理的方法，我们就要精心设计一个阶段式方案，旨在通过逐渐面对恐惧来缓解孩子的焦虑。首先是在非常具体的情况下，然后是在更广泛的基础上缓解焦虑。该方案涉及从简单参与和非语言交流开始逐步进行对话。

非常焦虑、愤怒、沮丧、忧郁的大龄儿童可能还需要检查和重新构建他们的认知信念系统，以便采用更合理和有帮助的方法来进行社交沟通和问题解决。

参见：

第 8 章

第 9 章和第 10 章　面对恐惧

第 13 章

> 在她家里与我开始了对话后，霍莉可以在任何地方与我交谈，但前提是没有其他人在听。我们试图在小餐馆买一杯饮料，但在我们回到我的车上这个私密空间之前，霍莉无法告诉我她想要什么。
>
> 在支持下，霍莉学会了与陌生人交谈。之后，她可以和任何不认识她的人交谈，并自由地和我说话，无论旁边有多少旁观者。然而在学校，霍莉以"不说话的女孩"闻名，她继续感受到强烈的焦虑，她的 SM 仍然存在，直到学校帮助计划开始实施。

31. 用药效果怎么样

绝大多数患 SM 的儿童在无须用药的情况下对得到良好实施的干预计划做出了很好的反应。如附录 E 所述，英国国家临床医学研究所（NICE）的指导方针与我们的经验一致，不建议把使用药物治疗焦虑症作为首选治疗方法。然而，对于有根深蒂固的困难的大龄儿童，由于焦虑或对干预的阻抗而导致其他治疗方法不成功，这时可以采用药物治疗来促进他们参与干预。

参见：

第 13 章　"药物问题"

在线资源：附录 E　"证据基础"

32. 谁应该参与干预？我们需要 SM 专家吗

这个问题很大程度上取决于干预何时开始，以及 SM 是不是唯一需要解决的问题。在所有情况下，良好的团队合作对于一个需要协调作战的干预方法都至关重要。干预过程的核心参与者是患有 SM 的孩子、他们的家庭，以及他们所在的托儿所、学校或大学的工作人员。如果没有其他复杂情况，且父母和工作人员就协作方法达成一致并获得正确的信息，就可以成功地实施干预计划而不需涉及其他任何人。在其他情况下，SLT、心理学家或认知行为疗法（CBT）从业者可提供专家支持和建议，具体取决于当地提供的服务、儿童的年龄以及其他困难的程度和性质。

外部专业人员主要担任顾问，倾听并向日常生活中最有能力支持孩子的家庭和相关人员提供建议。为了提高效率，需要定期审查，以便监控、更新目标和管理策略。

同样重要的是患者所在学校的关键工作者，如课堂助教、辅导员、学业指导员或学生支持人员，他们将执行商定的策略并与家庭保持联系。

对于有根深蒂固的 SM、高度社交焦虑和越来越严重的社会退缩的大龄儿童来说，与能够提供连续性情感支持的导师建立融洽的关系尤为重要。这个人可能来自学校、大学或志愿部门，同样他也得到外部专家的支持。长到十几岁还未解决 SM 问题的儿童越来越有可能需要获得精神健康服务，以获得认知行为治疗并尝试使用药物。

最后，SM 儿童的父母和兄弟姐妹也可以从心理学家或精神健康团队的参与中受益，以处理 SM 和焦虑对整个家庭的影响。

参见：

第 3 章 "如何找到合适的专业人员进行诊断"

第 13 章

33. 干预需要多长时间

干预时间的长短取决于很多因素，不可能给出一个简单的答案。这里有几点建议。

- 如果遵循本手册中的指导原则，可以相对容易地在一两个月内帮助患者与一个或两个关键人员开始对话。
- 在所有情况下与所有人进行充分有效的沟通需要更长的时间。这取决于：个人的特殊情况、患 SM 的时长、存在的其他因素，以及他们的支持团队（家庭、学校的工作人员或从业人员）的时间、能力和在协调上的努力。
- 如果患者在患 SM 的早期阶段被发现，在与焦虑相关的强有力的逃避模式建立之前，在最低限度的低调干预之后，在群体和公共场所充分和自由的说话更容易发生，并且通常是自发的。
- 在小学，通过早期干预和密集投入，家长和专业人员可能会在一年内看到良好的效果，但仍可能需要在一两年内继续监测情况。
- 对于青少年来说，直到进入一个新环境，从上一所学校的旧环境中解脱出来之前，通常不会出现真正的进步。即便如此，学校工作人员仍需要密切监控情况，并且由青少年来主导干预。
- 如果支持只集中在儿童教育机构，那么在更广泛的社区的进展就更难以预测。除非家庭成员在家和社区环境中都使用本手册中的策略来补充和强化在学校所做的工作，否则即使孩子能在学校环境中说话，与大家庭或陌生人交谈的困难也可能会持续多年。

参见：

第 10 章　"放手"

第 12 章

第2章

选择性缄默症的整体观

引言

本书虽然主要是一本实用手册，但是基于研究结果、我们的临床经验以及本领域国际专家的观点。本章描述了我们对 SM 的思考。

SM 被归类为焦虑症，其特征是患者能够在某些情况下说话但不能在其他情况下说话。但是这个描述并没有告诉我们 SM 的本质是什么。SM 是一种几乎始终保持警惕的状态，是一系列强烈的情绪和影响身心的生理反应，是一种能影响家庭状态以及亲属、相关人员、同龄人甚至陌生人的行为，但也同时被这些反过来影响的状况。因此，本章讲述：

- SM 的性质和表现

  达成共识

  重度和轻度 SM

  将 SM 视为恐惧症

  恐惧症的生理学

  SM 对思维和推理的影响

  SM 对行为的影响

  区分 SM 和社交焦虑障碍

  SM 的患病率

- 什么原因导致 SM

SM 的促成因素概述

SM 的发病

- SM 涉及多学科范畴

进行整体评估

多学科护理途径

培训以确保充分认识和理解 SM

- 早期干预的重要性

忽视 SM 的代价

实施预防策略

- 我们的治疗方法的理论和框架

在线资源的附录 E 中有研究结果和参考文献作为证据基础，以支持本章和我们的治疗理论。

SM 的性质和表现

达成共识

自 2001 年本手册英文第一版问世以来，比以往更多的关于 SM 的研究和图书已经出版，增加了我们对 SM 性质的认识。这也反映在国际医学分类系统的修订版中：DSM-5（2013）和 ICD-11 Beta 草案（2017 年到期）[○]。SM 与影响儿童和成人的其他焦虑状况一起，现在被归类为与焦虑或恐惧相关的障碍。SM 与焦虑关联的本质仍未明确，SM 仅根据一致的言语习惯和若干的排除条件来定义，参见专栏 2-1 所述。尽管如此，自它首次以"选择性缄默症"[○]的名称被纳入 DSM-III（1980）以来，对这种状态的理解有了很大进展。

○　ICD-11 正式修改本已于 2018 年发布，2019 年 5 月被世界卫生大会审议通过。其中关于 SM 的内容与 Beta 草案中一致。——译者注

○　最初的名称为 elective mutism。——译者注

> **专栏 2-1　DSM-5 和 ICD-11 Beta 草案描述的 SM 行为的基本特征**
>
> 1. 在某些需要说话的场景下，个体呈现出一致的说话模式，在其他场景却不然。
>
> 2. 个体持久地不能说话，持续一个月以上，但不包括在新环境中（例如入学）的第一个月。
>
> 3. 不能说话对个人的教育成就、职业成就或社会交往产生重大影响。
>
> 4. 个体缺乏说话所需的知识或信心，或者可能有沟通障碍或社交焦虑症等情况。但这些不是缄默症的原因，也不能解释缄默症。

然而，国际专家就该病症的理解和管理达成了一致意见。专门的网站和治疗手册将 SM 描述为对说话的恐惧，或对说话期望的恐惧，这一恐惧以减少焦虑的行为方式表现出来。毫不奇怪，这个结论引发了相当多的猜测：如何解释跨越所有社会经济群体、文化和生活经历的不同人群对说话的恐惧？

我们赞同奥卡姆剃刀原理（Occam's razor school of thought）：最简单的解释最有可能是正确的！虽然承认个人以不同的方式发展这种恐惧，但我们认为只有条件作用过程才能解释作为 SM 核心特征的说话习惯的绝对一致性。换句话说，SM 是习得的恐惧或恐惧症所造成的结果。这种条件作用建立在潜意识层面，导致一种越来越有意识的内化规则系统，使患 SM 的人能够识别他们的焦虑诱发模式，并预测他们将会或不会说话的情况。

重度和轻度 SM

当孩子与某些人说话或者在某些地方说话，而在其他地方不说话时，这种 SM 很容易识别。然而，情况很少是这样清晰明确的，因为个体的说话能力完全依赖于说话的环境。因此，孩子也许能够与父母、朋友或特定工作人员说话，但只有在他们确定没有其他人在听的时候才说。或者他们可以在陌生人面前自由发言，但一看到同学就立刻停止说话，因为担心自己将在学校被期待说话。

尽管存在这些明显不同的表现，但我们可以确定一致的情境模式，即孩子从不对某些人说话，这在英国《儿童和青年焦虑症》（*Children and Young People with Anxiety*）的小册子中被描述为"重度"SM（参见附录 F）。

DSM-5 中还包括"轻度"SM，它是这样描述的：患有这种疾病的儿童不会主动说话，或者不能做出互动回应。换句话说，他们可能会做出最低限度的反应，但不会以对话的方式回应。这是我们在乖巧顺从的儿童中看到的模式，他们担心会惹恼权威人物，也担心在同龄人面前显得愚蠢。我们在开始取得进步的儿童和年轻人身上也看到了这种模式。他们设法回答直截了当的问题，并遵守简单的口语惯例，但很明显，这需要很大的努力。他们很紧张，说话时很小声或很拘谨。轻度 SM 儿童在学校特别容易受到伤害，因为他们的高焦虑水平可能无法被识别。因为他们在什么时候都能说一点点，所以他们无法自己主动接触他人、寻求帮助、纠正误会、交朋友、告知疾病或报告欺凌的问题可能并不是很明显。如果没有适当的帮助，许多患有轻度 SM 的孩子说话会越来越少，直到重度 SM 明显地呈现出来，或他们成为轻度 SM 成年人。

将 SM 视为恐惧症

在一篇儿童和青少年心理健康协会（ACAMH）发表的论文（Johnson & Wintgens, 2015）中，我们描述了 SM 如何满足 DSM-5 所定义的特定恐惧症的标准（见专栏 2-2），但 SM 随着时间的推移会产生其他并发症。SM 的产生与特定恐惧症有相同的心理过程，即情绪转移、示范模仿和直接的负面联结。它具有特定恐惧症的现象学特征，即遗传倾向与环境因素之间的相互作用，这种相互作用在女性中比男性中更常见。并且它与特定恐惧症对应着相同的治疗方法——对特定刺激进行分级暴露，系统脱敏，这里的特定刺激对 SM 来说即与个人舒适区之外的人交谈。

专栏 2-2　DSM-5 和 ICD-11 Beta 草案中描述的特定恐惧症的基本特征

1. 个体经常会对一个或多个实际或预期出现的特定物体或情况产生一贯的明显且不合理的恐惧。
2. 暴露于恐惧物或恐惧情境时会立即引起个体的焦虑反应。
3. 恐惧情境或是被躲避，或是伴随着强烈的焦虑或痛苦而被忍受。
4. 恐惧、焦虑的预期或回避对个体的个人、教育、职业或社会生活产生重大影响。
5. 恐惧、焦虑的预期或回避持续至少几个月。

四个因素使问题复杂化。

- 说话对我们的生活至关重要（不像蜘蛛那样），因此 SM 比其他恐惧症具有更大的影响力，并使个体几乎不断保持警觉。
- SM 没有明显的外部触发事件（这也与蜘蛛不同）。个体很少会被他们想要与之交谈的人所威胁，但尽管如此，他们还是害怕说话。对个体和周围的人来说，似乎都是个体自己的"过错"。
- 很少有人意识到 SM 是一种恐惧症。因此，即使在尝试提供帮助时，他们也会在无意中做出让恐惧症变得更严重的事情。
- 在没有任何解释或解决方案的情况下，患 SM 的孩子长大后知道其他人轻则认为他们的行为是不正常的，重则认为他们的行为无法容忍。随着时间的推移，将自己的身份与行为分开变得越来越困难，并且他们会产生在其他恐惧症中很少发生的自我感知的变化：他们感到自己被拒绝、是不讨人喜欢的、是失败的、是不值得的。

文献中描述的 SM 的各种表现和"类型"与恐惧症的概念一致。患 SM 的儿童并不总是焦虑，这是众所周知的，恐惧症患者只有当出现或预期出现恐惧刺激时，才会感到焦虑。

我们认为 SM 的性质不会改变。但是，它根据个人的应对技巧以不同的方式表现出来，而这些表现方式反映了个人特征（例如外向、内向、害羞、意志坚定、顺从、被动或足智多谋）和其他人对待恐惧症的方式的组合。如果幼儿的沉默被接受，他们就不会感到不舒服。如果其他交流方式被接受，并且确实没有说话的压力，孩子会愉快地用指点、写纸条或打手势的方式做出反应。相反，如果孩子害怕点头、打手势等会增加他人对他们说话的期望，他们会变得紧张并动不了。如果保证他们不会被选中在课堂上回答问题，孩子会放松并享受他们的课程，否则他们将一直处于忧虑状态。固执的孩子会抵制（并且表现出"拒绝"）引发焦虑的活动，顺从的孩子将"默默地忍受"。

恐惧症的生理学

身体对假想威胁的恐惧反应与对真实危险的条件反射完全相同。它从大脑开始，但随着交感神经系统激活恐惧反射，它会立即影响身体的其他部位，产生战斗或逃避反应：心率和血压增加，肌肉紧张，血液转移到手臂和腿部，瞳孔扩张，黏膜干涩。我们现在准备好做出更强劲的动作，跑得更快，看得更清楚，呼吸更急促，为战斗或逃跑做准备。副作用包括颤抖、刺痛、头晕以及呼吸短促，因为身体通过浅而快速的呼吸来吸收更多的氧气。

> 我有太多想说的话，但我永远无法说出来。这就像我的喉咙被人抓住了……

当恐惧反射被触发并且我们处于真正的危险中时，我们没有时间思考——我们不需要思考，如果有任何出路，我们就会立即采取行动。但如果没有出路，我们会僵住而不是战斗或逃跑——突然的冲击或坏消息会产生同样的效果。我们心跳加快，身体僵住，面部僵硬且没有表情，喉咙收紧。我们屏住呼吸，并且暂时不能移动或说话。该僵住反应与 SM 的报告一致。当陌生人试图接触 SM 儿童时，他们的父母可以感受到孩子的心跳加快。

能够描述他们在试图说话的那一刻的感觉的孩子都报告说他们会感到喉咙有阻塞感，同时肌肉收紧。当孩子试图说话时，观察者可能会注意到他们下巴颤抖或过度吞咽。当回忆他们的 SM 时，成年人经常使用诸如"震惊""瘫痪"和"僵住"等词语（见第 15 章）。

对恐惧研究的主要结论是，负责触发恐惧反射以及焦虑等其他情绪的大脑部分是杏仁核。大脑杏仁核还存储了对恐惧反应之前的事件的记忆，这一特征使我们能够越来越警惕危险。虽然最终与有意识的知识相结合，但恐惧记忆在很大程度上是在潜意识层面产生和存储的。令人遗憾的是，这让大脑可能对事件做出错误解读和不恰当反应。恐慌感可能与作为经验的一部分的对象或事件而不是恐惧的真正来源相联结，这个过程被称为恐惧条件反射。结果，中性对象或事件可以成为诱发恐惧的触发器，能够激活与原始诱发因素所诱发的相同的恐慌感。就 SM 来说，中立事件是期望说话，个体开始害怕说话这一行为，而不是害怕他们正在交谈的人或说话的可能后果。

SM 对思维和推理的影响

当面临威胁的情况时，杏仁核的自动功能比大脑的思维部分（额叶皮层）的运行快 20 倍。如果一个有棉絮厌恶症的人被蒙上眼睛并意外地接触到一些棉絮，他们的手会在他们意识到它是什么之前缩回。简而言之，我们先做出反应，然后再思考。这有其优点。恐惧、记忆和情感领域最受尊敬的研究人员之一约瑟夫·勒杜克斯（Joseph LeDoux, 1997）解释说，当我们看到一条蛇时，在采取行动之前我们不需要知道它是爬行动物，或者知道它的皮可以用来制作皮带。也许它只是一根棍子，但最好逃跑以确保安全，而不是遗憾！

> 当我第一次站在教室里，焦虑来袭，我对此没有任何控制，我的声音被卡住了。在随后每一次预期发言时，都会发生同样的事情。

缺点是我们对我们的反应缺少有意识的控制。我们可以告诉自己恐惧是不合理的，但是一旦恐惧反射发生在潜意识层面，逻辑就会不起作用。当纯粹的恐惧或恐慌感被诱发时，我们会服从更深刻的本能并感到必须逃避。

然而，推理在 SM 随时间的变化中起着重要作用。令人遗憾的是，它的作用本是服务于儿童或青少年确保安全的本能，却导致了一种更根深蒂固的、最终具有破坏性的信仰体系，如下所述。

1. **患 SM 的孩子非常了解自己能够应对和无法应对的情况。**他们可能会极度地拒绝大笑或说话，或者指示他们的父母不要告诉其他人他们说过话。这揭示了 SM 行为的一个非常具有意识的方面，它毫无疑问地在"错误的人"进入谈话时孩子就闭嘴中起到了作用。选择何时以及与谁交谈并不是一件简单的事情。在担心被得知可以讲话的后果时，SM 儿童不希望人们发现他们可以讲话：这个人会把他们会说话的事告诉别人吗？现在人们会对他们有更多的期待，并且把他们置于他们害怕的情况下吗？重要的是，陌生人在这方面构成的威胁要小得多，因此"关闭"并不总是发生。然而，父母常常意识到孩子在越来越少的环境中说话——表明他们的焦虑情绪没有得到适当的缓解，并且他们对说话的恐惧正在升级。

2. **青少年生活在 SM 阴霾中的时间越长（不被同龄人接受，不再收到问候或玩笑，从来不曾获得表扬或出色的学校报告等），他们的 SM 就越有可能改变他们的自我形象。**他们感到自己越来越不受欢迎，毫无价值，并开始相信他们所听到的：他们害羞、粗鲁、难相处或顽固，以及他们应该更加努力。在没有任何其他解释的情况下，他们得出结论认为他们被忽略是因为人们发现他们愚蠢、沉闷或怪异。这时，SM 已远不只是害怕说话，它影响了个体对自己和他人的看法。这些青少年中的许多人（如果不是大多数人）现在的状况也符合社交焦虑症（SAD）的诊断标准。请参阅下一节有关区分 SM 和 SAD 的部分。

3. 即使患 SM 的孩子拒绝或没有接触到他人的负面意见，他们绝大多数也是有自我意识的，而且很聪明，需要理解自己的行为，而还没有人教我不想说话，因为我的声音听起来很糟糕。

我无法与老师交谈，因为担心她污染了空气，我会感染上她的细菌。

他们用身体对焦虑的反应行为来进行解释。他们相信自己如此讨厌说话一定是有理由的。

家人通常不是在一开始，而是在 SM 已经成熟时听到这些原因，并且当一个原因被否定时，往往另一个原因会浮出来。这些情景显示的是回溯性的理由，而不是对孩子沉默的真实解释。

SM 对行为的影响

虽然思考和推理可能对身体的自动反应没有太大影响，但它们确实对行为产生了强大的影响。恐惧症的一个关键特征是它们是可预测的，因此可以通过回避来管理。有恐惧症的人无法想象不可控制的恐惧感，所以他们尽其所能规避诱发因素。当患 SM 的孩子学会预测诱发焦虑和恐慌的情况时，他们尽其所能回避它们，参见专栏 2-3 所述。

专栏 2-3　SM 中的回避行为

1. 从身体上摆脱处境：逃跑、去另一个房间。

2. 身心疾病（潜意识回避）：例如胃痛、呕吐、头痛。

3. 试图隐形：例如避免目光接触、留长刘海、不动。

4. 采用非口语模式：例如仅使用书写或手势进行交流。

5. 使用正常声音的替代方式：例如耳语、不同的口音。

6. 用在场的某些人不说的语言说话，从而将他们排除在谈话之外。

7. 要求退出社交活动：例如想要拒绝派对邀请或逃避上学。

8. 当其他选择退出的尝试失败时，会表现出对立行为：例如拒绝穿衣服、使用威胁性的语言或行为、自残或破坏财产。

最终的回避策略或"安全行为"是选择完全退出社交场合，以避免无法控制的沉默所带来的压力。知道未来会发生什么，具有较强个性的孩子会顽固地选择退出或与父母谈判替代方案。这种看似"有自己的方式"实际上是一种成功的应对策略。当无法逃脱时，潜意识的回避行为表现为身心疾病——头痛、胃痛和呕吐。文献中充分证明，真正的对立性障碍在患 SM 的儿童中很罕见，通常对立行为反映了他们在某些情况下回避说话的需要。

令人遗憾的是，当工作人员、朋友或亲属对 SM 的了解很少时，儿童焦虑的诱发几乎是不可避免的，而且他们会在过长的时间中担心他们可能会被期待说话。大龄儿童知道，即使他们可以对某些人说一点点话，通常他们最好保持安静，因为说话只会引发更多的对话和不必要的反应。在一个缺乏良好管理的干预计划下，往往回避行为会增加，反映出儿童的情境意识增强，焦虑、无助感和缺乏控制感不断升级。我们认识这样的青少年，当不被理解或倾听时，他们会采取激烈的应对措施。

SM 也会对其他人的行为产生重大影响，这将在"维持因素"中讨论。

区分 SM 与 SAD

有人认为，SM 是儿童期 SAD 的变种，是一种避免社交参与压力的手段。然而，正如 DSM-5 所述，患 SM 的孩子"在不需要说话时可能愿意或渴望参与社交活动"。这支持了我们的观点，即儿童不使用沉默来回避参与；相反，他们的沉默和缺乏参与是无法说话的结果。而 SAD 的核心特征是对负面评价的恐惧。因此，患 SAD 的人害怕做或说任何不会受到好评的事情，并预期他们行为的后果。

> 就像这种绝对可怕的感觉，即你几乎宁可死也不愿在某些人面前说一句话。

> 我非常想向老师证明我可以朗读，但是这些话语卡在我的喉咙里。

相比之下，患有特定恐惧症的人畏惧他们的恐惧症诱发的恐慌，而不是担心他们的恐惧症对其他人的影响。正如一位成年人所评论的那样，"我有 SM，但我不同意这是极度焦虑导致的。如果有什么关联，正好相反——是缄默导致了极度焦虑。不能说出你需要说的话是可怕的。"

事实表明，SM 是对说话行为的非理性恐惧，而不是害怕说话或不说话的后果。然而，虽然 SM 和 SAD 都是独特的焦虑症，但它们可以共存。SM 个体可以发展到 SAD（参见上文" SM 对思维和推理的影响"），反之亦然。这将在第 13 章中进一步讨论。

SM 的患病率

许多孩子在上学早期得到适当的、共情的支持，所以正如预期的那样，SM 在年幼的孩子中更为常见。

近年来对 SM 患病率的估计值有所增加，最近的研究表明，大约每 140 名 8 岁以下的儿童中就有 1 名受到影响。当包括大龄儿童时，患病率较低：每 550 名儿童中约有 1 名患儿。然而，这些数字不太可能包括"轻度"SM 儿童——给予简短回答但不提问或无自由交谈的儿童。当然，所有小学和大多数中学都可以预期至少有 1 名 SM 儿童在上学，这是所有教师都可能遇到的状况。因此，我们敦促所有教师培训机构在满足其他教育需求时纳入对 SM 的认识的培训。

什么原因导致 SM

SM 的促成因素概述

探究 SM 的成因，要询问个体如何发展出条件性的对说话的恐惧。与其他焦虑症一样，没有单一原因，SM 源于基因（遗传）和环境因素之间独特的相互作用。尽管每个人的情况各不相同，但有一些综合的促成因素在图 2-1 中详细展示，并总结在图 2-2 中。

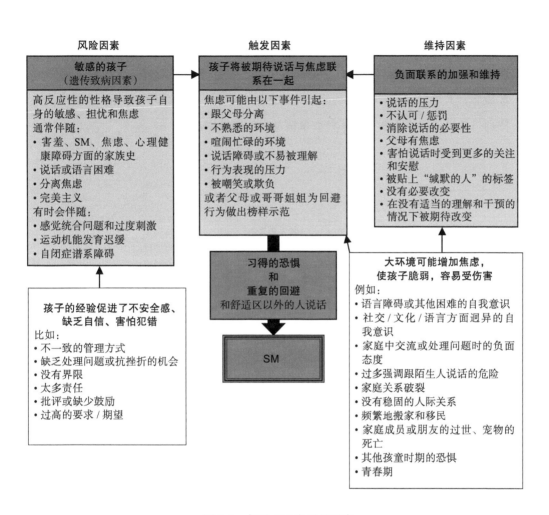

图 2-1　促进 SM 发展的因素

第 1 阶段：易受伤害的敏感儿童

发展出 SM 的儿童具有敏感的性格，他们或对其他人的意见敏感，或对生活的不确定性敏感，或对周围环境敏感，或对这三者都敏感。文献中经常用来描述这种人格特质的另一个术语是"行为抑制"。儿童对变化和任何轻微的威胁刺激——新的、不同的或困难的事物都很警觉。

这种增强的意识往往会带来深刻的洞察力、关怀或创造力。一些高度敏感的儿童对触觉、噪声和气味等刺激的阈值低得令人痛苦，并且可能符合感觉处理障碍或感觉整合障碍的额外诊断条件。这些孩子也可能对自己体内的变化非常敏感，并希望避免不舒服的感觉（如狂跳的心脏、疲惫的肌肉或恐惧紧张），特别是如果他们不了解发生了什么事情及发生的原因。

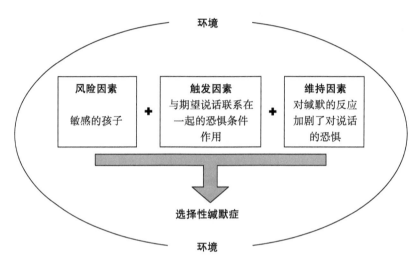

图 2-2　促进选择性缄默症发展的因素总结

敏感以不同的方式呈现。有些孩子通常表现出谨慎和害羞，有些孩子一旦对自己很有把握就会表现得外向，其他孩子有严格或完美主义的本性。所有这些孩子都会在令人放心的情况下茁壮成长，并且他们倾向于成为体贴、有自我意识的孩子，他们不愿承担风险或犯错误，很容易有心理负担，且只有预期未来没有意外时才最放松。

现在的研究强烈表明，焦虑和身体对压力的高度反应与遗传因素有关。这有助于理解为什么这种性格类型的孩子更容易患上焦虑症，并且父母中至少一方更有可能有同样敏感的性格和焦虑倾向。众所周知，虽然这种基本的人格特质是由遗传决定的，但是它在一般的气质和应对策略方面在以后的生活中如何表达，则是由儿童早期的经历决定的。例如，养育方式可以对儿童的焦虑水平产生积极或消极的影响。

沟通、学习、发展或社交互动（例如发育协调障碍或自闭症谱系状态）中的困难使儿童由于混乱、失败，以及被进行比较、戏弄或纠正而处于更大的焦虑和自我意识的风险中。

第 2 阶段：生活事件

敏感儿童易患焦虑症，但他们是否发展成 SM 或其他恐惧症，取决于随后生活事件的相互作用和发生时间。就 SM 而言，某个事件或持续的情况会让对说话的期待与强烈的焦虑之间产生关联。这可能发生在其他压力因素的背景下，这些压力因素导致普遍的高焦虑状态，例如损失、丧亲之痛、搬家、对家庭成员的关切，或者难以应对不同的规则或文化价值观。导致恐惧条件反射的大多数压力因素和特定生活事件通常不会被认为是超乎寻常的东西，但敏感的孩子会感受得更深刻，而且他们在应对变化和焦虑中的复原力更低。

第 3 阶段：维持因素

童年的恐惧是常见的，且通常是短暂的。因此，理解为什么一些恐惧（如 SM）带有恐惧症的强度、持久性以及影响生活的特性是很重要的。答案在于心理的强化原则，在于加强和维持恐惧的行为和事件达到了界点以至于无论多少保证或逻辑思考都不足以消除恐惧。

因此，克服 SM 的关键是识别每个患者生活中的 SM 维持因素。我们从案例工作中了解到，如果这种维持行为没有消除或显著减少，SM 将继续，或者至少需要更长时间才能解决。相反，如果 SM 在早期阶段得到识别，我们发现成功处理维持行为的团队策略可能是孩子克服恐惧所需的一切。

因此，我们扩展了评估程序，纳入了一份可能的 SM 维持因素清单（在线资源表格 4），以帮助工作人员和家庭探讨、识别相关问题。专栏 2-4 概述了不同类型的维持因素，交叉引用了清单上的项目。总的来说，这些维持因素会产生压力和回避的恶性循环，这是所有恐惧症的共同点（见图 2-3）。

专栏 2-4　SM 维持因素总结

以下情况将维持 SM：

a）说话是一种消极的体验

对说话的期待与不合理的压力、焦虑、不赞成或失败直接关联。

（"可能的 SM 维持因素清单"中第 1 ~ 18 项）

b）回避加强对说话的恐惧

回避可以立即缓解焦虑，这强化了个人信念，即确实有些东西是令人恐惧的。

（"可能的 SM 维持因素清单"中第 19 ~ 20 项）

c）回避是一种积极的体验

回避比参与更有好处。

（"可能的 SM 维持因素清单"中第 21 ~ 22 项）

d）不说话成了习惯

很少或没有成功克服焦虑的经验使个人相信这一情况是永久性的，无法做任何事情改变，最终他们成为不说话的人。

（"可能的 SM 维持因素清单"中第 23 ~ 28 项）

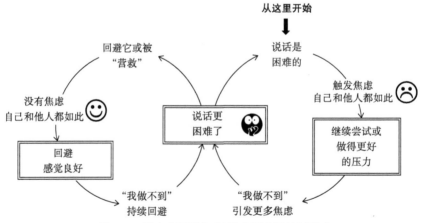

图 2-3　压力和回避如何促成了选择性缄默症

如图 2-3 所示，维持因素的一个特征是其强大的、自我强化的人际动力。个体说话的困难不仅影响他们自己，也影响他们的家庭、同龄人和老师，后者的本能反应也会影响前者。自然，个人被鼓励说话（正是这诱发了他们的恐惧反应），从而让他们承受要去做一些感觉不可能的事情的巨大压力。回避这些情况（本身即是一个维持因素）是自然而然的应对策略，不仅对 SM 个人来说如此，对目睹他们的痛苦并介入以减少他们焦虑的朋友、家人和教师来说也是如此。当"获救"（例如成年人替孩子说话，或者转向另一个孩子）时，孩子最初会感到很轻松。这强化了他们的信念，即说话太难了。每当这种情况发生时，他们对说话的恐惧就会增加。

父母的教养方式对焦虑的影响已得到广泛研究，这与维持因素也是相关的。研究强调有两种养育方式会增加儿童的焦虑，使他们更害怕尝试任何新的东西。

我们在 SM 孩子的父母中只是偶尔会看到第一种风格：一种嘲弄、批评的风格，它损伤了孩子的自我价值感和冒险意愿。这些父母经常报告说，他们的父母（即 SM 孩子的祖父母）也曾采用同样的育儿风格。我们经常会看到第二种风格：这在文献中被称为"过度保护"的养育方式，但这不是我们使用的术语。他们无一例外都是慈爱的父母，他们回应孩子的焦虑气质并受其影响。通常他们自己也有焦虑或害羞的气质，他们希望让孩子免于体验他们自己可能有的童年期间的痛苦回忆。他们注意到孩子日渐提高的压力水平，并且渴望通过帮助孩子回避引起焦虑的处境来使孩子的生活体验尽可能的愉快，这是可以理解的。

因此，我们面临的挑战是，在对孩子施加压力（无论多么轻微）让他们说话和消除所有对说话的期待之间找到一个中间地带，让他们有机会了解到说话不一定会引起焦虑。我们采取干预措施的基础是使工作人员和家长能够让孩子在不感到焦虑的情况下不断进步。

SM 的发病

家人并不总是知道或能够回忆起 SM 的初始诱发因素。父母可能只会逐渐意识到孩子只与少数人说话，或者已经停止与一段时间内没见过的人说话。这一点都不奇怪，非极端事件对孩子产生极端影响的情况是常有的。如果孩子在正常的日常活动中短时间内感到恐惧或震惊，当他们回到正常的互动时很快就会忘记这一事件。此外，发病经常发生在很小的时候，这个时候孩子对不熟悉的访客或陌生人沉默不会被视为异常。可能只有当孩子在托儿所或学校不讲话时，父母才有理由担心。

对我们自己的案例和其他记录的深入考察表明，与其他恐惧症一样，造成SM的恐惧条件反射是通过情绪转移、示范模仿或直接关联产生的。

情绪转移

情绪转移解释了更多不寻常的恐惧症，如对按钮、小猫或煮鸡蛋的恐惧。当某些事情引起恐慌或痛苦，并且消极关联从真正的焦虑源转移到伴随的物体或事件时，情绪转移就会发生。就SM而言，伴随的事件就是期望说话。

就SM而言，当父母缺席并且无法提供安全感时，更有可能发生情绪转移，例如当孩子被留在一个陌生的环境中，或者孩子在街上与父母分开时。当孩子由于内心恐慌，变得不知所措、焦虑或情绪化而无法交谈时，有人试图与没有反应的孩子交谈，却没有意识到孩子实际上处于一种震惊的状态。他人试图和孩子说话成为孩子恐惧体验的有形部分。

当处于高度焦虑状态时，我们谁都无法有效地进行推理，更不用说年幼的孩子了。他们无法搞清楚对说话的期待其实并不是他们痛苦的主要原因。所以下一次他们被要求在类似的情况下说话时，同样的恐惧感又会涌上心头，让他们无法说话。这种消极关联往往比孩子对初始事件的记忆更长久。

示范模仿

通过观察我们通常寻求指导的人的反应，我们可以学会恐惧。例如，如果一个哥哥或姐姐公开表现出恐惧和回避说话，那么年幼的孩子可能也会相信说话会构成威胁。同样，如果害羞、焦虑或移民的父母表现出不愿与他们亲密家庭圈子以外的人交往，或不愿说孩子所在学校使用的而他们不熟悉的语言，这种焦虑可以传递给他们的孩子。

直接关联

有时孩子直接将说话与焦虑联系起来。例如被戏弄或批评他们说话的方式、被要求背诵或回忆信息而他们对这个要求感到不舒服。我们曾经看到后者导致年仅 18 个月的儿童在访客到达后立即退缩并保持沉默。当专注于乐趣，没有表现的压力时，局面会快速扭转。

文献综述表明，SM 的平均发病年龄为 2.7 ~ 4.1 岁，正是孩子开始在家庭环境以外独立活动之时。但是，它可以比这更早或更晚开始。我们发现较早发病通常与疾病、发育问题和 / 或分离焦虑有关（参见图 2-1）。似乎那些依赖父母安慰的婴儿在被交给陌生人时会变得高度焦虑和不安，无法享受或发出咕咕声和"婴儿语"。而在学校入学后很晚才发病的 SM，通常是由实际或感知到的戏弄、欺凌或羞辱事件引发的。这符合青春期孩子特别脆弱和自我意识强的特征。

SM 涉及多学科范畴

进行整体评估

2008 年，Keen 等人开发了一种基于国际共识的 SM 良好实践护理途径。其目的是由 13 名国际专家进行商定，达成共识并确认 SM 评估和管理的关键原则，以创建一条护理途径。大多数人同意的一项关键原则是，需要早日评估可能的有关条件及社会和家庭问题。

我们支持这项建议，但我们的经验表明它还远远不够。"早期评估"的性质以及筛查的作用需要定义。很明显，并非所有儿童都呈现出 SM 的复杂情况，不应该进行不必要的直接评估。这将在第 3 章中进一步讨论。

对共存问题的早期评估的许多理由都在文献中得到了支持。对 SM 患儿群体的研究分析总是发现他们出现其他问题的概率明显高于一般人群。最常见的是其他焦虑症（特别是分离焦虑、社交焦虑障碍和其他恐惧症）、交流障碍（特别是表达性语言障碍）和运动发育问题（影响运动、协调和平衡）。换句话说，患 SM 的孩子比一般的孩子更可能在掌控其他焦虑和学会语言、社交或运动发展所需的技巧方面挣扎。这一点在"什么原因导致 SM"中有进一步的讨论，我们提到其他问题会影响信心，从而增加儿童的总体脆弱性，并影响他们在集体活动中的自信。因此，极其重要的是不让儿童对 SM 治疗的反应因未能发现或解决这些其他问题而受到影响。

考虑到这一点，图 2-1 强调整体评估的基本组成部分，并表明识别以下因素的重要性。

- 导致总体脆弱性和 SM 发病的因素；
- 无法改变，但可能需要在整体焦虑的背景下进行探索和讨论的因素（例如个人的性格、丧亲、移民）；
- 可以改变的，并且必须作为克服 SM 的第一步来加以解决的维持因素。

多学科护理途径

由于可能的促成因素范围广泛，并且 SM 的呈现方式也会随着时间的推移不断发生变化，因此需要来自多个专业群体的人来对 SM 儿童进行评估，并处理干预的各个方面。言语和语言治疗师、心理学家、精神病学家、儿科医生、专业治疗师和物理治疗师都可能发挥一定的作用。他们还应准备好按照商定的准则与其他机构联络并在适当的情况下转介，以确保采取协调一致的方法。

没有哪一个单独的学科"拥有"SM，不过言语和语言治疗师在沟通评估和小步骤治疗计划方面的技能，以及心理学家在应急管理、分级暴露和认知重构方面的技能尤为重要。我们呼吁这些专业人员与当地的卫生和教育服务部门保持联系，以就一条多学科护理途径达成共识，避免因对 SM 的无知或专业界限混乱而导致父母或教师不断从一个机构转到另一个机构的情况。欲了解更多信息，请参阅 Johnson 等人所著的《应对选择性缄默症》（*Tackling Selective*

Mutism）一书中"有效的护理途径"一章。图 2-4 总结了该章的建议和有效护理
途径的组成部分。

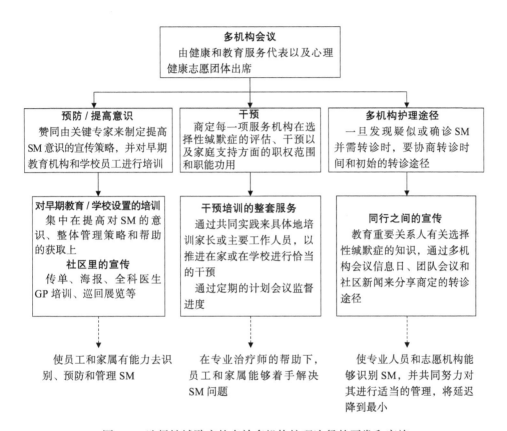

图 2-4　选择性缄默症的有效多机构护理途径的开发和实施

资料来源：Smith & Sluckin, 2015, p.191. Reproduced with the kind permission of Jessica Kingsley Publishers.

通过培训确保充分认识和理解 SM

理想情况下，每位评估 SM 儿童可能遇到的困难和问题的人，当然还有每
位参与具体干预和日常管理的人，都需要充分认识和理解 SM。现在的情况越来
越好。公共意识和专业意识有所提高，更多的言语和语言治疗师、教师和心

理学家正在接受专业培训，心理健康从业者开始能对成人和儿童的 SM 状况都做出诊断。但是，目前在英国和其他国家，地方性的专业知识和服务的提供存在巨大的地域差异。

有效的护理途径包括通用的培训课程，以便把有关 SM 的信息作为医疗服务机构和医疗服务用户共同组成的本地网络的一部分提供给专业人员、家庭和学校以供访问查询。附录 D 概述了一个典型培训课程的内容。一个重要目标是让家庭和学校对 SM 进行非专业的诊断（这一点将在第 3 章讨论）以便及时商定和实施恰当的管理策略。

具有讽刺意味的是，引入资源以为 SM 做准备的需要往往首先被缺乏转介所掩盖。然而，正如可以根据前面提到的患病率而预期的那样，根据我们的经验，一旦知道有服务或多机构团队可以支持 SM 儿童，就不会缺少转介或有关信息的交流。

早期干预的重要性

早期干预是最有效、最具成本效益和最富有同情心的推进方式。

忽视 SM 的代价

尽管对长期结果的研究表明大多数病例会有所改善，但是不给儿童医治，让他们"长大自愈"仍是危险的。对于焦虑障碍，没有一个人能完全"长大自愈"。治愈 SM 需要耐心的应对和适当的支持，以及坚定和自信。

另外，在使用 DSM-IV 标准后的长期结果研究中，只有 39% ~ 58% 的受试者的 SM 核心特征完全缓解。由于无法保证取得成功，因此不能对康复存侥幸心理。在充满爱心的社会中，没有任何理由允许儿童在 SM 中生活过长时间。SM 每多持续一年，对孩子来说就又是一年的强烈焦虑，对那些不知道如何最好地支持他们的家庭成员和教师来说也是相当大的痛苦或沮丧。

还有就是，虽然 SM 的核心特征可以消解，但是带着 SM 生活到青春期甚至成年期的人会产生一系列的相关心理问题，而这些问题在早期治疗过的人群中不会出现。例如，"恢复"的成年人已经被注意到有以下特征：自卑、社交沟通能力差、社交焦虑、抑郁、成绩不佳和普遍不满。

回顾我们诊疗的案例，所有在青少年中期到晚期被转介来的 SM 学生都存在以下一项或多项问题：

- 拒绝上学；
- 自残；
- 社交焦虑障碍；
- 从直系亲属社交圈退出；
- 需要用抗抑郁药治疗的情绪低落；
- 进行性缄默症。

其中，在 13 岁前的青少年中，只有拒绝学校是明显的。因此，我们毫不怀疑 SM 早期干预对保护儿童的身心健康至关重要的作用。

当然，早期干预要考虑经济因素。处理不当时，缄默的模式会变得更加根深蒂固，正如本章前面所讨论的那样，个体发展出无益的思维模式。因此，单凭行为方法已经不足以扭转局面。在小学的某一课程中出现的可能相当容易管理的问题，随着孩子长大，将成为涉及 10 个或以上学科教师的复杂问题。对某些人来说，干预的前景变得十分可怕。一个青年可能只有在一个抗焦虑药物疗程后才能参与治疗过程。因此，SM 持续的时间越长，解决它就越复杂、需要越长的时间。早期干预提供了相对快速、非侵入性且经济的解决方案。

实施预防策略

鉴于在进入游戏小组、托儿所或学校的前两个月内无法做出 SM 的诊断，幼教员工职责特殊，需要做两个月的预防而非干预。人类社交和沟通的驱力是非常强大的，所以只说一点点，或者根本不说话的孩子不应该被忽视。我们建议所有幼教员工都要了解 SM，并准备好在发现一个安静的孩子后立即提供适当的支持。

预防策略的目标是：

- 帮助孩子说话，不要在他们准备好之前给他们施加不必要的压力；
- 重视所有形式的沟通，鼓励参与而非回避；
- 邀请父母参与并支持他们，以非评判性和非危言耸听的方式提供适当的信息；
- 在考虑一系列可能解释儿童不愿说话的原因后，遵循明确的指导原则，及时转介到当地的健康和教育服务部门。

早教培训是前面讨论的护理途径建议的一个特征。其目的是避免在采取行动前儿童被放任 12 周或更长的时间。在这个时期，教师在帮助新来的儿童"安顿下来"方面做出的努力，实际上可能起到了维持和强化 SM 的作用（Cline & Baldwin，2004）。在线资源中的讲义 9"帮助幼儿在学校说话"，可能是一个有用的着手点，它为所有刚入学时安静的或不愿发言的孩子所需的支持提供指导，而不仅仅是那些有 SM 的孩子。

我们的治疗方法的理论和框架

文献普遍认为 SM 的有效管理包括以下几点：

- 早期识别；
- 儿童、家庭和教职员工的参与；
- 消除所有维持因素；
- 引入脱敏和分级暴露的行为计划。

此外，大龄儿童可以结合干预计划一起接受认知行为治疗（CBT）或药物治疗。

然而，从长期结果的研究和重新转介给我们的服务案例中可以明显看出，需要对 SM 有整体观念才能确保采取全面的干预和恢复措施。SM 的治疗不能只在单一环境中进行或只与一两个人相关，而应将进展转移到其他人和其他环境中。同样，孩子光说话也是不够的，还必须考虑孩子的互动质量、社交功能以及基本身心健康。

在本手册的第 1 版中，我们使用了两个进展来支持小步骤治疗方案的开发：自信的谈话的进展和沟通负荷从低到高的进展。在之后的 15 年中，我们发现这种顺序是一个过于线性的框架。我们已经用循环模型取而代之，以涵盖我们计划的所有方面，并鼓励采取更加均衡的干预方法（图 2-5）。

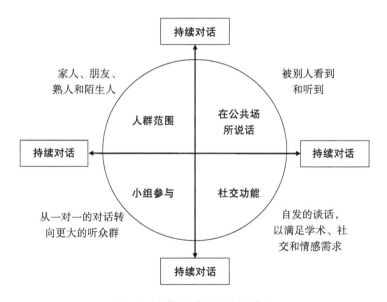

图 2-5　自信的谈话的多维模型

使用此模型作为干预框架，自信的谈话被定义为：

能够在不同地方与不同的人自由交谈，无论是一对一还是在更大的群体中，都满足所有的谈话需求，而不过度担心负面评价。

在新模型中，原先的两个进展被保留为一对一的互动和对话内容。还有其他进展代表一系列对话伙伴、小组互动、在公共场所谈话和社交。所有这些方面总结在表 7-1 中。它们也在第三部分"管理"中有更详细的描述。

我们认为，家庭和学校紧密合作，并由其他机构在适当的情况下提供支持，是对图 2-5 的所有四个象限最有效的工作方式。通过列出成功的干预计划的所有组成部分，我们希望每个人无论是单独工作还是与其他人合作，都能找到一个有用的着手点。研究证据得出的信息很明确：不要拖延，要及早干预。因此，我们鼓励每个与孩子有接触的人做以下几点：

- 开始遵循本手册中的方法；
- 跟踪进度；
- 利用你们的发现来支持你们围绕孩子建立一个团队的决心。

第二部分

诊断和评估指南

第3章

诊断：我们需要知道什么，以及为什么要知道

引言

本章将讨论以下主题：

- 如何做出 SM 的诊断
- 谁能做出诊断
- 如何找到合适的专业人员进行诊断
- 进行非专业诊断的理由
- 什么才是一个好的评估
- 评估的框架
- 评估的两个层次
- 选择核心（简单）评估还是全方位（详细）评估

本章和接下来两章可能是大多数临床医生一开始就会经常查阅的部分。不过，如果家长要与专业人士合作，或者在某些情况下，家长要在孩子的管理方案中起主导作用，那么对家长来说了解评估和诊断的核心内容就同等重要。

如何做出选择性缄默症的诊断

当评估 SM 儿童时，我们首先需要确定他们的症状是否符合 SM 的诊断标准。

指向 SM 诊断的特征

- 孩子形成了一贯的模式：不和某些人说话，或在某些人面前不说话。
- 孩子能和至少一个人轻松交谈，但当他意识到其他人靠近时，他就会停止说话、低声耳语或变得明显紧张。
- 即使说话或喊叫对孩子有明显的好处，他们也不会这么做。
- 在没有口吃的情况下，孩子描述身体有一种"冻僵"的感觉，或者他们的声音卡住了，发不出来。
- 虽然 SM 可以与其他病症同时存在，但儿童的缄默无法用以下原因更好地解释：言语或语言困难、社交沟通困难、听力损失、发育迟缓、学习困难、文化影响（包括双语或者多种语言环境）或精神疾病。换句话说，即使儿童的言语或语言质量受到另一种病症的影响，他仍然有一种固定的说话模式，即与某些人能交谈而与另一些人不能。

作为诊断的一部分，我们必须判断是轻度还是重度的 SM，以及除了 SM 之外是否还有其他问题。作为言语和语言治疗师（SLT），我们发现对患 SM 的孩子进行如下分类是很有帮助的。

a)"单纯的" SM（轻度或重度）；

b）伴随言语或语言障碍，或正在学习一种新的语言的 SM；

c）伴随其他病症，如自闭症谱系障碍（ASD）或社交焦虑障碍；其他健康、环境或情感方面的重大问题；或进行性缄默症的 SM。

重度或轻度的 SM

重度 SM 更容易被发现：孩子与某些人根本不说话。

患有轻度 SM 的孩子会在绝对必要的时候设法说一点话（当他们对不说话所

造成的后果的恐惧超过了对说话本身的恐惧时），但不会自发地发起对话或主动提出要求。轻度 SM 的症状不是很明显，但并不意味着情况不严重。它很可能被忽视而变得根深蒂固，进而发展成重度 SM、社交焦虑障碍或者逃避上学。这两种类型的缄默症儿童都有一致的说话习惯，伴随身体紧张、过度谨慎、容易僵住。

进行性缄默症

孩子先是有明显的轻度或重度 SM，进而逐渐停止说话，甚至不和那些曾经能自由交谈的人说话。出现这种情况的原因有很多，包括：

a）除了在某些情境中因被期待说话会产生焦虑外，有时候不说话也能带来相当大的益处或根本没必要说话；

b）孩子有一个相对刻板僵化的思维方式，很难理解"说话规则"，不知道他们何时可以说话、何时不可以说话；

c）经过多年的被误解，年龄大一点的孩子可能会完全逃避沟通交流，再也无法应对由于说话所产生的压力。

与 SM 一致的是，患有进行性缄默症的个体可以在独处时说话（尽管很少有理由这样做），也可能在同对他们没有任何期待的动物或婴儿说话时找到喘息的机会。

更多信息请参见第 1 章中的问题 13 和第 2 章中的"维持因素"。

与 SM 诊断不符的特征

孩子不说话的原因有很多，SM 仅是原因之一。因此，在任何评估中，我们都必须仔细察看儿童的病史和说话模式，判断是否还有其他解释，从而指向不同的病症诊断和相应的治疗方案 。 以下表现不符合 SM。

- 孩子在所有场合都表现出同样的说话困难。
- 在相同的情况下，孩子表现出不一致的说话习惯（例如，有时和老师说话，有时不说话）。这可能与其他焦虑或情绪问题有关，比如对家庭、学业表现或被取笑的担忧。

- 孩子在任何场合都不说话，"进行性缄默症"除外。

- 在某一特定环境下突然停止或减少说话，这时需要调查和解决可能的诱因（如被霸凌、受批评或看到另一个孩子因说话而受到训斥）。

- 孩子对语言困难或不同的口音表现出强烈的自我意识，害怕被嘲笑、被纠正或无法传达他们的想法。有迹象表明，他们的焦虑有一定的道理，所以当他们在情绪或者实际的层面得到安慰时焦虑很可能会得到缓解。

有三个要点需要考虑，一是 SM 不能与"创伤性缄默症"混淆；二是 SM 与通常发生在成年人身上的"心因性发音障碍"或"转换障碍"无关；三是有些孩子被描述为"不情愿说话的人"更恰当。下面将进一步介绍。

a）创伤性缄默症

创伤性缄默症有时被称为"反应性缄默症"。它属于创伤后应激障碍（PTSD），通常由心理学家或儿童和青少年心理健康服务（CAMHS）来管理。它的特征如下。

- 一种具有可识别触发点的突然的言语减少，尽管孩子可能不会立即透露出来。

- 在所有环境中，都有明显的言语退缩表现，孩子可能完全沉默。

- 根据情绪的不同，交流可能会有一些变化。

- 孩子可能有相关的图像或闪回，以及噩梦。

b）心因性发音障碍

这种完全或部分的失声（尽管喉部正常）是由情绪或心理因素和冲突引起、维持的。患者可以自如掌控口型或发出低语，但不能发出正常的声音。其治疗由专门研究语音障碍的言语和语言治疗师负责，他们与耳鼻喉科外科医生密切合作，可能还需要与一位心理学家合作。

c）不情愿说话的人

大多数人都知道自己有不情愿或不想说话的时候。出于以下原因，孩子可能也有很好的不愿说话的理由。

- 在不熟悉的环境下或是集体环境下紧张或担心。孩子害羞或不知所措，需要时间来"热身"，他们更喜欢其他人的主动接触。
- 语言使用的复杂性或模糊性。孩子需要更简单、更明确的指令，来帮助他们发展语言技能。
- 缺乏语言表达的自信（如第二语言、言语障碍）。
- 谈话伙伴的个性和风格。孩子会对非对抗性、非指导性、肯定的说话方式做出更好的回应。
- 对说话后果的恐惧（如文化影响、他人的反应）。孩子可能需要明确的许可或一再肯定才能自由地说话。如果孩子害怕因说话错误而被纠正，或在说话时被告知要放慢语速，他们将受益于一些更有用的策略，比如榜样策略。还应表现出对孩子说什么感兴趣，而不是在意孩子怎么说。
- 对谈话话题或社交互动缺乏兴趣（请注意，这是与 ASD 的诊断相符的）。

无论孩子不愿意说话的原因是什么，交流永远都不应该是一种不愉快或引起焦虑的经历，否则将会有越来越避免谈话并发展成 SM 的风险。因此，第 8 章（确保无焦虑环境）和讲义 9 "帮助幼儿在学校发言"中的许多建议对不情愿说话者同样适用。也就是说，要在没有令人不舒服的压力或不合理期望的情况下鼓励说话和提供说话机会。此外，我们还列出了上述需要提供帮助的具体情况，而不应直接针对 SM 标志性的说话恐惧。

谁能做出诊断

令人遗憾的是，世界上没有很多 SM 专家。并且，SM 并不是只属于某一特定专业的专长。因此，如果学校或家庭医生不认识此方面的专业人士，家长或老师可能很难找到合适的专业人员来对孩子进行评估和诊断。

在英国，负责诊断的临床医生通常是言语和语言治疗师，诊断和治疗 SM

是他们明确的专业职责，因为这是一种沟通障碍。不过，儿科医生、教育心理学家和具有 SM 经验及知识的精神卫生专家也可以做出诊断。

进行非专业诊断的情况

这可能看起来有争议，但有理由让家长自己（也许和学校工作人员一起）判断他们的孩子是否患有 SM。有很多这样的例子：没有 SM 相关经验的父母和老师成功地运用他们自己的资源对孩子提供了 SM 诊断和管理。在医学和教育领域，关于 SM 的知识仍然相当缺乏。非专业诊断可以避免误诊（例如将 SM 诊断为 ASD 的一部分），或是错误的信息（例如建议"别担心，他长大后会好的"，或是因为孩子在医生面前和母亲说话或者简单地回答了治疗师的问题而被排除了 SM 诊断）。此外，寻找合适的专家来进行 SM 诊断所花费的时间可能会不必要地延迟干预。

如果家长和学校人员同意下列三点，那么建议把非专业诊断作为一个起点：

a）孩子的交流模式符合 SM（诊断标准见 p62）；

b）没有关于说话或语言发展的额外问题或其他重大问题；

c）可以获得有关适当干预的信息，并且愿意共同努力来实施干预。

如果决定选择非专业诊断这条路径，图 3-1 的流程图可以提供帮助。它也可以与《家长访谈表格》上的筛查问题一并使用（见第 4 章和在线资源）。

如何找到合适的专业人员进行诊断

如果孩子除了不能自由表达之外还有其他重要问题，应咨询适当的专家进行评估和诊断。这同样适用于父母和老师不能达成一致意见，或者孩子在实施干预计划后的六周内没有开始改善的情形。当同时存在几个问题时，专家的意见尤为重要，干预的时机或方式可能需要适当调整，以兼顾附带的问题。

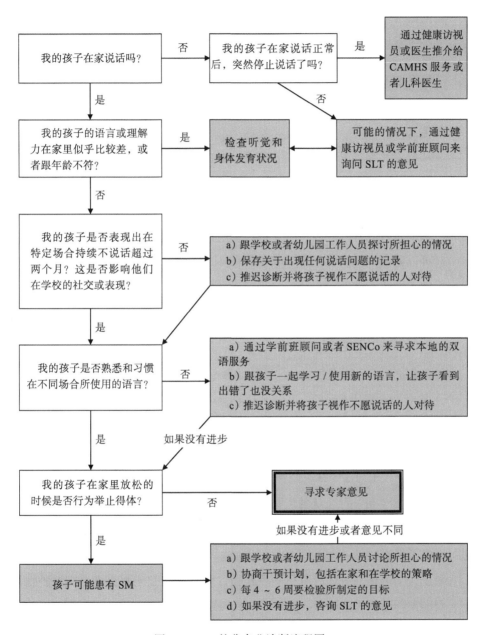

图 3-1　SM 的非专业诊断流程图

注：CAMHS = 儿童和青少年心理健康服务；SLT = 语言治疗师；SENCo = 特殊教育需求协调员。

无论如何，有必要对专业人士提几个关于他们对 SM 的经验和兴趣的问题。专业人士需要具备如下特点。

- 熟悉 SM 并认为它属于焦虑症；
- 不会将 SM 混淆为害羞、自闭症、抑郁症，或行为障碍，比如需要控制他人；
- 从探索性面谈开始，了解孩子的成长过程、早期发展、生活方式和社会关系；
- 必要时，会调查孩子缄默的其他解释，并且一旦确认，会将孩子转介给其他相关学科；
- 可以鉴别一系列促成和维持缄默的因素，以支持诊断结论，并建议适当的干预切入点；
- 明白治疗 SM 需要小步骤的方法，使孩子在多种情境和不同环境中掌控他们对说话的恐惧。

因此家长们可以这样提问：

a）你对 SM 有什么经验？是评估还是管理 SM 的经验？或两者都有？

b）你能告诉我你是如何理解 SM 的吗（如何产生，它与其他困扰的相互关系，以及应该如何管理 SM）？

如果专业人士对 SM 缺乏经验或了解：

c）鉴于 SM 是一种公认的焦虑障碍（DSM-5，2013），在其他地区由言语和语言治疗师或心理学家进行治疗，你是否有兴趣阅读我所拥有的信息并对 SM 进行更多了解呢？

专业人士可能对 SM 没有第一手经验，但是有兴趣了解更多。在这种情况下，我们推荐以下线上资源：讲义 2～5，或者给青少年和成人的小册子《当说不出话时》。

什么才是一个好的评估

良好的评估是有效管理的基础。虽然确诊很重要，但你不能仅仅确认孩子是否患有 SM。孩子是否患有 SM 的结论你可能早就已经从转介材料、第一次见到孩子时看到的情况、老师和家长向你描述的情况，或是你作为父母或老师的亲自观察中猜测到了。

评估是必要的，以便

- 找出 SM 的模式、严重程度和影响；
- 了解是否还有其他重大或相关的困扰；
- 确定密切参与的人员能否很好地理解和管理 SM；
- 充分了解孩子的发展、兴趣和友谊，以便成功地实施干预。

所有 SM 评估应该涵盖四个关键评估领域：

1. 孩子的 SM 模式（说话习惯）；
2. 家庭和学校是如何管理 SM 的（以发现维持因素）；
3. 儿童的言语、语言和认知概况；
4. 孩子的情绪和社交状况（包括任何会削弱孩子信心的因素）。

必须对每个孩子针对第 1 点和第 2 点进行深入调查。而第 3 点和第 4 点的信息可以通过简单的筛查获得，如果有疑虑，可以通过更详细的全方位评估获得。

评估框架

图 3-2 展示了评估框架，四个主要评估领域位于中心。从家庭、学校和孩子那里收集全面信息的方法有很多种。将这些信息输入到四个区域，便完成了这张图。第 4 章和第 5 章提供了各种各样的工具，例如检查清单、面谈表格和问卷。然而，在书面作业、电脑知识、艺术技巧、问题解决、组织管理以及谈话

记录中显示的能力证据，都与更正式的评估工具一样重要。

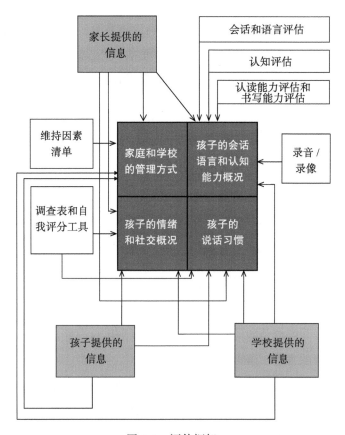

图 3-2　评估框架

评估的两个层次

· 核心评估包括来自家长和学校的信息，以确定孩子的说话习惯，以及孩子的语言、学习和推理能力的一般水平，来排除重大发育障碍。第 4 章包括与家长和学校面谈的形式，还有一节讨论孩子的说话习惯。必须评估家庭和学校的管理方式，以确定强化或维持 SM 的各种因素的作用程度。

- 全方位评估包括关于儿童发展、情感和行为的各个领域的更深入的信息。如第 6 章所述，它还可能包括对言语和语言、认知和读写技能的具体评估。

核心评估和全方位评估通过互动或观察让儿童参与其中。当然，青少年则可以更直接地参与进来。评估的这些方面将在第 5 章中介绍。

选择核心评估还是全方位评估

我们不鼓励超过必要的评估或把问题严重化。患 SM 的孩子对于在陌生场合、在不认识的人面前讲话甚至表演会感受到焦虑和压力。因此，如果没有必要，最好避免让他们承受更大的压力，尤其是因为焦虑可能会导致评估结果的不可靠。

然而，我们认为专业人士在他们的信息收集上必须要严谨和熟练。他们也应该能够足够明智地辨别什么时候需要进一步调查，什么时候需要寻求其他专业人士的帮助。

考虑以下因素可能会有帮助：

- 确定需要评估的阶段

对大多数儿童来说，核心评估就足够了，特别是如果刚刚发现缄默症状，且在孩子年龄很小的时候。那些寻求第二诊疗意见，或者因为以前的治疗没有效果而转介过来的儿童则需要全方位评估。

- 其他问题的存在和程度

最了解孩子的父母或老师可能已经发现了和缄默症一样需要解决的其他问题。如果在认知、情感、社会或身体发育上出现其他令人担忧的状况，则需要进行全方位评估。

第4章

核心评估：初始信息收集

引言

本章的重点是：

- 父母提供的信息
- 学校提供的信息
- 孩子的说话习惯
- 在家庭和学校中缄默的维持因素

在线资源包括几个表格，用以补充本章所讨论的内容。

父母提供的信息

有很多理由建议评估人员在首次和父母面谈时，不要让孩子或青少年在场。孩子已经有自我意识，他的不在场使讨论得以顺利进行。这还让父母能够充分表达他们的担忧，而不会让问题加剧。在会谈时，临床医生要了解孩子的长处、兴趣和困难，特别是在自由说话方面的挑战，并询问家长一些问题。

家长访谈表格

在线资源有一份简短的《家长访谈表格》。它涵盖了：

- 呈现出的问题——缄默症、缄默症的背景，以及其他问题或担忧；
- 家庭——家族史、家人、重要成员和过世的人；
- 说话模式；
- 筛选问题——对其他困难的考量。

我们建议在初次会面时使用《家长访谈表格》来收集基本信息，并确定进行核心评估还是全方位评估。这个表格是为了确保儿童除了 SM 之外没有其他病症，否则，就需要进一步调查并可能要采用全方位的干预计划。

孩子的父母最可能使用这个表格，但任何经常和孩子在一起的人也可以使用。如果没有特殊情况，完成其他评估（学校报告、说话习惯和维持因素）之后，继续进入第 5 章 "会见及评估儿童或青少年"。如有其他考量，请使用在线资源表格 1b《全方位家长访谈表格》以获取更详细的信息。

学校提供的信息

通常是在开始上学、参加游戏小组或进入托儿所时，孩子的 SM 开始显现出来。对于大多数患有 SM 的孩子来说，学校代表着主要的威胁来源。在这里，孩子不得不和父母分开。学校是一个又大又陌生的地方，到处都是陌生人。对大龄儿童或青少年来说，学校不一定陌生，但他们在学校或大学度过一天中的大部分时间。因此，收集孩子在过去和现在在校表现的全面信息是非常重要的。

无论是在教室里还是在操场上，我们都不建议对儿童或青少年进行公开观察。SM 孩子极度敏感，对被 "监视" 很警惕。他们需要建立信任的关系，这种观察会适得其反。不过，要观察课堂实践状况和孩子与他人的互动，课堂上的观察是很有价值的。我们看到孩子在课堂上表现得非常僵硬、紧张，学校工作人员却没有意识到孩子的高度焦虑。如果孩子不认识观察者，而观察者是和一群孩子坐在一起，并且看起来像是在参与而不是在写记录，那么课堂观察就会特别有效。

学校报告表格

在线资源中有两种版本的学校报告表格：表格 2a（11 岁以下）和表格 2b（11 岁以上）。我们建议将此表作为对所有儿童进行专业评估的常规部分。学校报告表格可以作为问卷寄给学校，由最了解孩子的老师填写。如果时间允许，最好的办法是亲自到学校进行访谈。如果提前约好时间，与学校老师做电话沟通也是一种选择。

小学报告表格包括的内容如下：

- 背景信息
- 目前就读的学校（开课日期及关注事项）
- 语言及沟通能力
- 社交、气质及行为
- 能力、成就及兴趣
- 其他得到的评估与获得的帮助
- 兄弟姐妹
- 家长
- 教职员工受过的培训及经验

中学报告表格有一个额外的部分，即"应对学校的日常"。

同样，所要涵盖的各个主题层面是按照逻辑顺序排列的，主标题可以作为引入问题的总体介绍。在此之后，用粗体表示的问题，可用于引出特定的信息。收集信息时需要牢记的思路，以及探究每个日常层面的目的用楷体表示。

孩子的说话习惯

评估的一个主要焦点是要清楚了解儿童或青少年的说话习惯——也就是说，要知道他们与谁、在什么地点、在什么条件下说话，以及舒适程度如何。以下在线资源的表格将帮助你获取这些信息：

- 家长访谈表格
- 学校报告表格
- 青少年访谈表格（第 5 章）
- 交流评定量表（第 5 章）

这些信息将让我们深入了解孩子焦虑的诱发因素（他们内心的"规则"），并向我们表明干预的着手点。例如，孩子可能有如下表现：

- 可以在一个大型超市说话，却不能在街角小店开口；
- 当孩子认为没人会听到时，在教学楼内可以与家人说话；
- 家里有访客时，不直接对客人说话，而可以在访客面前对家人说话；
- 在家里可以与朋友说话，在学校则不能；其他人不在房间里时，可以在朋友家里与朋友说话；
- 与女性亲属更健谈；
- 与母亲在车上可以说话，但到街上就停止说话；
- 与朋友在上学路上说话，但到学校门口就停止说话；
- 可以回答老师的问题，但从不主动说话或寻求帮助；
- 可以单独同大人或小孩说话，但在一群人面前不能说话。

将收集到的信息以直观的形式呈现出来会帮你更好地利用信息，直观形式有以下优势：

- 确认是否收集了所有相关的信息；

- 与信息提供者核对信息是否准确；
- 为解释治疗过程提供一种易于理解的形式；
- 为向其他人（如学校或游戏小组的工作人员）解释孩子的困难提供一种形式；
- 为设计干预措施和监督进展建立基准线；
- 在进展看似缓慢时，让家庭和青少年看到他们取得了多么大的进步；
- 衡量什么时候可以结束干预。

说话习惯的记录

有很多方法可以用来直观地总结孩子的说话习惯。我们建议使用网格的形式，如表格 3（在线资源）所示。在下一页有一个完整的表格 3 示例（见表 4-1）。将孩子需要交谈的人按照孩子对其熟悉程度排序——家人、朋友、经常联系的人，以及陌生人。将这一排序竖向列在侧面，横向在顶部列出孩子需要说话的场景，重点强调的是还有谁在场。进一步区分孩子能否发起对话以及回应问题或提示。

注释可以写在相关的格子中，一个大钩表示孩子说话是用正常音量，一个小钩表示孩子说话声音还是很小，如下页的例表所示。

我们发现网格提供了一个有用的基准线，在审查进度时，可以涂上不同的颜色来表示。另外为适宜幼儿使用，我们建议制作一幅说话地图（参见第 5 章）。

在家庭和学校中缄默的维持因素

有时很难知道如何帮助一个焦虑的 SM 儿童，父母和老师也很不容易总是以有效的回应方式来帮助孩子。正如在第 2 章 "维持因素" 中解释的那样，一些回应模式可能无意中阻碍或延迟了孩子的进步。这不是批评，而是现实。因此，有必要调查孩子的 SM 在家庭和学校是如何被管理的，以确定任何可能需要处理的潜在因素。

表 4-1 说话习惯记录表

姓名：茱蒂　年龄：6 岁 3 个月　日期：2015 年 12 月 3 日（完整的例子）

人	一对一，周围没有别人（比如家里、不会被打扰的空教室、空旷的公园）		一对一，周围有别人（比如商店、教室或等候室）		小组谈话（比如家庭聚餐、课堂讨论中、汽车旅行途中、游戏活动）	
	回应	发起	回应	发起	回应	发起
家人和朋友						
父母迈克和苏、兄妹杰斯和汤姆	√	√	w		√仅限家人	√仅限家人
爷爷奶奶	√	√	w		√和家人	√和家人
姥姥、姥爷（很少见面）	刚刚开始点头、微笑					
好朋友莎拉	家里√、学校√	家里√、学校√	可能在游乐场		√仅限家里	√仅限家里
杰玛（宾奇经常邀请她来玩，但并不和她说话）	很多笑声	用手指点、拉扯告知别人她的需求				
经常联系的人（如老师、同伴、朋友的父母、所在社团的负责人）						
从来没讲过话，但关系很好：						
莎拉的妈妈						
助教班克斯夫人						
照顾者乔乔						
陌生人（如商店店员和餐馆服务员、家庭访客）						
从不与陌生人说话						

注：√表示正常音量说话，√表示小声，w 表示耳语。

　　有几种方法可以用于调查。有些人可能会选择使用我们的小书《我能告诉你选择性缄默症吗？》(*Can I Tell You about Selective Mutism?*) 作为思考或讨论的基础。它有一部分是关于老师和家长如何帮助 SM 儿童的。这部分是从汉娜的角度写的，她是一个患 SM 的小女孩，这样叙事是以一种有效且有力的方式来让人们认识和应对 SM 的管理和维持因素。家长或老师可以检查他们已经说过的有效话语和做过的有效事件，也可以提醒自己哪些事在今后可能要采用不同的做法。

可能的 SM 维持因素清单

　　这个在线检查清单将帮助家长和学校工作人员找出对孩子的 SM 起维持作用的因素。同样，这可以作为与临床医生讨论的基础。或者，家长和学校或幼儿园的工作人员可以自己研究这份清单，并决定哪些问题他们可以解决，以及如何解决。

　　使用这个清单，工作人员和家长通常会发现处理 SM 时的某一特定的方式方法强化了孩子对说话的恐惧。这一问题显然令人痛心，必须谨慎处理，以确保没有人觉得自己受到指责或批评。大多数维持因素恰恰是对孩子缄默的直接、自然的反应，并表现出真诚地试图改善孩子的这种状况。重要的是要让父母和工作人员相信，维持因素一旦确定，是可以被消除或显著消减的，其结果会立即影响到儿童或青年人的身心健康。第 8 章的表 8-2 给出了支持 SM 儿童的更有帮助的方法和建议。

第5章

会见及评估儿童或青少年

CHAPTER5

引言

本章重点是：

- 第一次与儿童会面

为会面做准备

让孩子放心

提供谈话机会，但不施加压力

引入适当的活动

促进孩子参与活动

开诚布公地谈论说话焦虑

寻找特殊的激励措施

- 针对青少年的会面及评估所需的调整和补充

同意接受治疗

吸引较孤僻的青少年参与治疗

电子邮件沟通

使用问卷和评定量表

开诚布公地谈论说话焦虑

视 SM 为一种恐惧症

青少年提供的信息

评估青少年的说话习惯

评估青少年对 SM 维持因素的看法

确定青少年的优先事项

查看青少年如何看待他们自己

在线资源包括一些表格、讲义和小册子，以补充本章所讨论的内容。

第一次与儿童会面

你是否经常听说第一印象会对人们的看法产生很大的影响？当临床医生与一个焦虑的孩子会面时尤其如此，所以第一次会面需要有明确的目标和详细的计划。无论目的是与孩子非正式地玩耍、对孩子进行正式的评估，还是与孩子谈论他们的说话焦虑，第一次会面最重要的目标都是让儿童或年轻人参与进来。换句话说，要让他们放心、鼓励他们，并尝试与他们接触，同时把他们的焦虑降到最低。能否成功取决于你对他们说话的内容和方式。如果孩子已经被诊断为 SM，你需要开始帮助他们理解 SM，并解释一下你的角色。对大龄儿童来说，开诚布公是很重要的，要让他们明白你想了解他们的希望和恐惧，并和他们一起努力，帮助他们前进。

对患 SM 的孩子来说，与陌生人见面的压力很大。因此，与孩子相处融洽的家长或工作人员应该在第一次会面时在场，除非是与那些在听众面前感到难为情的青少年会面。对于这些青少年，在单独会见之前，有他们熟悉的人在最初的自我介绍和解释时在场可能是有帮助的。可能的话，让孩子选择在家、学校还是诊所与你见面。另外，如果孩子不能去你通常工作的地方，你也要做好破例的准备。第 10 章中关于"家访"的建议可能会对你有帮助。

为会面做准备

诚恳地说明会面的目的是很重要的，但家长可能不确定如何向孩子解释。也许可以这样说：与一个知道"在学校里或者和陌生人轻松交谈有多困难"的人会面。重要的是让他们放心：他们是在寻求帮助，以便能轻松应对他们所担心的情境，而不是去见某个试图让他们说话的人。可以将会面的目的与他们在家里或学校里担心的事情关联起来（例如"[X]想帮助你，因为你对上大学感到担心"）。

事先和父母商量一下他们在这个过程中应该怎么做。

- 父母不应该给孩子施加压力让他说话，因为这样做将在会面前不必要地增加孩子的焦虑。
- 你已经习惯了孩子不说话，并且将在会面中找到其他交流方式。
- 如果父母能在会面中与孩子交谈，让他们放松下来，这将对会谈很有帮助。即使孩子不回答，父母也不用担心。
- 你专门询问孩子的问题，父母不应该替孩子回答，但父母可以在等待几秒钟后重复未被回答的问题。这应该以提问的形式进行，这样孩子就能回答父母的问题，而不是以鼓励孩子告诉你答案的形式进行。

父母可能也需要被提醒：你将和孩子谈论他们的说话焦虑。如果父母因为担心情况会变得更糟而没有和孩子谈论过这一话题，那么有必要解释一下为什么这是如此重要的一步（见 p84 "开诚布公地谈论说话焦虑"）。

让孩子放心

考虑到孩子的年龄和你对他们已有的了解，在会谈中可以明确五个要点。这些要点特别有助于平衡父母在孩子面前表达的焦虑情绪。

1. **会谈中没有说话的压力。**对孩子说你知道他们有时很难和陌生人轻松地交谈。如果他们觉得可以轻松自在地说话，那很好，但这不是必需的。把笔和纸放在桌上给大龄儿童，告诉他们可以选择通过写字来交流，这由他们自己决定。

2. **他们并不孤单。**向他们解释，你见过或者你知道其他在学校里很难说话的孩子，他们不是唯一经历这些困难的人。

3. **他们谈话的困难不会永远持续下去。**

4. **他们发现在学校里很难说话，这件事并不奇怪**——因为学校很大，和家里很不一样。

5. **如果合适的话，再加上一句：**如果在对当地的语言掌握得不太好、在一个陌生的国家，或者说话不清楚等情况下，说话就更加困难了。

提供谈话机会，但不施加压力

第一次面对一个沉默的孩子是棘手的，尤其是当你急于不让情况变得更糟的时候。即使是最自信的成年人也会惊讶地张口结舌，或者喋喋不休地说个没完。记住，孩子要比你紧张得多，最好的回应方式是冷静、友好的态度，幽默感以及你给他们的保证：即使他们不说话，你也不介意。不要害怕停顿，但要保持轻松的面部表情，专注于共同的活动，而不是观察孩子是否有反应。与孩子并排，而不是面对面相处，这样他们就不会感到被审视。

首先，避免问孩子很直接的问题。对治疗师来说，最好是扮演解说员的角色，而不是提问者，以这样的方式开始："我想知道……""那看起来……"或者"我喜欢你……的方式"。不要期待孩子说话，如果孩子说了就是意外的惊喜。如果你问了一个问题，等待回答的时间不要超过几秒钟。如果孩子没有回答，那就继续进行活动或请孩子用手指或用文字作答。

引入适当的活动

如果你在孩子家里和孩子见面，请家长在你到达之前就跟孩子做他最喜欢的活动，这样你就能慢慢表示感兴趣并加入活动中。在诊所里，幼儿同样会从与你和他们父母的一般性游戏中受益，这样他们便会习惯与你在这个房间中相处。你可以把一些东西放在桌子上或地板上，或者让孩子看看玩具柜，然后指出那些他感兴趣的东西。在选择玩具或活动时，参考你从家长那里了解到的孩子的喜好。

然而，对于患有 SM 的孩子来说，做出选择可能是非常困难的，即使你只是问他们喜欢哪个玩具或者他们想坐在哪里，因为这可能会导致他人进一步的互动期望。一个"僵住"的孩子可能只想坐着或者站着，只想看或者听。如果他们的父母开始玩游戏，他们可能会逐渐加入。如果有必要，你可以让自己离他们远一点儿，做些常规的整理或文书工作，在你参与活动之前允许父母先让孩子放松下来。大龄儿童不会想让游戏分散他们的注意力，他们需要直接听到去你那里的原因，以及你希望他们做什么。

根据孩子的年龄和你想要采用的活动，以下是你最初接触孩子时可以采用的一些说话方式：

促进孩子参与活动

与孩子的第一次会面让你有机会观察他们与你交流的程度，以及他们如何在公共场合与父母互动。记住，最重要的是让孩子尽可能放松，并给他们提供参与的机会，但不施加任何压力让他们发言。下一页的表 5-1 为对儿童参与水平的观察提供了一个框架，并在每个阶段给出了适宜的活动建议。当孩子在最焦虑的阶段 0 和阶段 1 时，他们需要得到保证：你不会介意他们在一旁看或听，只在觉得舒服的时候才加入对话。随着他们焦虑的减少，你可以提供互动期待更高的活动。

从需要简单参与的阶段 2 活动，慢慢过渡到需要做出反应的活动。注意孩子参与活动的程度、他们对父母替他们交流的依赖程度，以及他们的紧张程度。紧张的表现有僵硬或剧烈的动作、回避目光凝视、用手捂住嘴，以及紧张或扭曲的声音（如鼻音或高音）。看看孩子是否能在被鼓励或未被鼓励的情况下使用手势（点头、用手指点、用手指表示数字）。注意任何在大笑或咳嗽中发出的语音，任何耳语或者从喉咙发出的噪声（例如在你们玩修建铁路或道路的游戏时发出的"车辆噪声"），或者任何其他声音或词句。声控玩具可能会有帮助。当孩子进一步放松，能当着你的面和父母说话时，他们更可能对简单的"X 或 Y"问题做出回答（例如"我不确定比利在那里得到了什么，是豹子还是老虎？"），或者回应阶段 6 的单字活动，比如"配对"游戏。有关不同阶段的适宜活动，请参阅附录 A（在线资源）。第 6 章描述了这些阶段与更正式的评估程序之间的关系。

开诚布公地谈论说话焦虑

许多孩子从善意的成年人那里得到了这样的信息：说话很容易。实际情况似乎也是如此，在托儿所、学校或街道似乎没有人有这种困难。不理解自己为什么与别人不同，这本身就令人困惑和害怕。当他们试图说话时，由于害怕随之而来的恐慌感占据了他们的生活，他们声称（并且经常说服自己）他们不想说话。打破这个迷思将是一个巨大的解脱，帮助孩子信任你，并相信任何你可能提出的建议。即使是很小的孩子也能分辨出其中的区别：他们确实想说话，但他们不想对说话感到害怕。

鼓舞士气的谈话

一旦做出 SM 诊断，就要直接和孩子谈论他们的说话焦虑，这是很重要的。应该以一种放松、开诚布公的方式进行，以便承认困难，消除干扰干预过程的误解或污名。在帮助孩子克服恐惧中扮演关键角色的每一个人都需要平静地交谈，传达同样的信息，以向孩子表明他们可以被信任，不会让事情进展的速度超过孩子能接受的范围。我们将此称为"鼓舞士气的谈话"，这是我们管理检查清单上的一个关键步骤（见第 7 章）。讲义 1 "与孩子谈论说话焦虑"（在线资源）可以帮助相关人员和父母掌握他们应该传达给幼儿的主要信息。在你向孩子说明放松、快乐以及与之相对的焦虑、恐慌或担心的情绪时，画一些简单的脸来辅助说明（见 p88 活动中的例子和第 8 章的图 8-3）。

表 5-1　自信的谈话：一对一互动阶段（也在附录 D 的讲义 D3 中）

阶　段	孩子的表现	孩子行为举止的例子
0	不参与也不沟通	儿童或年轻人待在卧室里、躲在椅子后面，或从远处观察活动
1	僵住	孩子被动地坐着，或者接受协助时一动不动（例如不拿递过来的球、站着让别人帮他扣扣子）
2	参与但不沟通	孩子默默地参与诸如棋盘游戏或拼图游戏之类的活动、拿取物品（如饼干或蜡笔），或执行不需要回答的要求（如发卡片或画图画）
3	使用肢体语言和书面方式交流	孩子以下列方式回应甚至主动沟通：用手指，点头、摇头，轻轻敲击，手势，画图、写字 孩子是放松的，以各种面部表情回应成人
说话桥	允许别人听到自己的声音	来访者或治疗师在场时，孩子与父母交谈或大笑时不捂嘴；老师在场时，同房间里的其他孩子交谈；在公共场所用电话与家人交谈 声音可能很轻，但可以听到，而不是耳语
4	通过第三者与特定的人交谈	当父母重复治疗师的问题时，孩子做出回答；询问家长是否可以让在场的另一个人一起玩游戏；在一个结构化的活动中与一个成年人交谈，但是说话的时候看着他们的朋友或父母 声音可能很轻，但可以听到，而不是耳语

（续）

阶 段	孩子的表现	孩子行为举止的例子
5	使用嗓音	孩子用一种可听见的声音（例如笑声、哼哼声、警笛声、动物的声音、字母的声音、代表"是"的"嗯"）而不是悄悄耳语来表达情感，和大家一起游戏、参与活动或直接交流 孩子可以根据要求大声朗读熟悉的材料（朗读是熟练阅读者的发声练习，而不是交流）
6	使用单字交流	孩子使用单字回答问题、做出选择、参与结构化的活动，如游戏 声音可能很轻，但可以听到，而不是耳语
7	使用句子交流	孩子用句子来回答问题、参与结构化的活动，如游戏或戏剧表演 孩子可能： • 偶尔发表一些自发的评论 • 只在结构化的活动中提问题 声音可能很轻，但可以听到，而不是耳语
8	对话	孩子可以进行由成人引导的双向对话，前提是没有其他人在听。孩子 • 可以自发评论但提的问题可能有限 • 在计划的活动之外则不会主动联系或寻求帮助

注：耳语不包括在这个进程中，因为这种说话方式是在避免使用语音。为了方便记录，耳语可以被看成阶段 3+。当孩子完全舒适、放松时，他可能会达到 8+，例如：对很多计划外的话题进行交谈，主动提出问题和要求，使用社交语言并在闲谈中使用填充词（在轻松、无拘无束的对话中使用无实际意义的词和短语）。

起初，孩子不一定做出回应，但他们经常专注地听。然后，随着时间的推移，当成年人重复安慰和鼓励的关键信息时，他们就会开始使用相同的词语来识别和表达自己的感受，与最亲近的人交流。

最让我解脱的事情就是把 SM 视为一种我遭受的不幸（就像湿疹）而不是我自己的问题。一旦开始这样看它，我就感到我可以学会与它共同生活，我可以学会应对它并帮助自己克服它。

有时候，孩子非常不愿意见到陌生人，他们会躲在椅子后或门后。在这种情况下，我们知道孩子在听，所以通过和父母或照料者谈话，将鼓励士气的信息传递给孩子。虽然是间接的，但是在得到了必要的保证后，这些孩子就会开始参与并接受帮助。

一些家长可能不愿意给出 SM 这个病症名称，担心这样会给孩子贴上标签，造成更多的焦虑。根据我们的经验，事实正好相反。这些孩子已经被贴上了标签，而且是不正确的标签。孩子听过别人给他们贴上害羞、难相处、淘气、粗鲁或固执的标签，孩子给自己贴上另类、不讨人喜欢或失败的标签。他们不明白 SM 是一种他们可以克服的恐惧，而不是他们个性的一部分，会在成长过程中相信成年人对他们的看法，并对他们的行为感到无能为力。鼓舞士气的谈话是一个转折点。通过给孩子的焦虑贴上

> 我多年来一直拖延向我的孩子提起 SM，担心这会让她有更强的自我意识。但和她说起 SM 对她来说显然是一种解脱，终于，我们正在取得进展。

"SM""害怕说话"或"说话恐惧症"的标签，让孩子有了一些有形的、独立于自己的东西来专注地去克服。他们有了一项挑战，就像学习游泳一样。

关于这个问题，在第 1 章"常见问题 29"和第 8 章"确保无焦虑的环境"中还有进一步的建议。

了解说话习惯

说话地图是一个有用的工具，它可以帮助我们了解一个 5 ~ 9 岁孩子的说话模式，也可以创建一个孩子说话习惯的基线记录。活动 1 展示了如何制作说话地图。这通常是由父母在场协助完成的，但也可以尝试单独与孩子完成。制作说话地图本质上是一种绘画活动，描绘孩子生活中重要的场所，以及孩子在这些地方可以自由交谈的人。根据孩子的日常活动，说话地图可以包括以下几个地方：

- 学校（可进一步分为操场、教室、礼堂、放学后的俱乐部，等等）
- 图书馆
- 商店 / 餐厅 / 咖啡馆 / 快餐店
- 有组织的团体活动（如"童子军"、健身房、主日学校）
- 亲友的家

- 医生的诊所 / 医院
- 娱乐区（如公园 / 探险园地 / 游泳池）
- 假日活动中心

提前询问家长和老师相关的场所，因为在开始制作说话地图之前先了解孩子的说话习惯很重要。你要和孩子分享这些信息，而不是问他们能和谁说话、不能和谁说话。

我们建议你制作并保留一份最初的说话地图。然后鼓励孩子随着他们谈话圈子的扩大，把人加入地图中。

活动 1：如何制作说话地图

步骤 1

拿一张大纸，在中间画出孩子的房子。把他们的家描述成一个容易交谈的地方，因为在家里他们很放松，心里充满了美好、温暖、快乐的感觉。在房子旁边画一张笑脸（见图 5-1）。把孩子画在里面（图 5-1a），或者试着让孩子参与进来，看看他是否愿意在房子里画上自己。一些孩子一开始太过拘谨而不能加入，但是他们可能会在你的简笔画上写下他们的名字，或者在之后加入更多的人。添加一些孩子在家里可以自由交谈的家庭成员和朋友。

步骤 2

添加在儿童社区或更远地区能提供交流机会的重要场所，并用简单标识标记出来（图 5-1b）。在每一个地方画上或让孩子画上你知道的他们在那里说过话的人（图 5-1c）。在他们从未说过话的场所旁标上焦虑的表情，并解释说当人们在那里问他们问题时，这种担心的感觉让他们停止说话。你想帮助他让那种焦虑的感觉消失。

步骤 3（可选，不是必须）

讨论家庭和地图上其他地方的联系。同样，通过画画来表达交流模式，或者邀请孩子画出他们在乘坐私家车、公共交通工具或步行时可以交谈的人（图 5-1d）。最后一步可以在后期根据需要添加。

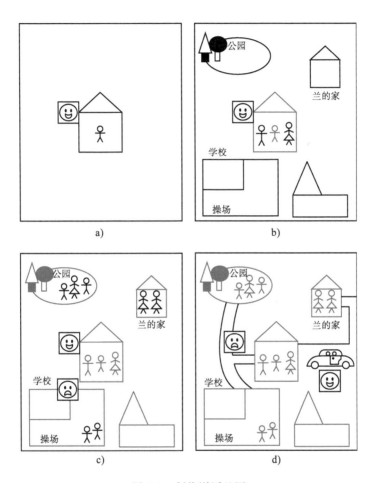

图 5-1　制作说话地图

孩子提供的信息

正如说话地图活动所显示的，让孩子知道我们对他们感觉如何比对他们说了多少话更感兴趣是很重要的。如果孩子在听完鼓舞士气的谈话后很放松，并且能够进行非语言交流（例如，当评估是由他们在学校里已经建立了融洽关系的人来进行时），可以询问他们对某些人或某些情境的感觉如何。

活动2：将不同情境下的感受联系起来

给孩子看不同人的照片或简笔素描（如学校工作人员的照片），或一天中不同情境或不同时间的照片（如玩耍时间、午餐时间、大家围坐在一起的时间、上课时、集会时、上体育课时，以及在家里向父母朗读时）。使用在活动1中的两种表情符号，让孩子把表情符号标在每个人或情境旁边，以便让你了解他们的焦虑情绪什么时候会出现。孩子到了6～7岁就可以用第8章（图8-3）所示的全部表情符号来表示不同程度的焦虑。

此项活动可由表格8a"小学生交流评定量表"（在线资源）取代。对于大龄儿童，则可由表格8b"中学生交流评定量表"（在线资源）取代。

寻找特殊的激励措施

面对恐惧需要勇气和决心。发现一种特别的激励机制总是有帮助的，这样干预方案就可以朝向这一方向发展。有时候孩子会公开地向父母表达他们的失望，例如："我没有抚摸小狗，因为我不能叫它坐下。"但他们常常无法表达如果能够交谈他们的生活将会如何改善，或者他们觉得这个问题太过抽象。

活动3：魔法问题

这一技术来自焦点解决疗法（de Shazer et al, 2007）。它可以被改编为幼儿绘画活动，使孩子能够想象没有SM的生活。你可以这样对孩子说："想象一下，你某天晚上睡觉时，一位仙女（或魔术师）挥动着魔杖，祝你度过最美好、最快乐的一天。所以当你醒来去上学时，你度过了最好的时光。这是世界上最好的学校。你能为我画一张你在学校过得很开心的图画吗？"

图5-2展示了一个7岁孩子绘制的图画，展示了在学校有朋友和被接纳对她

来说多么重要。因此，她之后的干预方案将重点放在与其他孩子交谈上，而不是与老师交谈，并且我们向她介绍干预时说是要帮助她交朋友。

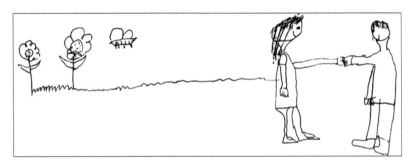

图 5-2　"世界上最好的学校"

活动 4：想象一下

这是另一种让孩子想象和分享他们所希望的没有 SM 的未来的方式。在使用表格 5（在线资源）时，可以通过选择对应年龄段的情境做个性化调整。例如，在使用一份调整后适用于 8 ～ 9 岁儿童的表格时，一个 8 岁 10 个月大的女孩写道，如果她能告诉大人她需要在功课方面得到帮助，她会很开心。这为她的干预方案提供了重点。

针对青少年的会面及评估所需的调整和补充

对大龄儿童和青少年的评估同样需要涵盖四个关键领域：

1. 说话习惯；

2. 维持因素；

3. 言语、语言和认知概况；

4. 情感和社交概况；

此外，确定以下几点也很重要：

5. 青少年目前关注的问题和想要的治疗效果，以便根据青少年的意愿调整干预计划；

6. 他们熟悉恐惧症的概念，并以此为基础了解他们说话困难的性质和治疗的基本原理；

7. 他们能够在知情的情况下决定是否进行干预尝试。

同意接受治疗

对于离群和拒绝外部支持的青少年来说，以上第 5 ~ 7 项在确保他们参与并同意接受一段时间的干预尝试中起着关键作用。同意接受干预不是首次会面前的一次性事件。这是一个信息共享、讨论、决策和回顾的过程（英国《心智能力法 2005》）。在英国，16 岁以上的青少年有权拒绝治疗，但这必须是一个充分知情情况下的决定。如果青少年因为太过焦虑而不敢冒险，或者太过抑郁而不关心，从而拒绝接受治疗，他们就缺乏做出这个决定的能力。同样，如果青少年拒绝治疗，却不知道自己拒绝的是什么，不知道病情的改变是可能的，那么他们就没有资格同意或拒绝治疗。

因此，我们建议：对于那些失望的青少年和不愿接受外部支持的青少年，有必要进行 2 ~ 3 次会谈，其唯一目的是使他们能够在充分知情的情况下做出决定。

吸引较孤僻的青少年参与治疗

对许多青少年来说，他们从与家长和工作人员的讨论中可以清楚地了解到，SM 是一种恰当的诊断。最初的会面可能更多的是关于建立治疗关系和评估 SM 对他们身心健康的影响。青少年可能会说，他们不想要或不需要帮助，但这不能只看表面。许多青少年在他们十几岁的时候已经深受 SM 所累，并且他们周围的人对他们缺乏理解，也没有给予适当的帮助。他们可能看起来沉默寡言，没有动力，放弃了改变的希望，且不再与他人接触。因此，要打入青少年相当封闭的世界，并让他们认识到情况有可能好转，这会是一个很大的挑战。

我们需要向青少年表明我们足够关心他们，我们相信他们有希望和梦想，我们希望倾听他们的意见，并找出他们的优先事项。我们可以这样做：

- 在家里或者学校与他们会面。
- 明确你通过会面所要达到的目的，例如"你能给我 20 分钟时间吗？我有一些信息想和你分享"或者"我想告诉你我是做什么的，并让你有机会思考一下你想要什么"。
- 向他们解释，你将负责大部分（甚至全部）的谈话，他们可以说点儿什么或者只是倾听，怎么做完全取决于他们。
- 用简单的术语来解释你的角色，比如"我的工作是帮助那些难以表达自己想法的人"或者"我的工作是帮助那些在学校或大学里过得很艰难的青少年"。
- 陈述你的目标，例如"我的工作是帮助青少年在社交和教育中享受自我，这样他们就能充分享受生活的乐趣"或者"我的工作是找出阻碍前进的障碍"。
- 让他们放心，例如"我不会让你做任何你不想做的事情"或者"除非我担心你的安全，否则我不会在未经你许可的情况下将你提供给我的任何信息传递给别人"。
- 在恰当的时候把话题转移到"你怎么看待你自己""确定优先事项"或"开诚布公地谈论说话焦虑"。
- 使用笔记本电脑、平板电脑等电子产品或使用书面活动来减少眼神交流，避免表现得过于有对抗性。
- 避免直接提问，使用非语言的交流方式来了解青少年如何看待事物，以及对他们来说什么是重要的。
- 建议青少年尝试一段时间的干预，然后由他们评估提供帮助的成人，而不是反过来被评估！

电子邮件沟通

在第一次会面之前通过电子邮件或短信建立初步的关系，并在两次会面的间隙通过电子邮件或短信联系，这是有帮助的。大多数大龄儿童在非面对面交谈时，能够更多地表达真实的自我。至少在最初阶段，这可能是他们应对更"危险"的话题的唯一方式，比如提出请求、表达偏好或不满，或透露个人细节。因此，一些临床医生可能选择通过电子邮件进行一些评估，或者让青少年选择如何完成评估。

使用问卷和评定量表

问卷调查相对不具有威胁性，因为很明显它不包含说话的压力。但是，就像口头交流一样，开放式问题比封闭的关于事实的问题更难回答。开放式问题需要青少年提供更多的信息，他们需要身体放松才能清晰地思考和自由地写作。因此，自我评定量表是一种特别有用的收集感受和态度等信息的方法。这是因为答案没有对或错，青少年只需要写下一个数字或圈出他们的回答。

开诚布公地谈论说话焦虑

青少年无疑会听到别人在他们面前谈论他们的沉默寡言。然而，青少年可能没有和他人开诚布公地、建设性地讨论过这个问题。他们中的大多数人要么没有听说过"选择性缄默症"这个词，要么对它了解不多。然而，谈论说话焦虑对于帮助青少年面对和克服他们对谈话的恐惧至关重要。除了在鼓舞士气的谈话中需要包含的要点外，对于 10 岁及以上的儿童来说，理解恐惧和恐惧症的本质也很重要。

谈话的时机至关重要。许多青少年迫切需要一个解释：为什么他们多年来与人交谈有困难？事实上，当他们发现自己遇到的困难是源于一种恐惧症而不是一种性格特征时，当他们遇到一个想要告知而不是评判他们的人时，他们往往会更容易参与到评估过程中来。还有一些青少年在准备好以这种方式反思他们的困难之前，可能需要更长的时间来建立融洽的关系。

对于对恐惧症的本质和非理性特征有很好了解的青少年和成人，可以让他们看在线资源中的小册子《当说不出话时》。它解释了 SM 背后的恐惧症事实以及如何克服恐惧症。它也为那些除了 SM，还受自卑和严重社交焦虑困扰的年轻人提供了一个反思的良好基础。小册子可以帮助年轻人确定 SM 对他们生活的影响，并将成为评估他们对干预的准备程度的重要组成部分。

视 SM 为一种恐惧症

许多青少年已经熟悉恐惧症的概念。例如，一个 10 岁的女孩看了关于害怕飞行的电视节目，当妈妈告诉她 SM 是另一种恐惧症时，她笑着说："我就知道我不可能害羞！这没有道理。"

参见第 14 章对桑德的描述，16 岁的他在知道自己所面对的问题后，取得了快速的进展。

对恐惧症不了解或不清楚的青少年可以从下面的活动中受益。让他们的父母、兄弟姐妹、朋友或熟悉的导师参与进来通常会有帮助。这个参与者不仅可以更好地理解 SM 和青少年，还会在保持谈话的进行和让青少年放松方面发挥重要作用。

要传达的要点是：

- 对不同的人来说，恐惧是不同的；
- 事情有多可怕都是心理上的作用；
- 对并不具有真正威胁的事物产生强烈的恐惧被称为恐惧症；
- 他们有说话恐惧症；
- 恐惧症可以被克服。

活动 5：了解恐惧症

步骤 1

给每个人一些卡片或便签，上面显示物体或事件。让参与者根据他们觉得物体或事件"可怕"和"不可怕"将卡片或便签分成两栏（图 5-3a）。解释一下，"可怕"这一栏不是针对他们不喜欢的东西，这一栏的物品会让他们感到真正的恐惧或恐慌。使用框 1 中的项目列表，或者编制自己的项目列表，确保将可能引起恐惧和极不可能引起恐惧的内容都涵盖其中。

步骤 2

一起分析分类结果，明确说明答案没有对错之分（图 5-3b）。同一物品可能具有威胁性也可能没有威胁性，这取决于不同的环境，以及参与者的特征，例如是不是一个游泳好手或训练有素的动物饲养员。使用"蜘蛛"或"小丑"等常见的恐惧诱因，也许可以显示出朋友或家人之间的个体差异，从而认识到同样的事物如何以非常不同的方式影响不同的人。

步骤 3

现在，把注意力集中在"不可怕"这一栏中的年轻人永远不会感到害怕的内容上。需要指出的是，尽管他们并不害怕这些东西，但世界上有人觉得它们很可怕。这就解释了恐惧症的概念。恐惧是真实存在的，但诱因并不会造成真正的威胁。例如格雷格·谢尔（Greg Sherrer）精彩的插画（图 5-4），有助于支持以上观点。在互联网上快速搜索一下，青少年就能得到猫、纽扣、巧克力等恐惧症的官方名称，以及患有这些恐惧症和其他一些不同寻常的恐惧症的个人案例。向青少年解释一下，总有一个很好的理由让人患上恐惧症。例如，在亲人的葬礼上，鸡蛋三明治的味道会引发对鸡蛋的恐惧，或者在试图逃跑时被栅栏夹住了纽扣会引发对纽扣的恐惧。建立这样一种观念：当你对一件事感到恐慌时，恐惧就有可能与附近的另一个物体或事件联系起来。激发年轻人去思考，个体是如何对他们最喜欢的食物产生恐惧的？

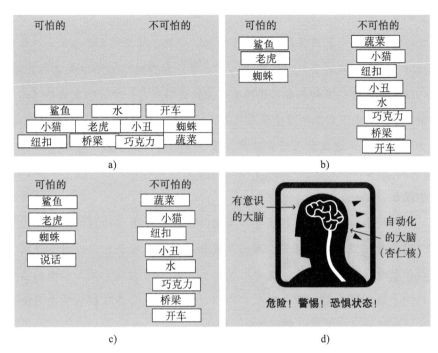

图 5-3　了解恐惧症

图 5-4　格雷格·谢尔的《小猫恐惧症》

资料来源：Grog's Bleg, 2006.8, http://grogsbleg.blogspot.co.uk.

步骤 4

把"说话"这一新内容添加到"可怕的"一栏，解释说 SM 也是一种恐惧症（图 5-3c）。利用你对这个青少年的过往的了解，解释他们的恐惧是如何开始的，或更一般性地谈论很多幼儿会将跟陌生人交谈这件事与一个没有父母陪伴的、令人恐慌的、新的或不舒服的情境联系起来。强调恐惧症很常见，可能发生在聪明、敏感的人身上——这没什么好羞愧的。最重要的是，恐惧症可以被克服！作为"家庭作业"，青少年可以问问他们的家人是否他们认识的某个人也有恐惧症。

步骤 5

现在从科学的角度了解恐惧症！当然，你必须运用你的判断力来决定要详细到何种程度。我们发现让青少年将焦虑形象化是有帮助的，这样当他们学会管理和控制焦虑时，他们就知道发生了什么。图 5-3d 对我们无法控制的杏仁核的自动功能进行了介绍，基于此我们可以讨论如何教会杏仁核说话是完全安全的，这样说话就不会再诱发恐慌反应。例如：

杏仁核控制你的恐惧反射。它试图保护你的安全，当它感觉到危险时，会自动发出警报，从而让你的身体做好自我保护的准备。所以，当你感到害怕时，你已为反击、逃跑或者只是像被冻住了一样待在原地，希望危险消失做好了准备。你的心跳非常快，你的肌肉紧张，甚至你喉咙的肌肉也紧张起来。难怪你说不出话！

在你小的时候，你的杏仁核记得当……的时候你是多么不适，所以它的想法是：与……说话是一件可怕的事情。当你不得不再次说话时，你的杏仁核会引发警报，于是你的心跳开始加速，你又会感到可怕的恐慌——尽管这次其实没有什么好担心的。人们越想让你说话，你的感觉就越糟，你自然就试图逃避说话，即使你不想让任何人心烦。

所以，你只需要告诉你的杏仁核没有危险。如果你向它表

　　明说话是安全的，它就会停止发出警报，你的身体和喉咙就会
　　保持放松，说话也会变得很容易。别担心——你可以循序渐进
　　地教它，这样你就能控制局面，阻止恐慌的大爆发。

最后一点为干预铺平了道路。

青少年提供的信息

在这里，我们介绍一些表格和问卷，它们对有能力和愿意参与评估的青少年是很有用的。在大多数情况下，这些资料将补充父母、照料者或工作人员所提供的信息，但根据转诊的情况，这些资料也可能是主要的信息来源。这些表格和问卷可以在与青少年初次会面之前、之后或期间完成。

所有的资源都可以根据个人需要加以修改，也可以通过电脑或电子设备的屏幕观看使用，不一定要打印成纸质文档。引入问卷调查时，先向青少年解释这些收集的信息可以帮助你了解他，并找到为他提供帮助的最佳方式。在适当的情况下，解释评定量表及其使用方法。向青少年读出问卷或评定量表的文字陈述（而不是让他们独自完成表格）有助于建立融洽的关系。

青少年的访谈

表格 6（在线资源）是与家长访谈表格对应的青少年访谈表格。在表格 6 中，青少年提供有关自己的广泛信息，特别是：

- 说话习惯；
- 言语、语言和认知概况；
- 情感和社交概况；
- 他们的 SM 是如何被其他人对待的。

如果青少年对与临床医生说话感觉自在，表格可以在访谈时以问答的形式完成。或者也可以由青少年在访谈时在电脑上通过键盘输入完成。不过，如果提供了选择，青少年往往更喜欢自己提前填写表格，前提是有疑问时可以得到

解释。之后他们把表格带到初次会面地点或者通过电子邮件回复。他们的回答为进一步讨论 SM 提供了一个很好的框架或例证。

关于我的信息

表格 7（在线资源）是一份不太正式的问卷，它提供了有关青少年的兴趣和态度的信息。这是一个很好的着手点，可以让你了解他们的喜好和可能的激励因素。如果需要的话，还可以在特定领域进一步提出更详细的问题。

小学生交流评定量表

表格 8a（在线资源）是一份调查不同谈话情境下焦虑程度的问卷。特别适合 8 ~ 11 岁的儿童使用。它提供了一个有用的基线测量，可以每隔一段时间重复使用。

中学生交流评定量表

表格 8b（在线资源）与小学生交流评定量表类似，但适合年龄更大的学生。

令人担忧的想法

表格 9（在线资源）适用于青少年日渐孤立或焦虑、没有取得进展，或者对说错话和说不出话同样担心的情况。它有助于识别消极想法，这些消极想法可能需要与 SM 合并解决或分开处理。表格后面有一些注释信息。

评估青少年的说话习惯

与青少年会面时，专业人士可以通过三种方式来评估他们的说话习惯。

1. 利用青少年的访谈信息或沟通评定量表；
2. 让青少年填写说话习惯记录表（在线资源表格 3）；
3. 与青少年讨论他们如何能与特定的人在特定的情况下自由交谈。

青少年在会谈期间的参与程度也很重要，但必须是对在一系列情况下参与程度的评估，而不是单一情况下的参与程度。

评估青少年对 SM 维持因素的看法

青少年很清楚其他人做的对他们说话有益和无益的事情。这些信息可在青少年填好的访谈表格（表格 6，项目 6 和 7 ）中获取。或者，这两个项目也可以单拎出来，和通常的保密保证一起呈递给青少年。

然而，一些青少年在建立融洽关系的最初阶段，很难回答开放式问题或私人问题。他们可能更容易完成表格 10 "家人 / 朋友 / 工作人员的反应清单"（在线资源）。这是表格 4，即父母版的 "可能的 SM 维持因素清单"（详见第 4 章）的学生版。这是一个很好的工作文件，因为它会向青少年表明，你相信改变的责任不仅在他们自己身上，每个人都在这场改变中扮演自己的角色。在青少年同意的前提下，家长和老师将被要求以温和的方式提供帮助，以减轻而不是加剧他们的焦虑。

确定青少年的优先事项

当 SM 变得根深蒂固时，青少年需要一种非常真实的动力来面对他们对谈话的恐惧，并愿意将自己暴露于多年来一直竭力避免的高度焦虑中。因此，通过确定个人目标的优先等级来调整干预是很重要的。当青少年寻求或准备接受帮助时，可以直接询问他们希望从干预中得到什么（详见在线资源表格 6，项目 10 ）。然而，对于焦虑的学生来说，清楚地思考除了眼前的生存之外的任何事情都不容易。很多人养成了用 "我不知道" 来回答问题的习惯，因为这样可以避免进一步的交谈。有些人觉得未来太可怕而不敢去思考，有些人更是已经放弃了对更美好未来的希望。

下面的活动展示了帮助年轻人厘清思路的各种方法。如果 [N] 允许，在评估报告中使用这些方式可能会有帮助："[N] 已经确定了下列事项的优先等级……"如果一个青少年以前被认为不善沟通、缺乏动力，这可能使人惊奇。

活动6：制定具体目标

在青少年制定的目标无法提供明确的工作目标时，焦点解决治疗技术（de Shazer et al, 2007）非常有用。通过帮助青少年从感受和相关概念转向他们希望自己在未来如何表现，他们的愿望被转化为具体、可实现的目标，这为干预提供了工作重点。

对于以下目标：

- 我想要更自信
- 我想要快乐
- 我想要不那么害羞
- 我想说得更清楚

问青少年以下问题：

- 更自信会是什么样子？描述你自己的自信
- 什么样的事情会让你感到快乐
- 你怎么知道你是不是不那么害羞了呢
- 你为什么想说得更清楚一点？现在发生了什么让你想要改变

要达成的目标，诸如：

- 当我和朋友出去的时候，我自己买饮料 / 食物 / 票
- 参加学校的活动或找到一门我喜欢的课程，以及被大学录取
- 有一个自然放松的姿势，这样我才不会引人注意
- 当别人第一次听不懂我的话时，我可以放心地重复

活动7：集思广益

这个小组活动涉及父母或其他年轻人，可以开拓或改善家庭内部的沟通渠道。

a）给每位参与者（包括你自己）一些空白的便利贴或索引卡和一支笔。让每个人考虑一些他们（在小组会议上）或青少年（在家庭会议上）想要改变以使生活更美好的事情、他们希望自己能完成或做得更多的事情，或者他们希望发生的事情。让他们把每个愿望（目标）写在一张单独的卡片或纸条上，完成后字面朝下放在桌上。

b）当每个人都把想法写好的时候，轮流把卡片翻过来然后读出卡片内容，并适当地把它们组合在一起，讨论它们可能如何被联系起来（见图 5-5a）。这将展示人们思维的异同。忽略重复的想法，适当地结合类似的想法（比如"跟亲戚说话"和"跟我祖父母说话"结合）。把不明确的愿望记在心里，在以后的会谈中进行活动 6 时使用，比如"受欢迎"。

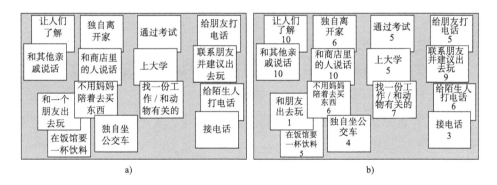

图 5-5　确定青少年的优先事项

c）让每个青少年思考他们想要或需要事情改变多少，并根据重要性对每个目标打分，从 0 到 10。0 意味着实现目标对他们的生活没有任何影响，因此不是优先事项；10 是有高度优先级的事项，如果可以的话，他们希望立即实现。强调答案没有正确和错误之分，不同的事情对不同的人有不同程度的重要性。

d）之后，将这些目标按优先级排序，以协助个人目标的设定。

活动 8：想象一下（2）

表格 5"想象一下"（在线资源）对那些参与了评估但还没有表现出改变的愿望，或者因为太有挑战性或压力太大而无法考虑以不同的方式做事的青少年来说尤为有用。该表格可以被调整以适用于各种环境和交流模式。"魔法问题"技巧将帮助青少年去思考他们的理想世界，以一种相对具体的方式去想象没有 SM 的生活。

活动 9：使用分类和排序确定事项的优先等级

如果青少年不参与或者抵制干预，并且还没有准备好面对他们害怕交谈的心理，那么这个活动特别有帮助。当时间紧迫或青少年难以形成自己的想法时，这也是一种很好的确定事项优先等级的方法。在访谈开始之前，准备一系列可能的目标，然后根据你从父母、访谈表格或检查清单中了解到的情况，调整这些目标使它们适应青少年的需要。

以这样的开场白开始活动："我想确保我们努力解决的是对你很重要的事情。"或者"我们能思考一下什么对你很重要吗？"

a）将可能的目标以文字框的形式呈现在屏幕上，或者写在索引卡或便利贴上，并让青少年根据重要性将它们分成三列（见图 5-6a 和 b）。避免目标空泛，比如"快乐"或"自信"（见活动 6）。记住要留一两项空白，以便让青少年把你没想到的内容加进来。不过，如果青少年留着空白（他们通常都会留），也不要给他们压力。

b）选一栏，让青少年看其中的项目并对它们进行排序，按重要性由高到低的顺序从上到下排列（见图 5-6c）。根据你的判断，决定是否对其他栏目排序。例如，当其他栏中有大量需要排序的项目时，就没必要对"不太重要"一栏中的两三个项目进行排序了。

c）这些信息允许你或其他人在与青少年商定他们适当的努力目标之前（如图 5-6d 所列）加入你们自己的想法。

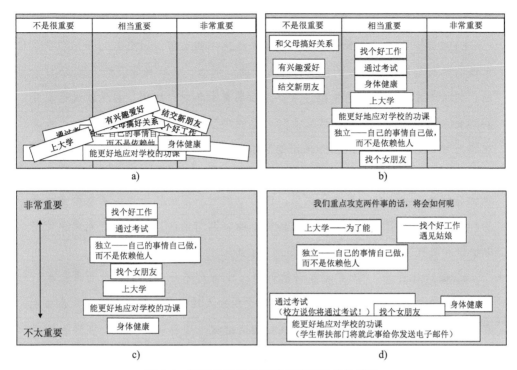

图 5-6 使用分类和排序确定事项的优先等级

检查青少年如何看待他们自己

本章的最后一个活动适用于那些讨厌被干扰、想要一个人待着，或者说自己没有任何问题的青少年。它旨在帮助你找到一个与青少年的共通点，作为建立融洽关系和进一步调查的基础。它也演示了如何与明显不爱交流的青少年讨论相对敏感的话题。因此，它适用于任何你想探索的主题，并且可以作为调整传统谈话疗法的良好基础。

活动 10：利用评分活动来探究青少年的自我认知

a）尽可能使用青少年的话（例如像报告给父母的那样）感谢他们与你会面，尤其是在他们已经受够了被评估、希望人们不要管他们、明知道自己没有问题等情况下。说明你只是对他们的想法感兴趣，并希望和他们一起制订计划做他们想做的事情。一个好的着手点是考虑他们如何看待自己，因为他们是自己的专家。

b）使用屏幕演示、索引卡或便利贴，提出一些术语，如图 5-7a 所示。这些术语的甄选是依据青少年的特殊情况进行的。例如，只有当他们意识到 ASD 诊断已经被考虑时，才把它包括进来。而如果青少年对"冻僵"且无法说话有深切感受，那么诸如"选择性缄默症"之类的术语可以在此活动期间使用，或者在稍后做介绍。对青少年说你想让他们根据自己的情况，对每个术语或描述符合他们自身情况的程度从 0 到 10 打分，0 表示不合适，10 表示非常合适。补充说你会解释一些比较不寻常的词语，因为它们对不同的人来说并不总是意味着同样的事情。对于每个术语，要准备简单的一两句话的解释，尽可能避免使用非医学和歧视性的语言。

c）像这样开场："如果我在做这件事，我肯定不是一个'典型的青少年'，所以我会给 0。但我很敏感，我很容易注意到别人的感受，并且如果我认为有人在批评我，我就很容易受伤，所以我可能会给这个项目评 7 ~ 8。"在谈话的时候写下这些分数，然后在邀请青少年尝试的时候划掉或删去它们。

d）活动的最后，希望你们能够就某些词的使用达成一致：那些你不会用来描述青少年的词（把这些词挪到底部，如图 5-7b 所示），以及一些青少年感觉相对舒服的词（把这些词挪到顶部）。

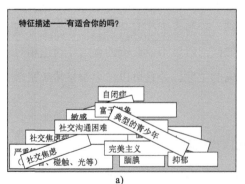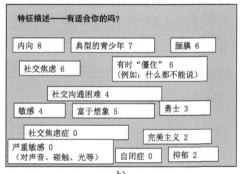

图 5-7　使用评级活动探索青少年的自我认知

如果你做到了这一步，你也许想跟进使用活动 9 来确定青少年的优先事项。

第6章

全方位评估：进一步收集信息

引言

你可能因为想要帮助一个不止患有 SM 的儿童或青少年而查看本章。你需要查看这方面的信息，或者你可能想知道该向谁寻求进一步的调查，以及如何得到最好的转介。如果你是评估员，你可能想知道如何对患有 SM 的孩子进行评估。

因此，本章的重点是：

- 全方位家长访谈
- 言语和语言、认知和读写能力评估

正式评估是否真的有必要，有什么危险

如何通过其他方式获得这些信息

应该在什么阶段进行正式评估

评估员是否熟悉 SM

呈现评估材料

培训家长进行一些正式评估

评估患有 SM 的双语儿童

对正式评估进行适当调整

- 在需要时进行有效的转介

全方位家长访谈

如果除 SM 以外还有其他问题，我们建议对家长进行一个全方位访谈。这也适用于孩子或青少年在 SM 干预中没有取得进展的情况。针对孩子的发育、情感和行为问题，这一全方位访谈提供了一个框架，以便进行详细询问。专业人士可能会依据自己的工作风格来调整访谈的格式，并根据经验知道哪些部分对他们的工作情况或 SM 患者来说是至关重要的。标准格式参见表格 1b（在线资源）。

表格包括以下基本范畴：

- 呈现的问题：缄默、相关背景，以及其他问题或顾虑；
- 家庭：家族史、家庭组成、重要成员、亲人过世；
- 发育史：怀孕和分娩、喂养、睡觉、上厕所、粗大和精细运动发展；
- 言语、语言和沟通：发育、家庭语言、说话模式、治疗史；
- 依恋和分离；
- 气质；
- 游戏和同伴关系；
- 学校生活；
- 社交史。

在进行访谈之前，你要做一些准备工作。你要向家长解释对他们提出一系列问题的必要性。要强调，为了知晓孩子缄默症的情况，并确定如何最好地进行干预，你需要全面了解孩子和他们的家人，以及他们的过往历史、个人经历和各种关系，这很重要。通常情况下，除了威胁孩子安全的事情，你要向他们保证会保密。如果你不是在学校工作，那么检查一下父母透露给你的信息是否已告知学校，这是很重要的。如果你觉得学校应该知道某些事实，请就此与家长讨论并征求他们的同意。

访谈中涉及的范畴按逻辑顺序列出，主标题可以作为引入问题的导言。然后有一些粗体字的问题，可以用来引出具体信息。楷体字是访谈中需要牢记的点，以及探究每个范畴的目的。

请注意：第 5 章的在线资源包括一个青少年的访谈表格，它可用于与大龄青少年和成年人的访谈。

言语和语言、认知和读写能力评估

众所周知，SM 经常伴随言语和语言困难，孩子还可能有认知水平和读写能力方面的其他问题。因此，在某个阶段，孩子可能需要进行正式的（标准化）语言、心理测量或读写能力的评估。在开始之前，你需要问自己一些重要的问题，这些问题将在后文进一步探讨。首先：

1. 正式评估是否真的有必要，有什么危险？

2. 如何通过其他方式获得这些信息？

如果你决定继续评估，请问自己：

3. 应该在什么阶段进行正式评估？

4. 评估员是否熟悉 SM？

5. 如何最好地呈现评估材料？

6. 是否可以培训父母或孩子可以与之自由交谈的其他人，让他们来进行一些正式评估？

7. 正式评估是否可以为患有 SM 的孩子做一些调整？

正式评估是否真的有必要，有什么危险

我们认为，除非所要收集的信息对了解儿童的状况至关重要，而且信息只能以这种方式获得，否则应避免进行正式评估。SM 的本质意味着对"评估员"

而言，对患有 SM 的儿童进行正式评估是有挑战性的。无论是语言治疗师进行言语、语言和沟通的评估，心理学家考虑心理测评，还是教师希望进行读写能力评估，挑战性都是存在的。患有 SM 的孩子在被期待表现的情况下特别敏感。除非经过精心安排，否则正式评估必然会增加他们的焦虑程度。焦虑会影响人们自由思考、行动和说话的能力，所以评估结果不能描绘出儿童能力的真实面貌的风险是真实存在的，特别是涉及口头或书面语言的测试时。

如何通过其他方式获得这些信息

获知儿童沟通、学习和阅读能力的其他方法，包括家长或老师的可靠报告、家庭录音和学校的书面作业。这些是我们推荐可用于筛查的良好着手点。对于孩子在言语迟缓方面的担忧，语言治疗师可以通过使用孩子在家时的音频或视频，对言语或句法（语法）的缺陷进行跟进筛查。视频对于社交能力和一般沟通能力的筛查也很有帮助。心理学家可以详细询问家长和老师并查看孩子学校作业的样本，获得有关孩子的游戏和认知能力的更多信息。教师可能通过要求家长在家录音初次听到孩子的朗读。

应该在什么阶段进行正式评估

你可能觉得潜在的语言、读写能力或认知方面的缺陷尚未得到充分认识且无法以任何其他方式识别。你可能觉得那些缺陷可能会强化孩子对说话的焦虑。当进一步评估的需要显而易见时，你可能没有必要立即行动。在家长和学校工作人员为孩子在学校创造了一个更宽松的环境之后，你或许可以取得更可靠的结果。鉴于正式评估不能在一年（有时甚至两年）内重复进行，正式评估可以推迟到干预计划之后的阶段，那时孩子会说得更多。

评估员是否熟悉 SM

如果确实需要正式评估，评估员必须对 SM 有基本了解，并且完全清楚一对一互动中所有的阶段（参见表 5-1）。然后，评估工作可以基于孩子达到的与评估员自信谈话的水平来进行。表 6-1 综合考虑了孩子的焦虑程度和他们在每个阶段可以轻松做出的反应类型，列出了可能的评估进展。评估员应从阶段 2 或阶段 3 开始，并逐步推进到孩子能达到的最高阶段。通过引入逐渐增加孩子的沟通需求的活动，评估程序本身就可能有助于引发孩子做手势或第一次发言。

表 6-1　自信的谈话：一对一互动的各个阶段与评估策略

阶段	孩子对评估者的表现	说话和语言、认知或读写能力的评估策略
0	不参与也不沟通	评估程序主要涉及家长和重要他人（其他照料者）
1	僵住	• 家长访谈评估 • 从书面、音频或视频中取得孩子典型语言模式的样本 • 孩子周围人员的观察（例如学校报告表） • 测试者不在场时，孩子在家长或照料者陪同下完成任务（例如画一个人、完成一个拼图、为字母磁铁排序或者将图片卡分类），前提是评估者需要清楚孩子在完成任务的过程中得到了多少帮助 • 测试员对家长进行适当培训后离开房间，由家长进行评估，或稍后在家做评估。评估过程尽可能辅以音频或视频录制
2	参与但不沟通	对于评估的任务，孩子可以用非口语形式表示理解或展示能力，但并不试图回答问题或传达消息，所以孩子不觉得"被评估"。孩子与评估员一起活动，或者和朋友或家人一起活动，而评估员在旁观察 • 自由玩耍 • 木偶戏 • 字母 / 图片 / 图案匹配、复制和分组 • 完成模板或拼图游戏 • 排序任务 • 绘画或写作活动 • 作为游戏的一部分进行无声阅读（例如遵循书面指示移动圆板）
3	使用肢体语言和书面方式交流	评估任务，评估员要求儿童指认出适当的项目或执行指令 • 用手指 • 点头或摇头 • 用手指指示数字 • 传递正确的物件 / 图片 / 单词 / 字母 • 将形状或物件移动到要求的位置 • 匹配单词和图片 • 勾选检查清单上的项目 • 圈选或在正确答案下画线 • 对句子进行排序以讲述故事 • 绘画或写作 • 敲击或拍打音节

（续）

阶段	孩子对评估者的表现	说话和语言、认知或读写能力的评估策略
说话桥	允许评估员听到自己的声音	评估由家长或孩子可以自由说话的其他人进行，评估员在同一个房间 • 要求孩子说出字母发音或姓名、数字，进行朗读，说出单字答案或简单短语 • 父母与孩子一起工作，而评估员避免与孩子有目光接触，在一旁看起来很忙
4	通过第三者与评估员谈话	在家长或孩子可以自由说话的其他人的辅助下，进行评估 • 要求孩子说出字母发音或姓名、数字，进行朗读，说出单字答案或简单短语 • 评估员呈现任务并建议孩子将答案告诉家长 • 如果孩子在 5 秒钟后仍没有回答问题，家长重复评估员的问题，然后孩子向家长作答
5	使用嗓音与评估员交流	评估任务要求孩子发声但只要求有限的沟通 • 使用字母发音或语音 • 出声朗读
6	使用单字与评估员交流	评估任务要求孩子 • 回答"是"或"否" • 图片命名 • 单字答案（包括字母名称）。可以是就孩子朗读过的一段话进行提问
7	使用句子与评估员交流	评估任务要求孩子 • 重复句子、数字序列或单词列表 • 补全句子（需要短语） • 使用句子看图说话 • 造句 • 为自己的答案说明理由 • 就孩子听过或朗读过的一段话进行提问，由孩子回答问题
8	对话	评估任务要求孩子 • 讲故事（扩展叙事） • 使用社交语言来表达请求、指导、提问、通知或质疑评估员

注：1. 如果孩子表现出紧张或焦虑，那么所获得的信息将不会反映孩子的真实能力。

　　2. 在阶段 5 ~ 8 家长可以在场，但只是旁观而不辅助。如果家长或另一个谈话伙伴辅助完成了活动，请不要再重复该活动。

　　3. 孩子有可能只在自己确信答案正确的情况下才做出回应。因此，他们有可能无法回应颇具挑战的阶段 5 或阶段 6 的活动，但很乐意参加"容易"的阶段 7 的活动。

呈现评估材料

如果孩子已经能用手指或点头，那么看看孩子是否可以实现用简单的单字进行回应。在第 3 阶段的评估期间（例如接受性的词汇测试），告诉孩子，如果你在写记录时不用抬头，就能节省很多时间，问他们是否可以告诉你答案。在等待回答时不要盯着孩子看。如果他们不愿意猜测，你可以给他们选择说"我不知道""不确定"或"三或四"。如果孩子在任何阶段僵住，请迅速消除压力，说："我很抱歉，我推进得太快了，是吧？让我们回到我们以前的方式吧。"然而，如果孩子可以开始使用单个字，你可以顺势进行一些阶段 6 的评估，例如寻找词语的词汇测试。

朗读可以降低出错的风险，并减少焦虑。所以，如果孩子对朗读有信心，相比看图命名或用短语或句子回答问题，他们可能会更容易进行朗读。

培训家长进行一些正式评估

当孩子非常不愿意与陌生人接触时，或者在时间非常宝贵的情况下，可以要求父母进行某些评估以获得有用的信息。或者，对一名孩子可以在学校自由交谈的工作人员进行培训，由这名工作人员进行简单的评估，之后由评估员对评估结果进行最后的评分。

有些人可能会对这些建议持谨慎态度。当然，有必要提醒以下几个注意事项：

- 并不是每个孩子和家长都适合做"家庭评估"——对一些孩子来说家庭评估会带来太大的负担。
- 许多评估指明需要有资格的人才能进行——检查是否如此，如果要进行的测试需要特殊的专业培训，就不要使用家庭评估。
- 如果标准化评估是其他人做的，应该将过程记录下来，以便专业人士可以了解评估过程。

- 未按评估手册所描述的方式进行的任何形式的标准化评估，其报告结果只能作为孩子技能的"参考"。若对其结果加以引用，需加括号并说明评估过程。

- 在评估期间需要一直关注孩子是放松还是压抑的。一些孩子对任何形式的测试都特别敏感，当他们感受到"被测试"时会出现"僵住"的状况，甚至当他们的父母测试他们时亦如此。随着错误风险的增加，对测试的敏感可能会变得更加明显，导致孩子说话少于其能力可达的状态，或者不愿冒险猜测。

在家里进行正式评估

有些家长在家里可以有效地做简单的评估，包括图片命名、图片描述、讲故事、朗读或简单的问答。首先，教父母练习使用适当的测评材料，如一堆图片卡。建议家长鼓励、提示并接受孩子的尝试，例如，说"你做了很好的尝试"就是很有用的鼓励。借给父母类似的练习材料让他们带回家，并在孩子身上尝试。然后，在听取"家庭评估练习"之后，向父母提出必要的要求，就可以借给他们实际的评估材料，供他们在家评估时使用。

在诊所或学校进行正式评估

如果孩子可以在有"新"人听的情况下讲话，但不直接跟他们说话，父母也许能够在诊所或学校环境中，与评估员一起进行上述评估。这让评估者可以更好地掌控测试材料的呈现方式。它进一步的优势是在了解孩子的初始阶段消除了孩子直接与评估员说话的压力。评估员应该向父母和孩子说明评估程序，并将他们安排在一张桌子前，评估员从另一张桌子处不加干扰地观察并做记录。评估员应该留在孩子的视野中，但是要避免直接注视孩子。

评估患有 SM 的双语儿童

对患有 SM 的双语儿童的评估与对其他双语儿童的评估类似，也与对其他患有 SM 的孩子的评估类似。非常重要的一点是，对双语儿童的评估应该是在适当的环境中，就其家庭语言和学校语言的能力分别进行评估，这时可能需要口译员的帮助。尽管在你做评估时请孩子可以自由说话的家人、朋友或亲戚进行翻译很诱人，但应自始至终聘请专业口译员，以确保全面而准确的沟通和翻译。

也可以使用口译员来帮助训练父母用母语进行评估和记录评估结果，或要求父母在与孩子一起玩的时候进行录音供以后翻译。专业评估人员应与口译员单独会面，讨论结果。

对正式评估进行适应性调整

根据孩子的反应进行调整

在标准化评估的某些子测试中，孩子不是必须说话来证明他们具备相应的语言或认知技能，而是可以通过指出或写下他们的回答来证明。例如，如果要求他们听一组四个单词并说出哪个"与众不同"，你可以随着你说出每个项目而指向四个彩色方块或指向数字 1 ~ 4（以书面文字或插图的形式呈现项目会使评估无效）。然后，孩子可以指向相应的方块或数字。显然，对标准化评估的任何调整必须经过仔细考虑，以与手册中的测验实施指导一致，并在报告中做出适当的记录。

接受孩子自发地与父母说话，而不是与评估员说话

这适用于阶段 4，这时在评估员面前，孩子会和父母说话（或耳语），可以鼓励孩子说话，例如说"如果你愿意的话，可以告诉妈妈"。但是，当孩子告诉父母答案的时候，你应该尽可能保持自然的沟通，而不是让父母作为中间传话人，可以说"哦，你更愿意和妈咪一起做这个吗？那很好，妈咪可以给你看图片 / 问你问题"并将测试材料交给妈妈。

在需要时进行有效的转介

有些孩子需要转介给专科医生，而专科医生可能之前没有见过患有 SM 的孩子，也没有读到过本手册。例如，孩子可能有其他身体或感官问题，需要转介绍给专业治疗师、理疗师或儿科医生。

作为父母或从业人员，你的职责是在约诊之前，在孩子听不到的情况下向专科医生解释孩子患有 SM。你可以寄一份关于 SM 的传单（在线资源中有一些）或拨打电话说明，关键信息是 SM 是一种焦虑状况——一种对说话的恐惧症，所以孩子不能与某些人畅所欲言。

以下提示是关于专科医生如何接近孩子并调整他们的评估，可能会对你有所帮助。

- 欢迎孩子，但避免长时间的目光接触。
- 向孩子解释你要做什么。
- 尽量给幼小的孩子留一点时间，让他们熟悉你的房间或你将使用的任何设备。这让父母有机会帮助孩子放松。
- 尽可能避免直接问问题。
- 如果孩子需要回应，建议他们将答案告诉父母。
- 如果无法做到这一点，请使用其他方式沟通：指向一张卡片、写下答案，或使用手势（例如用手指代表数字）。
- 如果孩子说话，不要评论，像回应任何其他孩子一样回应。

你可以将此建议用于其他场景，例如看牙医或配镜师、音乐考试等。

第7章

从评估转向管理

引言

本章搭建了评估和管理之间的桥梁。具体来说，本章的重点是：

- SM 评估和管理检查清单
- 评估概要
- 讨论儿童缄默症的诊断及成因
- 整体管理进程
- 设计干预措施
- 制订行动计划
- 将管理方案付诸实践
- 展望未来：一种均衡的干预方式
- 管理总结

SM 评估和管理检查清单

评估完成后，我们建议临床医生在一张表格上做出记录，这样就可以一目了然地看到已经完成的工作和干预的结果，以及基于此提出的管理计划。最好对评估的各部分都进行记录，这样你就容易看出有什么不同寻常之处。在某一阶段与协调孩子的干预计划的人一起浏览检查清单也会对家长有帮助。这份全面的清单也可供督导中的案例讨论使用，并且可以作为审查会议的有用参考。

此检查清单是在线资源中的表格 11。它有两部分：一部分是评估概要，另一部分是管理概要。

评估概要

评估概要涵盖前面章节中所述评估的各个方面。虽然并非所有建议使用的材料你都需要使用，但每个部分都是综合评估的重要部分。完成评估概要后，在各种评估中是否已收集到足够的信息，或者你是否还需要回到前面的章节并填补任何空白，都将变得很清楚。收集的信息将为规划管理奠定良好的基础，这将在本章后面的部分讨论。

讨论儿童缄默症的诊断及成因

在对孩子的发展或困难进行评估后，需要对诊断结果提供一些反馈，并概述接下来会发生什么。如何提供反馈以及何时完成概述可能会因人而异，但毫无疑问，你花在这个反馈上的时间对成功管理 SM 是很重要的。

需要考虑的一个重要因素是谁应出席反馈会议。

- 毫无疑问，家长需要得到最充分的解释并且通常有最多的问题要询问评估员。我们强烈建议单独开一个没有 SM 儿童参加的会议。
- 鼓舞士气的谈话将涵盖对幼儿进行的评估反馈，幼儿也需要对下一步干预的简单解释。在这个阶段没有必要看得太远。例如，可以告诉他们你和他们的父母将与他们的老师交谈，以制订一个计划来帮助他们。这就足够让孩子放心了。

- 对于大龄儿童和青少年，需要给予评估反馈，其形式主要是"这让我想到……也许是一个好主意"或者"也许我们可以考虑……"。他们可以单独或是与父母一起参加此会，并且他们可以在会后发电子邮件以书面形式提问，如果这样做让他们感到更舒服。
- 与管理孩子密切相关的人也需要了解对评估和诊断的反馈，以及对下一步行动的讨论结果。如果家长不参加和这些工作人员的会议，为了维持医患间的信任和保密协议，应事先与家长商定工作人员将被告知的内容。

如第 3 章所述，评估将指出该儿童是否患有 SM、如何表现，以及是否还有其他需要考虑的困难。需要通过讨论来帮助家长和青年人了解 SM 是如何产生的。收集到的详细信息将表明气质、发展、语言、文化、父母和其他家庭因素可能在多大程度上发挥作用，如第 2 章"什么原因导致 SM"一节中所述。大多数家庭都从这样的认识中获益，即无论他们采取什么不同的方式都无法避免 SM 的发病——这就是恐惧症的本质。虽然知道孩子 SM 的发病原因有助于理解整个事情，消除错误信念或假设，然而这不是必需的。实际上，病因可能没有定论。

整体管理进程

专栏 7-1 概述了有效的管理方案。"进程"这个词很重要：前四点 A ~ D 是必不可少的，必须先于和孩子的直接合作。有些人很想略过点 A ~ D，直接跳到 E 开始建立说话方案，但这几乎毫无成功的机会。而且，对于非常幼小的孩子来说，可能只需要你做到前四点，他们就能明显地放松，并开始畅所欲言。

专栏 7-1　总体管理进程

A. 教育家庭和学校关于 SM 的知识；

B. 计划和实施在家庭和学校中适当的矫正方案；

C. 承认孩子的困难，无论孩子年龄大小；

D. 在家里和学校帮助孩子建立普遍的信心和独立性；

E. 尽可能地让家长协助，让孩子与关键人物建立说话关系；

F. 将开口说话推广到其他人和地方，包括更广泛的社区；

G. 继续培养社交技能，并训练孩子建立自信心。

设计干预措施

评估完成后，需要与家长及参与干预的关键人员一起开会商讨初步计划。组建团队是有效管理 SM 的关键，不可遗漏任何人。通常邀请来自托儿所、学校或大学的教职员工参加会议。如果孩子是在家接受教育，家长可以邀请参与照料孩子的人，例如朋友、亲戚或当地社区组织里的人。当然，团队中包括充分了解 SM 管理工作知识的人会很有帮助。如果会议是在正式评估之后，语言治疗师或进行评估的心理学家也要参与会议。如果家长和学校都使用本手册一起工作和学习的话，就需要商定由谁带头获取和分享这些知识。

初次会议的目的是：

- 就 SM 的性质及其对干预的影响达成共识；
- 确定团队各成员的角色分配，即确定由谁扮演何种必要的角色（见图 7-1）；
- 确定适当的家庭目标和学校目标；
- 商定一个行动计划；
- 设定审查会议的时间，以评估进度并更新目标和行动计划。

在这个阶段，主要关注点是整体管理进程中的 A ~ D。尤为重要的是确保人们知道如何与孩子建立融洽的关系，而不是坚持让孩子说话，并且找个人与孩子做朋友，在教学环境中密切关注孩子。需要一名后备工作人员在这个人缺勤时补上。在随后的计划会议中讨论 E 和 F 时，这个人可能成为更正式的关键工作者。

制订行动计划

即使没有联合计划会议，我们仍然建议家长或工作人员制订行动计划，并在可行的情况下尽快实施、更新进展并在团队中分享。行动计划提供了一种客观的方式来审查已进行的干预和规划进一步的进展。行动计划应该包括：

- 当前对孩子的目标（例如乐于上学和参加家庭活动）；
- 现实目标（显示出在实现目标方面取得进展的具体行为、结果或报告）；
- 为实现这些现实目标所必需的策略或干预措施（在每次计划会议之后，商定的干预措施中可能会有一些细节需由与孩子直接接触的人最终确定）。

大多数学校使用自己的教学计划文件，但是如果需要，可参考表格 14 "目标和行动计划表"（在线资源）。第 8 章（第 162 页）中有一个完整的示例。

将管理方案付诸实践

根据我们的经验，定期记录备案的审查会议是确保计划执行的一致性和维持势头的唯一途径。我们建议在商定计划后的两周内电话联系团队成员，在计划启动四周后进行第一次审查会议，然后计划的第一年中每六到八周审查一次。从第二年开始，每年进行三次审查会议通常就足够了，之后可以根据需要在会议之间保持非正式联系。最好在上一次会议结束前确定下一次会议的时间，如果不需要，可以随时取消会议，或者由学校或治疗师自行决定通过电话或电子邮件 "检查" 的方式取代正式会议。

图 7-1 的流程图总结了干预计划的总体结构的实施过程，既是对本手册的管理部分的引入，也为你制订护理途径提供了有用的着手点。

展望未来：一种均衡的干预方式

为干预搭建一个简单但全面的框架为每个参与者提供了明确的关注点。在第 2 章中介绍的自信谈话的多维模型强调了对协同工作的关注。图 7-2 将其复制用以进行干预。

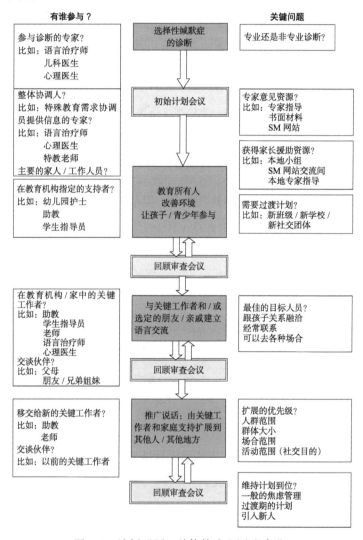

图 7-1 计划干预：总体策略和团队建设

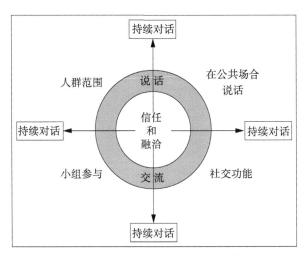

图 7-2　自信的谈话：均衡的干预模式

使用此模式以实现：

a) 减少孩子的整体焦虑, 由圆圈的中心代表 (见第 8 章);

b) 孩子与生活中的关键人物建立融洽关系和持续对话, 由圈子的轮辐来代表 (见第 8 ～ 10 章);

c) 将谈话推广到四个主要领域, 由圆的四个象限来代表 (见第 9 ～ 11 章)。

我们建议, 在开始干预之前, 所有参与者都应熟悉这个模式, 以确保实现以下情况。

1. 考虑每个参与者对整个方案的独特贡献。图 7-3 帮助家庭和其他机构清楚地了解他们的角色, 包括其局限性, 并进行适当联络以支持孩子说话的推广和"完成循环"。这应该以一个均衡的方式来进行, 而不是一次只关注一个象限。

2. 考虑自信谈话的所有方面, 以协同和系统的方式进行干预, 如表 7-1 所述。与关键人物建立持续对话的进程在第一栏。这应该辅以四种类型的推广活动, 以增加更多人到孩子的舒适区, 增加随时可以谈话的人数, 降低对在公共场合说话被无意听到的焦虑, 并促进一般的自发性和沟通的自由。

人群范围

这个象限的问题是在家庭和学校处理的，以确保孩子将熟悉的人和陌生人都纳入他们的谈话圈中。目标应该是迅速扩大谈话圈，以避免依赖任何一个人。

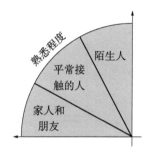

在公共场合说话

该象限包括的问题主要由儿童舒适区内的人（即当没有其他人听时，孩子能充分、自由地说话的人）在家中和社区环境中进行处理。通过帮助儿童增加他们被访客或在商店、公园、候诊室等公共场合被听到说话的容忍度，加速所有其他方面的进展。

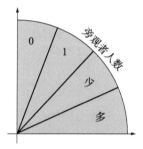

小组参与

尽管适用于所有环境，但此象限主要针对学校，在那里儿童有更多机会定期加入小组。小组中通常还有一位起支持作用的成人。

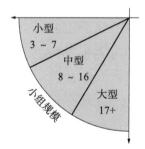

社交功能

此象限涵盖的是通过逐步扩展所有环境中的活动类型和内容，让儿童从参与感到"安全"的结构化活动，逐渐过渡到进行自发互动的活动，引领活动或者做出更个人化或更有"风险"的事。这里的进展取决于多种因素，尤其是环境。

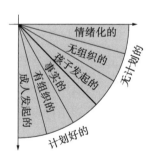

图 7-3　自信的谈话：推广过程

表 7-1 自信谈话的进展（也见在线资源附录 D，讲义 D2）

一对一互动让每个人逐渐进入放松的持续会话状态	推广说话 注意：所有方面都以协调的方式进行，但各自的进展速度不同		
0 不参与也不沟通	人群范围 孩子可以一对一交谈的人		
1 僵住	亲朋好友 直系和扩展家庭成员以及亲密朋友。这个群体中的人很有可能是孩子可以自由交谈的人	经常联系的人 与孩子经常接触的熟人，例如老师、同学、邻居、朋友、父母、保姆	
2 参与但不沟通		陌生人 孩子不太可能再见到或者是见面时间短暂，例如店员、图书管理员、学校访客、学校巡逻人员、牙医	
3 使用肢体语言和书面方式交流	要求递增 ⟶		
	在公共场合说话 有旁观者在面前或接近时，孩子说话这件事可能被泄露		
4 通过第三者讲话	没有被听到的可能	有可能被舒适区以外的一个人听到	有可能被舒适区以外的几个人听到	有可能被舒适区以外的很多人听到
5 使用嗓音交流	要求递增 ⟶		
	小组参与 包括儿童和协助的成人的小组规模		
6 使用单字交流	3 ~ 7 人 例如工作小组、与朋友过夜、家庭聚餐	8 ~ 16 人 例如辅导小组、足球队	17 人以上 例如上课、派对、舞台表演
7 使用词组和句子交流	要求递增 ⟶		
	社交功能 走向自发的对话，以满足孩子的需求		
	有计划的		无计划的	
8 持续会话	成人发起的	孩子发起的	成人发起的	孩子发起的
	系统性的	无规则的	系统性的	无规则的
	事实内容	情绪化的内容	事实内容	情绪化的内容

需求递增

3. 了解为什么某些事情 SM 患者能做，而某些事情他们不能做。例如，在期末的节目表演中，孩子可以在全校师生面前讲话，却不能向熟悉的成年人寻求帮助，这似乎是不合逻辑的。但是，正如表 7-1 中的社交功能进展所强调的那样，寻求帮助使孩子面临更高的不确定性和风险。在师生面前讲话是有计划、有组织和经过排练的，孩子清楚地知道结局是什么。寻求帮助则要靠孩子自己发起临时互动。这需要注意时机，不能保证别人听懂了请求，并且可能会导致进一步的对话，而对话内容是孩子没有准备过的。

管理概要

表格 11 的第二部分（在线资源）列出了需要处理的重要领域，这些内容将在后面的章节中描述。使用此计划，做协调工作的临床医生可以检查所有事项是否都得到覆盖并且顺序正确。这包括一些很容易被遗忘的重要任务，例如传播关于支持组织的信息，如选择性缄默症信息和研究协会（SMIRA），以及当地支持群体（如果有的话）。

第三部分

选择性缄默症的管理

第8章

确保无焦虑的环境：在家里和学校干预的起始点

引言

本章重点是：

- 将孩子的焦虑降低到可管理的水平
- 就 SM 达成共识
- 和孩子讨论说话焦虑
- 树立信心
- 建立融洽的关系
- 家里和教室中的修正
- 制订行动计划
- 继续讨论具体的谈话目标

在线资源包括一系列讲义、清单和目标单，以补充本章中讨论的内容。

将孩子的焦虑降低到可管理的水平

克服 SM 的第一步是确保儿童的焦虑在所有环境中能得到控制和管理。推行一套如第 10 章所述的治疗计划很诱人，但是，如果家庭或学校中的常规做法无意中强化和维持了孩子的焦虑，让他们害怕说话，计划就不会成功。

因此，为了加强对 SM 的理解，消除任何维持行为，并促进能够鼓励和增加儿童更多口头交流的行为，与每个人分享信息十分重要。与孩子接触的每个人都应参与其中，不能因为一个人的失误破坏了集体的努力。

使用本章中的信息，在每一环境中的目标是：

- 帮助孩子理解当他们的焦虑降低到可控水平时，他们会说话；
- 让孩子有说话的机会，但没有不舒服的压力；
- 帮助孩子完全融入所有的活动，同时自信心和自尊心增强；
- 监督活动以确保孩子对特定的说话目标做好准备。

如果你密切参与支持 SM 儿童，我们建议你绘制一个包含三列的简单表格，如图 8-1 所示。该表格帮助你在阅读本章时，对几种环境进行反思并做出记录。

在本章的最后，可以从评估中获取信息，以进一步量身定制此行动计划。

☺	☹	个人行动计划
（有帮助且需要继续的事情）	（没有帮助，需要改变的事情）	（例如，你将做出的改变，要传达／讨论的讲义，要问的问题，进一步的阅读）

图 8-1　拟定行动计划

就 SM 达成共识

家长和学校工作人员需要尽早获得信息，以便在制订和审查治疗计划之前能够对 SM 的性质充分讨论、理解并达成一致。在包括英国在内的许多国家，对儿童发展的初步关注将引出一系列符合特殊教育需求法的会议。

父母还必须请并没有义务倾听并满足孩子需求的朋友和亲戚加入帮助团队。发出的请求尽量简单化，就像说"我的孩子真的害怕狗。我们正在和他一起努力改变这种情况，但与此同时，他需要你的支持和理解"。令人遗憾的是，用"害怕与某些人交谈"取代"害怕狗"并不总能达到预期的效果。还是有很多人不把害怕说话当回事，觉得这些孩子只是缺乏管束，或需要学会"克服"他们的羞怯。

由于你会挑战他们对孩子的看法或对待方式，你自然要对亲属或专业人士的不适多加留意。但如果孩子经常被一只没拴链子的狗吓坏，那么任何人都不可能保持平静。如果时刻担心狗可能接近，没有孩子可以享受祖父母的探访或听从教诲。同样，必须教育其他人如何管理 SM。如果人们拒绝承认这些孩子的高焦虑水平以及需要适当的干预，他们必须意识到错误处理或忽视 SM 将增加孩子的精神健康风险（参见第 2 章"忽视 SM 的代价"、在线资源附录 E）。

这些都是敏感问题，父母和青少年常常觉得他们被别人不公平地评判。现在有各种 Facebook 小组，为寻找并分享实用和情感支持的家长、青年人和专业人士提供聊天室，例如 SMIRA（选择性缄默症信息和研究协会）和 SM Space Café（选择性缄默症空间小馆）。

教育会议

一些地方当局举办一些会议来为工作人员和家属提供信息，因此应通过当地的言语和语言治疗诊所或教育服务机构对此进行查询。附录 D（在线资源）的"教育支持"概述了此类会议的内容。这些会议是很好的讨论会，有助于消除有关对 SM 儿童的误解，并传达 SM 的管理原则。或者可以针对某一个孩子调整内容，并在会议中与父母及相关工作人员分享关键信息。

获得适当的信息后，许多家庭和学校可以联系起来商定行动计划。如果与孩子有关的人不能就孩子问题的性质或 SM 管理的原则达成一致，则应寻求专业建议来调解讨论。理想情况下，这项工作应该通过多机构审查会议的论坛来完成。请参见第 3 章"如何找到合适的专业人员进行诊断",第 7 章"设计干预措施",以及附录 D（在线资源）。

书面资料

在线资源提供了两份信息介绍：讲义 2"什么是选择性缄默症"和讲义 3"安静的孩子还是有选择性缄默症的孩子"。讲义 2 罗列出了 SM 的关键事实和特征。讲义 3 解释说，满足 SM 诊断标准的儿童不一定完全保持沉默。对于那些质疑 SM 诊断或认为孩子只是安静或害羞的工作人员、朋友以及亲属来说，讲义 3 的信息特别有用。

配合本章提供的书面信息，讲义 4"当……的时候说什么"中有一些简单的解释和准备好的答复。第 1 章"关于选择性缄默症的常见问题"有助于解答任何特定疑问。其他信息单可以从几个专用网站下载。在英国，SMIRA 是 SM 家庭的主要联络点。

在英国，卫生和教育部门越来越多地提供传单，为 SM 儿童及家庭提供服务（参见在线资源附录 F 中的样本传单）。

视听资讯

有时视听演示比书面材料更具影响力，请参见下面的示例：

- YouTube 上提供的 BBC 纪录片《我的孩子不说话》（*My Child Won't Speak*）跟拍了三个 SM 女孩的进步。家长们反馈该纪录片特别有帮助。该片向 SM 儿童和青少年展示，还有其他人经历了和他们一样的困难。这对他们也有帮助。

- 一个 24 分钟的 DVD《沉默的孩子：走进选择性缄默症》（*Silent Children: Approaches to Selective Mutism*），该视频资料可从 SMIRA 获取。它从几个孩子、父母和专业人士的角度概述了 SM 的性质和管理。SLT 部门可以考虑将资料借给家长和学校，以增加他们对缄默症早期阶段管理的了

解。简短的摘录也很有用，可用于教育会议（参见在线资源附录 D 和附
录 F）。

教育他人：时间和地点

　　家长和专业人员必须尽最大努力对工作人员、朋友和亲属普及关于 SM 及
其恰当管理的知识。这必须在孩子不在场的情况下进行，以确保不同意见得到
抒发，并在不给孩子带来进一步焦虑和困惑的前提下得到解决。青少年告诉我
们说，他们非常讨厌听到父母向其他人解释他们只是说话有困难而不是无礼。
他们更希望父母能事先说明情况，以保证无论他们说不说话，都没人小题大做。

　　许多年轻人不想听到解释，因为他们正试图重新开始（参见第 11 章的"重
新开始"和专栏 11-3）。一些青少年找到了让他们安心的解决方法，在随身携带
的名片上写上几句话解释他们为什么不能说话，如果他们无法说话就自己把名
片分发出去，或者让父母在对方需要知道的情况下，谨慎地分发名片（参见图
8-2 中的示例和在线资源附录 F）。与大龄儿童讨论这些情况很重要，以便了解
他们的偏好，使用他们满意的措辞。

用适当的语言描述孩子的困难

　　在成年人交谈时，很容易陷入关于 SM"无法说话"或"不愿说话"的评论
中。如第 1 章所讨论的，两者描述得都不够恰当。对于每个参与者来说，使用
术语去澄清其他人的看法，以及提供适当的谈话用语都非常重要。例如，你可
以说"孩子想要说话，但不总是能自如地说出来""孩子在某些情况下更容易说
话""孩子在情境 A 中说话但在情境 B 中不说话""孩子正在努力尝试勇敢说话"。
或者你可以说，应该允许孩子一点一点地加入谈话，直到他们感到更自在、能
更好地说话，或对说话不再感到那么焦虑。

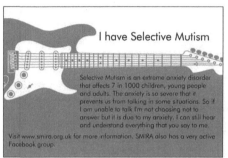

我有选择性缄默症

我的孩子有选择性缄默症

选择性缄默症是一种极端的焦虑症，每1000名儿童、青少年和成年人中就有 7 名受其影响。 我的焦虑是如此严重，以至于它会阻止我在某些情况下说话。 因此，如果我无法说话，不是我选择不回答，而是因为我的焦虑问题。 我仍然可以听到并理解你对我说的一切。

请访问 www.smira.org.uk 了解更多信息。

SMIRA 也有一个非常活跃的 Facebook 群组。

选择性缄默症是一种极端的焦虑症，每1000名儿童中就有 7 名受其影响。 他们的焦虑如此严重，导致他们无法在某些情况下说话。 如果我的孩子无法说话，不是他们选择不回答，而是因为他们的焦虑问题。 我的孩子仍然可以听到并理解你对他们所说的一切。

请访问 www.smira.org.uk 了解更多信息。

SMIRA 也有一个非常活跃的 Facebook 群组。

图 8-2　选择性缄默症知晓卡（由 Lizzie Helps 设计）

了解提供适当支持的原理

成年人通常会试图用提问的方式与孩子建立融洽的关系，但这会立即让那些患 SM 的孩子成为焦点或让他们感到被考验。有些人喜欢挑战："从来没有孩子拒绝与我说话"或者"我确信我能够让（某人）说话"。这样做并没有用。取消特权以"激励"孩子说话的方法也毫无意义。就像如果孩子害怕狗，他们需要的不是激励，而是耐心的支持。然而，尽管给孩子施加说话压力效果适得其反，但是免除孩子说话或使孩子不需要说话同样存在过度同情的危险。任何类型的持续回避都会降低孩子对改变自己能力的信心，实际上反而增加他们对说话的恐惧感。

面对如此微妙的平衡，工作人员和家长对什么是最佳方法的困惑是可以理解的。在线资源中的讲义对此提供了合理的建议，但阅读它们不能取代对其背后基本原理的坚实领会。因此，我们建议每个参与者都要自问目前对恐惧症了解多少，以及在没有经过专业培训的情况下，自己是如何成功地帮助孩子解决问题的。讲义 5 "选择性缄默症是一种恐惧症"（在线资源）阐述了恐惧症管理的基本原则，六条关键信息如下：

1. 恐惧症是可以克服的；

2. 第一步是谈论并理解恐惧症；

3. 施加压力会使恐惧症变得更糟；

4. 逐渐面对恐惧是成功的关键；

5. 回避不在选项之列；

6. 信心会产生连锁反应。

因此，虽然一开始就消除说话压力确实很重要，特别是在孩子感到最危险的群体情境下，但是压力的消除必须伴随计划情境的逐步引入，以帮助孩子按照自己的节奏面对恐惧。与此同时，与孩子交谈并向他们保证每个人都理解他们有时很难说话，并且如果他们不马上说话，没有人会介意。越早开始在所有环境中常规、一致地应用这些原则，SM 就会越早成为过去式。

在线资源讲义以及第 9 章和第 10 章阐述了上述六条主要信息。这些信息对家长和专业人员同样有用，既可以提供教育或咨询的指导，也可以作为与家长或工作人员开展小组讨论的主题。我们建议由具有 SM 经验和焦虑管理知识的专业人员辅助开展持续的家长讨论小组，来补充学校的干预方案，并强化在家庭和社区环境中提供适当支持的理论基础。正如你所料，父母本身就在这些家长会议中相互提供成功故事、鼓励和情感支持。

和孩子讨论说话焦虑

所有患有恐惧症的成年人都会认同，只有当你能确信所采取的步骤将按照你的节奏进行时，你才能考虑面对你的恐惧。有控制感至关重要，对孩子来说也是如此。当孩子谈论他们的焦虑并采取小步骤方法时，我们会看到更快的进展。许多家长报告说他们的孩子拒绝讨论说话焦虑这个话题，但这通常意味着孩子不想回答关于他们的困难的问题（参见第1章"常见问题29"）。

我们认为应该解释而不是讨论。第5章（"鼓舞士气的谈话"和"了解恐惧症"）和讲义1"与孩子谈论说话焦虑"（在线资源）中有家庭和工作人员可参照的指导。在每个环境中指定一名工作人员，可以在父母在场的情况下，以这种友好方式与孩子交谈，作为和孩子建立起融洽关系的一部分。

如果家长发现孩子无法安静地坐着听下去，我们建议你尝试以下策略。

- 工作人员在家长在场时与孩子进行交谈，孩子可能会听得更好。
- 将讲义1中的要点随意地应用到日常对话中，将孩子对说话的恐惧与他们或朋友的其他恐惧联系起来。例如，"你知道蒂莉是因为害怕我们的狗会跳起来才不敢来吗？你害怕说话与此相似，你害怕自己必须和那些你不了解的人交谈。但是没关系，你和蒂莉都会变得勇敢，你们以后就不会害怕了。也许你可以帮蒂莉习惯我们的狗，而她可以帮助你说话。"

谢丽尔发现很难与女儿谈论SM，直到她发现SM与迪士尼电影《冰雪奇缘》的相似之处。以下是她传递关键信息的方法。

- 艾尔莎（Elsa）公主不想冻结她周围的事物，就像你不想冻结内心并停止说话一样。她没有办法，这不是她的错。
- 当她跑到山上的冰城堡时，艾尔莎感到了自由。她终于可以成为自己了，就像你可以在家里轻松交谈一样。但是躲起来不见人并没有解决任何问题，对吗？因为你最终会孤独一人。
- 安娜（Anna）没有让她的姐姐逃避，因为安娜的爱和理解让艾尔莎学会了如何控制自己的力量。你也有爱你懂你的人。我们知道你有时会担心谈话，说不出话。但你会学会控制这种担忧，这样你就不会再僵住了。说话将会很容易！

- 漫长的汽车旅行非常适合这类有难度的话题——可以轻松避免目光接触，并且无法逃脱。
- 讲故事可以为儿童提供安全的情境，以识别、确认和讨论他们的感受。有关广泛焦虑和 SM 的儿童书籍示例见附录 F。
- 邀请孩子与你一起观看有关 SM 儿童的纪录片。
- 带孩子去专门的当地或全国家长会面，在那里他们会遇到其他患有 SM 的孩子。

树立信心

尽管在支持 SM 儿童时，人们倾向于专注沟通，但请记住，SM 是一种焦虑症，孩子的情绪健康和恢复能力最重要。工作人员的态度和父母提供的日常支持，有助于孩子树立和保持信心、自尊、独立以及积极的解决问题和承担风险的态度，使孩子处于最佳的精神状态，来面对更具体的干预。

- 讲义 6 "坚实的基础：树立信心、勇气和自尊"（在线资源）提供了树立信心的一般指导，确保儿童的自尊不会因 SM 而受到影响。
- 讲义 7 "帮助孩子应对焦虑"（在线资源）对所有焦虑的孩子都很有用。它概述了家长如何帮助儿童发展焦虑应对机制，这些机制将帮助他们度过青春期并进入成年期。有些患有 SM 的孩子只有与说话相关的恐惧，而另一些孩子可能是"天生的担忧者"，他们的焦虑范围更普遍。SM 的干预不会改变他们谨慎小心的性格特质，但这些孩子所采取的应对 SM 的策略以及本讲义的原则可以成功地应用于其他恐惧。
- 在学习讲义 6 和讲义 7 时，家长可能会认识到，他们试图免除孩子的焦虑，实际上却让孩子更焦虑，而且会延迟孩子的独立。这可能是一个非常难以处理的概念，更不用说改变了。一些工作人员和家长可能会认识到，他们不切实际的期望反而让孩子失败。专业人士需要做好准备，支持教师和家长通过开诚布公、不带判断立场的讨论，调整自己的行为。许多无用的管理策略是出于好意，因此工作人员和家长不必感到内疚或被批评，这一点是很重要的。

处理无益的评论

教师和家长需要做好准备，处理来自其他儿童、工作人员和家庭成员的意见和问题，如果处理不当，就可能会打击孩子的自信心。因为同学们会好奇，而成年人可能缺乏关于 SM 的信息和经验。我们的目的是以基于事实的、积极的方式开诚布公地谈论孩子的焦虑，如果孩子在场，不会让孩子感到尴尬或羞愧。因此，可能需要准备好一份快速应对的答案（参见在线资源讲义 4 "当……的时候说什么"），并记在心里，以便在孩子不在场时给他人提供更多信息（"就 SM 达成共识"和第 10 章 "邀请孩子的同学参与"）。

有信心犯错并敢于尝试

教师和家长可能会注意到：随着孩子越来越害怕出错，他们做得越来越少。并非所有 SM 儿童都是如此，但随着儿童年龄的增长，以及在有广泛焦虑的儿童中，这种情况很常见。例如，他们可能变得不愿意交作业，并且在被要求猜猜看时耸肩或僵住，害怕犯错的心理将阻碍他们在社交、情感和学业上展示自己的真实能力。讲义 8 "错误在所难免"（在线资源）中对此进行了深度讨论。更多资源列于附录 F（在线资源）。

> 当人们问我为什么不说话时，我感到难以忍受。我曾经希望有人坐在我旁边，用枪指着我的头让我不要说话，这样他们就明白了。

具有讽刺意味的是，SM 孩子也可能因为好的表现所带来的赞美和关注而退缩。他们可能会害怕他人对讨论或分享他们的成绩的期待，或害怕被送到班主任那里去获取奖励贴纸。作为向他们开诚布公的一部分，重要的做法是私下向他们保证他们的作业将获得良好的分数，但不会有让他们讲话的额外期望。有关表扬的更多信息，请参见讲义 6（在线资源）和表 8-2 第 15 项。

建立融洽关系

所有员工和亲属都应该了解如何使用"评论式谈话"让孩子放松。患有 SM 的儿童和青少年很容易变得孤立，在家庭聚会他们总是坐在角落，在学校整天没有人和他们说话。人们很难与不回应的人交流，所以经过几次尝试后，意识到情况已经变得不舒服，很多人都会放弃和孩子交流。我们要改变这一点，确保所有孩子都被融入和被欣赏，这是我们可以做的最简单和最有益的事情之一。

评论式谈话

秘诀是与孩子交谈时，不提任何需要答案的问题。这对大多数人来说并不自然，所以值得先在朋友和家人身上练习！试想你面对一位不会说中文但能够听懂并理解你的话的交换学生。你想让他们感到受欢迎，于是你热情友好地保持微笑，你不会问他们问题，因为你只会得到无表情的回应。所以你带领他们参观，谈论你在做什

> 在评论式谈话中：
> √ 成人完成所有谈话
> × 直接问题
> √ 说明
> √ 健谈的评论
> √ 无须回答的附加问题
> √ 停顿

么，并做出轻松的评论，让他们参与到具体活动中。你做好了准备，知道他们可能会说些什么，但是如果他们不说话，你开心地继续谈话，就像做单方面评论一样。

同样的方法适用于 SM 患者。请继续说话，但不要害怕沉默！暂停并留下

间隙是件好事，只是当你这样做时，看哪里都好，但请不要看孩子的脸，那样他们会觉得你在等待回应。句末附加一个问句的表达方式很有用，就像"那看起来不错，不是吗？"同样有效的还有开场白，比如像"我期待……""我打赌……""我想知道……"和"你可能喜欢 / 你可能有 / 你可能想……"这些话提供了回应的机会，但又不要求回答。你也可以问自己一些问题，比如"哦，不，我把眼镜放在哪里了""我想知道这是怎么回事"。当孩子意识到你没有被他们的沉默所困扰，并且不在意他们是否说话时，他们会放松并开始微笑、点头和摇头。请耐心并真心实意地享受他们的陪伴，有些孩子因此感觉舒适，甚至可以开口说话了。

鼓励参与

除了上述策略之外，至少有一名工作人员及所有热心帮助孩子说话的亲戚朋友，都应该与孩子慢慢建立融洽的关系。如表 8-1 所示，选择孩子喜欢的活动（见在线资源附录 A 的阶段 2 和阶段 3 活动建议）。在这种情况下，融洽的关系被定义为儿童或青少年感觉到成年人对他们的理解，并且知道在自己准备好之前不会被期望说话。表 8-1 列出了目标行为，强调渐进式放松和参与，直到孩子能轻松进行非言语交流，可以使用适当的非口语或书面方式沟通（阶段 3）。当正确判断孩子准备好进入下一阶段时，建立融洽关系的过程往往会指向更高层次的互动。这些将在下一章（表 9-1）中进行介绍。

家人和工作人员可能喜欢使用在线资源中的进度图表 1 "与一系列人进行一对一的互动"，来记录孩子与他们经常见到的各种人互动的进展。这可以凸显出需要处理的与特定某个人交流的问题。患有 SM 的孩子本能地对某种类型的人感到更舒服，这可能会让正在努力建立关系但不成功的其他工作人员和亲属感到受伤。其实通常情况是他们用力过猛，让孩子感到压力。也许他们说话太多或声音太大、提问题、坐得太近、触摸或管束孩子。孩子需要有个人空间，希望别人专注于集体活动而不是自己，这样他们才能放松参与。

表 8-1 自信的谈话——在一对一的基础上建立融洽的关系

阶 段	孩子的表现	目标行为（根据不同的设置选择）
0	不参与（例如孩子不想去学校、隐藏在父母身后或躲在家具后）	父母该做的： • 向孩子保证不管他们是否说话，他们都会受到欢迎，每个人都希望他们玩得开心，自得其乐 • 握住孩子的手，站在孩子身边，而不是抱起孩子或将孩子挡在身后，这使孩子能够观察周围环境并了解没有威胁
1	僵住的肢体和表情	成年人要做的是强化父母所传达的信息： • 亲切而又平静地问候孩子，尊重他们的个人空间 • 与父母而不是孩子交谈[①] • 对孩子做出积极的说明 • 提前向孩子清楚地解释任务和活动，以便孩子意识到这些活动可以在不说话的情况下完成 孩子能做的： • 感到受重视，并且知道自己做得很好 • 观看其他人演示游戏或活动 • 感到没有压力，期待加入此环境
2	参与但无交流	成年人能做的： • 使用评论式谈话[②]，而不是直接提问 • 使用"我想知道"的陈述句和停顿，例如"我想知道这是怎么回事""我想知道你以前是否遇到过这些问题" • 专注于材料而不是看孩子的反应 • 如果孩子说话，则以自然、不惊讶的方式做出回应 孩子能做的： • 愉快地参与非语言活动，并由成年人引导 • 与成年人轮流进行游戏 • 帮助成年人准备活动或在活动后收拾一下 • 在遇到选择时拿一件物品 • 在听、走、跑等活动中显得轻松自在
3	使用非口头和书面交流	成年人能做的： • 说"给我看看……"而不是"告诉我……" • 提供可供选择的物品并询问"哪一个" • 提供选择，接着做手势让孩子可以模仿 例如"是"（成人点头或竖起大拇指）或者"不"（成人摇头或拇指向下） "山姆在哪里？他在楼上（成人指楼上位置）还是出去了（成人指向窗外）？" • 偶尔问"是/否"的问题，孩子可以通过点头或摇头来回应

（续）

阶　　段	孩子的表现	目标行为（根据不同的设置选择）
3	使用非口头和书面交流	孩子能做的： • 以适当的微笑回应 • 在身体不紧张的情况下使用手势（用手比画、点头、摇头或指点）进行交流。例如做出一个选择、表示同意或不同意、把手放在头上表示"帽子" • 使用图片或文字回答问题。例如指出、书写、勾选或圈出答案
说话桥	容忍声音被听见	成年人通过以下方式让孩子感到舒适自在： • 与家人或朋友在一起时不要密切关注孩子 • 看起来像在忙其他事情 • 当孩子与家人或朋友交谈时，你不要做出反应 成人在场时，孩子能与父母一方或朋友交谈或大笑（声音是能听见的，而不是耳语）

① 只有父母或其他说话伙伴在场时，才可以执行此步，其他场合可省略。

② 见 p139 "评论式谈话"。

家里和教室中的修正

在家里和在学校的调整

讲义 9（在线资源）专门针对学龄前环境的工作人员和相关家庭。目标是营造一个环境，让所有安静和焦虑的孩子按照自己的节奏安顿下来。尽量在几周内区分出羞怯的孩子和患有 SM 的孩子，不情愿发言者可能会在准备好之前感到说话的压力，要防止他们发展成 SM。

讲义 10a 和讲义 10b（在线资源）对儿童无法自由交谈的人和场所列出了一般的"注意事项"。这些策略不能帮助孩子说话，但它们是铺路石，确保孩子无论是否说话，都感到受欢迎和被接纳。这些策略需要一直实施，直到孩子准备好将他们的说话计划推进到下一个水平（如第 9 章和第 10 章所述），或者直到孩子开始自发地说话。例如，儿童的 SM 需要在教室环境中得到包容，刚开始时允许他们上课不必说话，并且当他们努力在一个单独的房间内与成人和儿童私下交谈时，他们的 SM 必须继续得到包容。最终，孩子的说话计划将推广到教室环境中。同样，亲属需要耐心并且明白，他们允许孩子最初不说话是在促进孩子的康复。

讲义 10a 和讲义 10b 分别对幼儿和大龄儿童提供大致相同的内容。它们适用于：

- 孩子可能会在教育机构或小型聚会 (如游泳课或青少年俱乐部) 中遇到的工作人员；
- 来家拜访、参加聚会或过夜的亲戚朋友。

选择合适的讲义作为指导，讲义 10a 适用于 10 岁或 11 岁的儿童。学校以外的亲属和其他成年人可以获得一个经过编辑的版本，它只包括每个部分的前几个项目。

与工作人员或专业人士关系良好的大龄儿童和青少年，可以积极参与定制给不同教师的建议。讲义 11 "让沉默的学生能够进行交流"（在线资源）可直接分发给现有的工作人员，但最理想的做法是让青少年在分发前考虑特定的老师或课程，并对讲义进行编辑，要求学生强调他们目前发现的最有帮助的策略，并删除无用的策略。

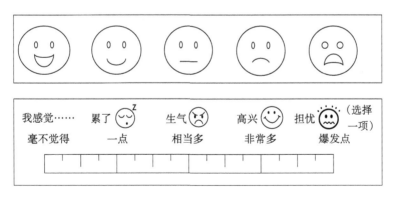

图 8-3　表达情绪的图画评定量表示例

分享情感

要想在一个环境中感到安全和获得支持，让人们知道你的感受至关重要，但这对于 SM 儿童来说十分困难。这不一定是因为他们无法分享他们的感受，更可能反映出他们在接近成年人方面有困难，或分享感受涉及复杂的语言（一个词很少能达意，会导致不必要的问题）。我们建议尽早采用简单的五点评定量表，让成年人能够了解孩子或青少年的感受（他们的面部表情可能不会泄露任何东西），并为他们提供沟通方式。量表的形式可以是简单的一排面部表情（如图8-3），可以是标尺或温度计上的线条，或是数字 0～5。相同的评定量表可以用于各种情绪，以便儿童和青少年表达他们在不同情况下感到的快乐、担忧、烦恼、困惑、受伤、病痛、兴奋或平静。例如，0～5 可以表示"没有焦虑"到"恐慌"或"目前不需要帮助"到"我完全迷失了"。根据孩子的年龄和能力，父母可以首先在家中使用所选的评定量表，确保孩子理解它，并可以自信、可靠地使用它。

你还可以通过提供书面选项向孩子询问他们的感受。例如："这些词语中的哪一个最能描述你对此活动的看法？害怕、兴奋、无聊、满意、好还是其他？"欲了解让孩子和青少年在不说话的情况下分享情感的其他方法，请参见第 5 章（图 5-6 和图 5-7）中的整理、排序和评级技巧。

使用替代的沟通方式

人们经常质疑替代的沟通方式，允许 SM 儿童通过写作、手势或图片进行交流，或者在家阅读诗歌或演讲时录音，我们是否在纵容他们不说话，让他们无须改变？当然，如果孩子将替代方式视为说话的永久替代品，并且孩子没有得到支持继续进步，那么情况可能会如此。但是，否定孩子使用这些替代方式会剥夺他们的"声音"，并使他们不能完全参与社交和学业活动。我们将替代方式视为说话自然发展的一部分。向孩子们解释当他们无法说话时，替代方式是一种很好的沟通方式；在他们准备说话的最后一刻失去信心时，替代方式能提供良好的后援。不要忘记这些孩子想要说话！没有人会选择依赖低效率的替代方式，除非他们真的相信说话是不可能的。例如，一名 15 岁的女孩在手机上装了"紧急聊天"应用程序，以备她在面试中无法说话时之需（参见在线资源附录

F），但她实际上没用文字就回答了所有问题。一个 7 岁的孩子在没有其他人听的时候可以轻松地与她的助教交谈，但在需要帮助时会使用图 8-4 中的沟通图表告诉助教。一个学期后，她不再需要图表，因为她的助教已经帮助她与大部分同龄人交谈，她现在可以在课堂上讲话了。

图 8-4　沟通图表

鉴于替代沟通形式作为持续干预计划一部分的暂时性，我们建议只使用儿童能很快采用并且易于被其他人理解的系统。例如：用于指向文字、图片或符号，书写，简单的手势，或手机、平板上的文字显示，等等。不值得花时间教授一种全新的标志或符号语言，应该多花时间帮助孩子面对他们的谈话恐惧。同样，我们不建议使用昂贵的高科技通信辅助工具，这样实际上可能将儿童与同龄人分开。当然，总会有例外情况，例如有额外沟通困难的孩子可以从这样的设备中受益，或者孩子在每个人都经常使用手语的学校学习。当 SM 长期存在且根深蒂固时，诸如 Proloquo2go® 之类的应用程序也可能很有用，它可以在谈话困难时作为备用手段，也可以作为长期的解决方案，以帮助青少年或成年人参与当地的社区活动。

帮助孩子迈出第一步并寻求帮助

请注意，我们无法保证儿童会使用我们提供的替代沟通方式。例如，幼儿可能喜欢在钥匙圈上放一些图片，在感到口渴、不适或快乐、想做事、想上厕所等时，展示给工作人员以让他们了解需求。但钥匙圈可以一直留在口袋里。这是因为通常大多数 SM 儿童难以主动接触人。在学校里，SM 儿童与许多其他孩子争夺同一个成年人的注意力，发起交流会更难。有些孩子需要努力迈出第一步，每次一步，先从成年人接近孩子开始。如图 8-5 所示，其中显示了两个关于孩子如何逐渐获得信心接近工作人员的例子。

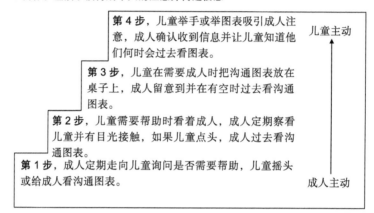

1 目标：让孩子获得成年人的注意并传达信息

第 4 步，儿童举手或举图表吸引成人注意，成人确认收到信息并让儿童知道他们何时会过去看图表。

第 3 步，儿童在需要成人时把沟通图表放在桌子上，成人留意到并在有空时过去看沟通图表。

第 2 步，儿童需要帮助时看着成人，成人定期察看儿童并有目光接触，如果儿童点头，成人过去看沟通图表。

第 1 步，成人定期走向儿童询问是否需要帮助，儿童摇头或给成人看沟通图表。

儿童主动

成人主动

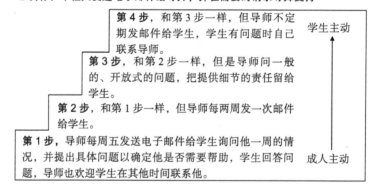

2 目标：年轻人发送电子邮件给导师，并在需要时请求导师支持

第 4 步，和第 3 步一样，但导师不定期发邮件给学生，学生有问题时自己联系导师。

第 3 步，和第 2 步一样，但是导师问一般的、开放式的问题，把提供细节的责任留给学生。

第 2 步，和第 1 步一样，但导师每两周发一次邮件给学生。

第 1 步，导师每周五发送电子邮件给学生询问他一周的情况，并提出具体问题以确定他是否需要帮助，学生回答问题，导师也欢迎学生在其他时间联系他。

学生主动

成人主动

图 8-5　在学校朝向发起交流的努力

首先，重要的是，所有工作人员或照顾 SM 儿童的人都应该给予孩子明确的可以提出需求的许可，仅仅家长这么说还远远不够。儿童需要知道，当他们感到饥饿、不适或需要帮助时，可以说出来。并且应该准确地告诉他们，如果说话或者做出肢体语言有困难，如何以商定的信号吸引成年人的注意力。了解接下来会发生什么也是有帮助的，因为如果会引出大量问题或需要在公共场合进行解释，大多数孩子都会回避联系成人。

上厕所

我们在在线资源讲义中提到了各种处理日常情况的方法，例如出勤登记。但是，我们认为在学校上厕所值得特别提及，因为无法上厕所涉及医学和心理风险。SM 儿童的常见问题包括憋尿引起的感染、为了不去厕所而故意不喝水导致的脱水，以及遗尿（尿裤子）的耻辱。这些孩子通常害怕使用厕所或害怕提出去上厕所。第一点将在第 13 章进行讨论，上一节也提到了可以使用图片或符号请求允许。

同样值得考虑的是，有时候可以采用适合全班的解决方案。对于非常年幼的孩子，可以定时安排集体去厕所。学龄儿童可以不事先询问就去厕所，只要他们在签到板上将厕所标志标注在他们的名字上，以便老师知道他们在哪里（这同样适用于去图书馆或学校办公室的时候）。提醒他们无论是否需要，他们都要在休息和午餐时间去厕所。这对于直到万不得已才想到上厕所或避免喝水进食的儿童特别有用。

提供选择而不是寻求许可

找到一种让孩子和青少年以最小的焦虑在不同环境下参与的方法很重要。熟悉和重复可以降低这种焦虑，孩子将能够更长时间或更充分地参与。我们坚信要让孩子可以选择如何参与。这是因为只有他们知道在不同情况下他们可以应对什么，但退出不在我们提供的选项之列。所以，不要问诸如"你准备好加入了吗"或"你想做什么"这样的问题，这会给很多孩子带来太大的不确定性，最好给出几个选项并问孩子他们认为哪一个最好。

例如，你不想有孩子在星期一早上被排除在分享他们的新闻之外。你可能很想给每个人发言的机会，而当孩子不回答时，你开始继续问下一个孩子。然而，这更像是给坐轮椅的孩子一个机会让他们走路。这样做强调了他们的困难，让他们成为人们关注的焦点，并加剧了他们的焦虑和沮丧。结果，他们开始害怕上学。

正确的方法是与孩子私下聊天，并说你知道他们有很多好主意，只是还没有习惯在其他人面前说话。你希望找到一种让他们更容易加入的方式。给孩子一些可以考虑的选择，把它们写在便笺或家庭 – 学校联络簿上，让他们选一项，然后：

- 他们可以在联络簿上写出周末所做的事情，然后选择某人在课堂上替他们读出来。
- 他们的父母可以写下来，老师可以替他们读。
- 他们可以提供线索，让其他孩子猜测他们做了什么，他们回应以点头或摇头。
- 他们可以在家里通过平板电脑或 Talking Tin 应用程序录制留言（见在线资源附录 F）。

根据孩子的年龄，你也可以提供一个空白选项，万一他们有更好的主意可以写下来，还可以邀请孩子回家与他们的父母进行讨论。

应对困难的行为和压力

学校和家庭可以尽最大努力营造无焦虑的环境，但不可能完全缓解 SM 带来的压力。孩子一天的大部分时间都无法说话，他们努力克服焦虑以应对日常生活和迎接新的挑战，并应对其他人不可预测的反应，这给他们造成巨大的压力。儿童和青少年需要帮助才能安全、适当地减轻他们的压力。

在处理儿童的行为时，认识对压力的三种常见反应很重要。

对抗　身体或口头攻击，挑起争端，坚决拒绝参加或服从。

逃跑　躲起来，黏着父母，让自己沉浸在其他"更重要"的活动中，寻求不参加活动的许可，否认有问题，通过喝酒或吸毒来放松身心。

僵住　拒绝说话；头脑一片空白；低头，希望不会被注意到；觉得身体无法动弹；肌肉紧张，动作笨拙；使用平淡、单调的语调。

本手册的大部分内容涉及回避行为（逃跑）和无法说话（僵住），但在此背景下，也会出现对立行为（对抗）。通过遵循本手册中描述的治疗方法，你可以看到这些行为减少，但效果不会在一夜之间产生。

应对被压抑情绪的爆发具有挑战性。通常这种情况发生在孩子从学校回家的时候，但当他们觉得自己受到不公平待遇时，也可能会在学校做出越界行为。例如，当一个孩子突然向一名工作人员喊叫或咒骂时，很难相信他们有 SM，但此时，他们对威胁事件的恐惧，已经超过了对说话的恐惧。正如各种沟通障碍患者表现出的那样，咒骂自然出现，并且通常是唯一的语言。学校不能容忍攻击行为和恶劣的语言，所以每个人都应该采取合理的措施，尽可能避免引发孩子的恐慌，防止他们的负面情绪爆发。在做家庭作业或家务劳动之前，给孩子提供一个平静的地方进行放松（不要提供暴力的电脑游戏），以及让孩子放学后进行蹦床、击球或游泳等运动，使孩子的负面情绪得到释放。

需要注意的是，SM 儿童在做得非常好之后经常会经历"崩溃"。这看起来像向前迈出了一步，却后退了两步，但其实是一种自然而且通常相当短暂的反应。孩子可能在长时间经历第一次面对新事物的强烈情绪后变得疲惫，这些强烈情绪包括恐惧、怀疑、果断、安慰、兴高采烈；也可能对下一步和未来的期望感到害怕。

当孩子情绪爆发时，应该给孩子短暂、平静的反应："我很抱歉你这么难过""好吧，你现在感到非常生气""你疲惫不堪"，而不是惩罚、试图讲理或安抚。孩子需要时间，以及一个安静、安全的地方来缓解情绪。让高度敏感的孩子选择自己的放松方式，年幼的孩子可能会喜欢爬进毯子或毛绒玩具堆里，而年龄较大的孩子可以独自听音乐、击打枕头、写下或描绘自己的感受，直到他们平静下来。让孩子在准备好时来找你，看看给他们选择是否对事情有帮助："你可以继续哭，或者可以和我一起去公园"。之后，充分承认他们的沮丧是很重要的，并要采取措施处理具体的诱发因素和潜在的焦虑，同时为可接受和不可接受的行为设定明确的界限。

有时焦虑会被误认为是一种被动攻击。当你感到紧张或焦虑时，你的声音听起来当然不可能充满热情。因此，当年龄较大的孩子以一种平淡的语调说话时，会不知不觉地激怒他人。他们的语调听起来冷淡、粗鲁或具有对抗性。成人对此会很生气，孩子的压力水平因此升级，孩子被推入"对抗或逃跑"状态。在这种时候，无论感觉多么困难，成年人需要深呼吸，保持冷静并继续以温和的语气说话。如果成人觉得自己即将发脾气，请休息一下。

应对压力的第四种方法是**面对**它并尝试找到解决方案。但是，如果孩子受限于无法说话，面对压力也可能导致不当行为。你需要深入了解表面现象下的事实，以了解患有 SM 的个体看似反社会、令人不安或非 SM 典型的行为背后的原因。例如：

- 一个学生非常渴望被人注意并且想有朋友，她通过将同伴书包里的物品放到另一个同伴的书包里来戏弄同伴。当她被指控偷窃时，她的沉默被视为默认。

- 另一名学生害怕使用学校的厕所，因为她害怕遇到一群总是戏弄她的女孩。她的解决方案是停止进食和饮水，不去厕所，直到放学回家。即使她每天晚上都吃得好，工作人员也更关心她的"选择性厌食症"，而不是解决她的沟通困难和同龄人的态度问题。

- 一个有语言天赋、聪明的年轻人开始缺席他的德语课，老师们确信他想放弃这个课程。但事实是，最后到达教室上德语课的学生总是不得不到隔壁教室拿椅子，虽然这个年轻人可以回答事实性问题并在课堂上大声朗读，但他仍然无法主动提出要求或给出冗长的解释。通过使用图 8-6 中的图并将问题"你为什么不再喜欢德语"更改为"当你说你不想学德语时你在想什么"，该学生说出了实情。学校立即为他保留了一把椅子，让他能够愉快地继续上德语课。

当然，不只是 SM 儿童有压力。工作人员、家庭和孩子，每个人都可以通过锻炼、运动、瑜伽或按摩等方式来对抗压力，并且抗压是每个人都要优先考虑的。对抗压力就像寻找平衡和为电池充电一样。每个人都需要一个爱好或校外活动，至少在那段时间里，他们可以忘记烦恼，享受当下。

不当行为的产生还有另外两个原因，即儿童在最终能够沟通时感受到轻松，以及尚需练习对行动的控制，多数孩子通过言语表达而获得此种控制。儿童可能会因为不再有 SM 的负担而过度兴奋。这可以被视为自然反应和一定程度的不成熟。我们要记住，他们过去错过了检查这种行为的机会。人身攻击非语言的表现形式，即厚脸皮和故意玩弄人并不罕见。与更普通的不服从相比，这种行为在与他们无法自由交谈的人相处时更为明显，并且他们只在感到放松和"安全"时才会这样做。海伦·科恩（Helene Cohen）对一个正在建立自信心的孩子进行了动人而又同情的描述（Sutton & Forrester，2015）。

图 8-6　你在想什么？

制订行动计划

本章及在线资源的讲义为列出了原理和指导方法以确保：

- 孩子的焦虑是可控和可管理的
- 家庭和学校中支持性的环境
- 孩子对说话的恐惧没有被加强或维持

参考以下在线资源清单，以协助确定和实施针对个别儿童和青少年的具体环境调整，以及本章开头推荐的个人行动计划。

 a）表格 4 "可能的 SM 维持因素清单"

 b）表格 10 "家人 / 朋友 / 工作人员的反应清单"

 c）表格 12 "教学环境检查清单"

 d）表格 13 "家庭环境检查清单"

继续讨论具体的谈话目标

确保家庭和学校环境尽可能无焦虑会带来几个积极的结果。孩子会：

· 乐于上学并与父母分开；

· 不再在操场上孤立。

表格 12 和表格 13 列出了有用的目标，表格 4 和表格 10 列出了可能需要以不同方法管理的无效行为。表 8-2 中详细描述了表格 4 中列出的每个维持因素，其中涉及具体的维持因素，并补充了本章和第 9 章中提供的一般性建议。它还将帮助专业人士和家长决定他们是否需要以及为何需要担心。

我们不可能也不必一次完成已确定的所有改变目标，因此需要讨论以确定优先事项（造成儿童说话最困难的因素），以及战略、时间表和审查日期。理想情况下，由家长和工作人员参加会议协同完成，但任何一方在等待另一方加入时，要继续制订和实施行动计划，不得拖延。学校可能更愿意使用他们现有的学生额外需求文档来记录这个计划。如果没有，学校可以使用或改编表格 14 "目标和行动计划表"，该表同样适合家庭使用。本章最后有一个表格 14 完整的例子。

审查行动计划……并坚持下去

一旦达成一致意见，我们建议每四到六周审查一次联合计划，直到检查清单上的所有未清项目都得到处理。随着每个行动点的实现，可以更频繁地审查和更新个人计划。

 坚持计划可能比制订计划更困难，因此相互支持和提醒的定期审查是必不可少的。最用心的员工会非常忙碌，而有些人很难被影响，还需要考虑新来的员工和代课老师，因此必须有一个强有力的领导来确保该计划得到执行。专业人员和专家可以在审查日之间提供电话或电子邮件支持，以提供宽慰并快速解决出现的任何疑问。请记住，孩子在压力消除前，无法享受学校生活并无法在谈话方面取得进步，无论压力如何微妙，所以这个阶段要投入时间来确保做得正确。

有些家长可能会发现，该计划要求他们完全转变处理孩子回避行为的方法。最初，孩子可能会发现这很困难并且变得更抗拒。这对任何人来说都不容易，但请不要放弃。休息一下，为自己充电，找到力量第二天继续该计划，坚持将会得到回报。最终，孩子将在冷静、一致的指导中感到更强大、更安全。

- 如果知道他们没有说话的压力，孩子可以轻松地参加学习和社交活动；
- 身体容易动起来，看起来不生硬，没有僵住；
- 从一项活动轻松过渡到另一项活动；
- 通过灵活的面部表情来对幽默做出反应，而非呆板、僵硬的微笑；
- 以言语、非言语或书面形式与亲属或工作人员沟通；
- 开始在通常听不到他们声音的人面前，与父母或其他谈话伙伴谈话。

在以下情况下，孩子已经准备好开展谈话计划：

- 如上所述，孩子在目标情境中看起来很舒适；
- 至少与一名成年人建立了融洽的关系；
- 成年人已经向他们保证，他们说不说话没有关系，而且（对 5 岁及以上的儿童来说）事情会按照他们的步调进行。

表 8-2　可能的维持因素与相应的管理策略（[N]= 患有 SM 个体的名字）

	对 SM 的通常反应：将阻碍或延误进步（例外情况以斜体表示）	这些行为如何维持了 SM 的状态	应对 SM 的替代方法：作为实施干预计划的整体环境
1	[N] 的说话焦虑被忽略或被否定		• 跟 [N] 谈谈 SM（参见讲义 1 "鼓舞士气的谈话"） • 认真对待 [N] 的焦虑，向他保证你们可以一起找到出路 • 如果别人的出现使 [N] 难以说话，私下跟 [N] 谈，允许 [N] 和舒适区以外的人用其他方式交流 • 如果 [N] 没有回应，以解说员式的说话方式让他参与对话，而不是向他提问，并且偶尔用短句或者摇头来回答 • 专注于他喜好玩的游戏，而不是专注于对话，以建立融洽的关系 • 告诉 [N] 你不会在课上问他问题，除非他自己主动要求 • 确保同伴理解：最好的帮助是对 [N] 友好，而是通着 [N] 说话 • 等待 [N] 自愿告知他的进展 • 商定一个切合实际的目标和策略来确保干预计划成功，肯定 [N] 的优势和贡献：集中于 [N] 能做什么，而不是 [N] 不能做什么
2	大人或同伴问 [N] 问题并等待（没有等到）他回答		
3	轮到 [N] 说话时，他却保持沉默（比如在课堂上的围坐时间或者点名时间）	如果是只出现一次或者偶尔出现，则没有哪一条有问题。但是，因为这条重复出现。因为这让 [N] 挫败。在短期内它让 [N] 觉得极度不舒服，长远来说它会降低 [N] 的自尊	
4	[N] 被大人或同伴问及为什么不说，会不会说话，或者什么时候才会说话	在没有解释的情况下，[N] 会觉得对他的焦虑以及焦虑所产生的身体感觉更加困难和令人害怕	
5	[N] 被告知"除非你说话，否则我无法帮助你"	期待 [N] 去做一些他做不到的事情是不公平的，也会增加 [N] 的焦虑，使说话变得更难	
6	[N] 被鼓励、被要求、被迫说话，或者有人承诺 [N] 如果说话会有奖励，但都未能成功地让 [N] 说话	我们需要注意施加压力（无论多么微小）让 [N] 说话的情况。因为如果 [N] 没有成功说话，失望和沮丧会随之而来	
7	[N] 被问及是否已经可以成功地跟别人讲话，或讲话方面的进步如何（作为计划干预的一部分，一起检验进度是否良好的，否则这样一来 [N] 觉得被评判和被问题的问题会使 [N] 觉得更加困难的情况）	把 [N] 觉得被批评，通常会使 [N] 和情况更糟的人比较，失望和情况更糟批评，无力或自责，并不会对他产生自责的作用	
8	有人为 [N] 设定了讲话目标或期望（比如在学校报告中，但未曾实现）		

9	因为不说话，[N] 曾经被批评、惩罚、忽视，威胁或被嘲笑	任何说话的压力都会增加 [N] 的焦虑。这些方法会让 [N] 感到羞辱、侮辱、痛苦，害怕和羞愧，[N] 会更焦虑于避免自己需要说话的场合，以防同样的事情再发生	• 确保这不再发生 • 确保 [N] 得到直接或间接的道歉 • 承认 [N] 在某些情况下无法说话，而惩罚意味着歧视 • 不管 [N] 是否说话，确保 [N] 是被尊重、不被排斥的
10	[N] 听到成年人为他的不说话表示担忧（个别情况下，为了确保他们能尝试在一段时间内参与干预，可能有必要跟大龄学生直接谈论不参与干预的潜在危害，但是大部分孩子不需要额外的动机）	这会增加 [N] 对未来的焦虑和觉得自己给别人带来麻烦的焦虑，从而造成他们说话的额外压力	• 确保对任何担心和不满的讨论都不让 [N] 听到 • 再次跟 [N] 确保，随着时间的推移，他会发现说话更为容易 • 对 [N] 的成就，努力和潜力持积极态度 • 给 [N] 指明方法，而非聚焦在他的问题上
11	[N] 在别人坚持要求他说话的情况下可以说话，但说得不舒服，不自然（如果 [N] 可以用正常音量自由说话，并带着放松的面部和表情和身体姿势，或者为减少焦虑的小步骤方案的一部分，乐意尝试讲话，那么坚持要求他说话不是问题）	有时候 [N] 对说话的害怕更甚于对不说话所带来的害怕。如果 [N] 在受威胁的情况下说话，以避免不愉快的经历，会加强他对说话的恐惧	• 当孩子明显不舒服的时候，不要强迫他们说话 • 提供机会而非要求说话，用评论员而非要求方式来谈话 • 提供言语或非言语言语的选项，让 [N] 对活动动有发言权，可以提出他们的意见

（续）

对 SM 的通常反应：将阻碍或延迟进步（例外情况以斜体表示）		这些行为如何维持了 SM 的状态	应对 SM 的替代方法：作为可实施干预计划的整体环境
12	[N] 曾因说错话而被纠正、嘲笑或批评		· 确保停止任何戏弄/欺凌/指责，并且让 [N] 知道所采取的措施 · 确保重视不同的口音和文化，让 [N] 意识到这一点
13	[N] 或其 [N] 的同伴因为说话或发出声音而被严厉斥责 *（[N] 不应有特殊的待遇规则，如果整个班级的预期是不可以说话，那么对要求 [N] 不说话是应该的。但要委婉地说，因此对他们要点到为止。例如："[N]，与朋友聊天天是很愉快的事情，但现在不是时候。大家可以在午餐时间说话，好吗？"）*	[N] 很可能会被这些事件所困扰。这些可能是 SM 的维持因素或触发因素，需要与 [N] 讨论，以确定它们对 [N] 不愿说话的影响，并向 [N] 保证和证明任何恐惧都是没有根据的	· 确保 [N] 听到良好的发音示范，而不是被纠正，并要求重复 · 确保 [N] 了解被训斥的原因，并且知道所涉及的成年人已不再不满 · 如果 [N] 被不恰当地责骂，请要求施骂者道歉 · 让所有孩子都知道可以说话的时候和吵闹时间，以身作则，鼓励在适当的时候表达自我 · 悄悄地、平静地纠正孩子的行为
14	父母或兄弟姐妹不总是轻松自在地讲话，所以他们示范了沉默的模式（比如希望其他家庭成员出面讲话、不接电话、避免社交场合）	如果 [N] 看到其他人避免说话或者表现出讨厌说话，[N] 对交流的负面感受将会增加，他们自己说话的可能性就会更低	· 要意识到把焦虑传递给 [N] 是多么容易。全家共同努力把交流作为一个正面积极的体验，将这一新的挑战作为游戏来完成 · 树立一个个人的榜样：分享个人的表达成愿意，然后制订计划并跟 [N] 一起学习新语言，寻求 [N] 的意见 如果移民父母跟 [N] 一起学习新语言，那么要乐在其中，对学习过程中犯的错持轻松的态度

	做法	原因	具体建议
15	将注意力放在 [N] 已经说话、或者已经发出声音这件事上（在你们共同拟订的小步骤方案中表扬 [N] 是有好处的，也可以坦率地谈论自己的 SM。要以 [N] 的反应为指引：学龄前儿童比大龄的孩子更容易接受表扬）	把注意力放到 [N] 不大确定的事情上，尤其是在公共场合，会使 [N] 感到不适，以后再做这件事的可能性会降低。表扬也可能常常适得其反。当 [N] 意识到别人是多么希望他们能进步时，他们担心别人对他们会有更多期待	• 对 [N] 所说的和所表达的内容做出反应，而不是只看到 [N] 说话或发出声音了 • 确保他们 [N] 说话时，劳人没有大的反应。告诉他们的同样，[N] 终有一天会说话，当这件事情发生时，他们必须继续谈话，就像 [N] 一直都说话一样 • 只在达到目标的前提下表扬 [N]，且要在私下表扬。比如，把"做得好"的贴纸贴到孩子的套衫上，而不是贴在孩子身上
16	[N] 否认说话，或者尽力要掩盖自己说话的事实	[N] 很害怕如果舒适区以外的人知道自己会讲话，那么就会有更多对讲话的期待和压力。[N] 首先考虑的是把他说话和不说话的两个世界隔离开来，而不是要说得更多。在	• 确保每个参与其中的人都预备好，并且向 [N] 表明，他们理解 SM • 向 [N] 保证，他舒适区之外的人会很高兴知道，也 [N] 能跟别人说话，但并不会对此感到惊奇，除非 [N] 自己准备好了要说
17	[N] 知道未经他们同意，他们说话的音频或视频就被分享给了别人	两个世界隔开来，而不是要说得更多。在没有得到允许的情况下分享他们说话的音频和视频也会打破信任，使 [N] 对未来更难以相信	• 向 [N] 解释，为什么他们的视频或音频经他们同意的情况下被分享给别人。道歉，并保证下不为例 • 向 [N] 保证，任何视频和音频都是保密文件，它们或者被删除，或者只有在得到他们许可的情况下才能和人分享

（续）

	对 SM 的通常反应：将阻碍或延迟进步（例外情况以斜体表示）	这些行为如何维持了 SM 的状态	应对 SM 的替代方法：作为实施干预计划的整体环境
18	[N]不想让他们的兄弟姐妹说话，或反之	试图让别人保持安静，反映了你自己的谈话恐惧。人数更多更容易保持安静，回避焦虑	• 同时跟[N]和他们的兄弟姐妹谈谈 SM（参见讲义1"数羊士气的谈话"） • 向他人保证当一个人说话的时候，另一个人不一定也要说话。没有人期望他们进步的速度超过他们的能力范围 • 在干预方案中，让孩子们一起努力。通常更焦虑的孩子会跟着焦虑程度低的孩子走
19	在学校用手势、耳语、书写或图片的方式交流，没有迹象表明他们会有跟其他人说话的进展（交流的进度是 SM 的干预计划的替代模式作为克服 SM 的一部分是必要的）	如果[N]不能说话被[N]就不会焦虑。但是，他的交流被允许的时间越长，就会越害怕说话	• 在教室里用其他交流方式谈话的同时，帮助[N]朝这个方向努力。跟指定的关键工作者说话 • 接纳但不要积极鼓励耳语。不要把它作为一个目标，因为会很难打破这个习惯
20	做出不同的安排，使[N]不会变得紧张（减轻[N]活动的压力）的，这样[N]可以没有或只有很少焦虑地参与活动，例如：座位从前排变到后排，所以[N]不会被其他人看到。即使是低水平的焦虑，[N]不会觉得被排除在外；同样支持好朋友，比别人不早点到较做好准备；考试的时候做某项活动的一部分；听音乐 帮助[N]面对而不是避免挑战	如果其他人纯粹为了安慰自己而停止做事，希望其他人参与活动，或者[N]将会知道对他们焦虑的唯一方法就是躲避它。即使是低水平的焦虑，[N]也会变得越来越不适应，正常和预期的焦虑，[N]将越来越害怕面对新的挑战。危险在于[N]会提出越来越多的要求来避免焦虑	• 承认[N]的焦虑，并使活动更容易应对，帮助[N]以微小的步骤面对他们的恐惧 • 以参与而不是说话为目标。随着[N]的焦虑消失，他们就会开始说话 • 帮助[N]了解一定程度的熟悉和练习而消失 • 承认、表扬和祝贺[N]在尝试新活动时的勇气 • 当[N]的要求是基于"如果……"的想法时，要注意识别，记下他们的想法（"这是要发生的事情"），帮助他们认识到他们的害怕是没有根据的。和周围的人一起去庆祝吧！

21	当[N]退出或者离开一项活动时，提供好玩的其他游戏、糖果或者安慰（让[N]玩得开心，提供一些有趣的活动或者可以帮助[N]分散对焦点的注意力，从而有助于帮助[N]面对恐惧。如果一个活动没有安排好，[N]应该向[N]道歉，并向他保证采取措施以确保这样的事情不再发生）	当[N]得到拥抱、额外的关注或者糖果时，[N]不用参与活动，而不用参与活动那就是他们害怕并且从受威胁的体验中离开[N]是对的。这会加剧他们的恐惧，并增加[N]的再次退缩的可能	• 尽力做适宜的行为（比如勇敢、和善、顺从、乐于助人），而不是有害的行为（比如退缩） • 确认除了他们不熟悉或害怕的东西，在活动中没有[N]害怕的因素。必须对[N]的 SM 有很好的理解，不要施加压力让他说话 • 如果活动到对[N]是安全的，当他想退出的时候，向他提供保证和应对策略：比如建议我们在适应新事物时先离开一会儿；对他解释，这就是让他在留下来观看或勇敢参与会给予他糖果奖励。然后，对他留下来观看或勇敢参与给予他糖果奖励。额外的关注或者糖果奖励 • 当[N]准备在其他时间再次参加活动并离开时，提供一个"平淡"而非"令人兴奋"的替代游戏。不要过于干预情：平静地承认他发现这项活动令人害怕，并且向[N]确保下次会采取措施让活动更容易适合，并听取[N]的意见
22	[N]在其他时间，跟他觉得可以自由对话的人使用手势、耳语、书写或图片交流。（当[N]的周围有他自由对话舒适区之外的人时，这一现象是完全可以理解的）	如果替代形式的交流很成功，或得到了比说话更多的关注，甚至当没有替代形式交流，那么当他只使用替代形式，在听时也只使用替代沟通模式。风险是：不说话成为[N]的默认认模式	• 当单独和[N]在一起时，[N]在舒适区内的人要避免对讲话以外的其他交流方式进行回应，这是有益的。如果[N]用手势或者耳语提醒[N]，现在可以说话 • 避免猜测[N]想要什么 • 确保家人之间的谈话是放松的、积极的体验

（续）

对 SM 的通常反应：将阻碍或延迟进步（例外情况以斜体表示）	这些行为如何维持了 SM 的状态	应对 SM 的替代方法：作为实施干预计划的整体环境
23　[N] 听到大人或者同伴告诉其他人：[N] 不会说话、不能说话，或者没有能力说话	这使 [N] 很难说话，即使是在他放松的时候。因为 [N] 相信没有人期待他说话。现在，说话会使 [N] 受到不必要的关注。一旦被赋予了沉默的角色，[N] 就不太可能相信他可以改变	• 确保 [N] 将自己看作一个还未开口的人，而不是一个不说话的人 • 告诉 [N]，别人知道他们在未来的某个时刻将终将讲话，当他们做到时，别人会感到某个惊奇 • 向同伴和成年人解释，[N] 准备好了就会说话。在这之前，避免问 [N] 直接的问题，跟 [N] 聊天的时候不要期待 [N] 自己开口 • 建议陌生人等待 [N] 自己开口
24　成人、兄弟姐妹、朋友或者同伴自然而然地替 [N] 说话	这会变成一种习惯，强化 [N] 作为不说话者的自我形象。他们即使在准备好说话的时候，也会拒绝说话的机会。用替孩子回答来逃避。逃避某些事物的时间越长，就越难开口说话。 "拯救"孩子，是一种形式的逃避	• 父母 　参见讲义 12（在线资源），它提供了替代"拯救"的其他策略 　为医生、眼科医师等提前做好准备，因为孩子可能会用书写、指认图片或回答父母来回应 　征求大龄孩子对于他们会如何处理这种特殊情况的意见，能使他们提前为其他人做准备，或有一个备用方案（比如，[N] 能提供一个简短的 SM 说明） • 老师 　让孩子不要在被其他同时替彼此作答，并向 [N] 解释，你欢迎他在准备好说话之前用非言语交流 　接纳和鼓励从同伴而来的消息，预期 [N] 可以用非言语方式确认，他已经正确地理解了同伴 　鼓励 [N] 与同伴交谈，并给他们提供空间回来做这个伴事，直到他们可以通过向 [N] 提出问题（参见 p211 "通过其他孩子交谈"）

25	[N]在家没必要说话	在至少一个场合有双向交流和幽默戏谑的经历至关重要。否则，[N]或许会觉得说话和普通的互动只是越来越远，并且更愿顺从不说话者这一角色。	· 对[N]独处的时间越来越长多留心 · 在公共区域放置一台个人电脑 · 安排固定的私人时间，供[N]跟家人和朋友自由交谈 · 确保听到[N]的声音，兄弟姐妹不要主动地替[N]说话 · 参与[N]的兴趣爱好，让[N]教你新技能，表明你真的需要[N]的帮助 · 私下给[N]的同伴和其他成人解释，[N]觉得讲话很困难。[N]不是不礼貌，而是需要他们的支持
26	[N]变得更加退缩，在他们通常减少话的舒适区内（比如家里）也减少话了（这对怕于家庭外合理社交的青少年来说是正常行为）	如果[N]感到被忽略或者被孤立，他们会更焦虑或者有压力，以至于不能集中精力尽自己所能进行新的学习和接受挑战。 如果[N]在逐渐退缩，这或许表明他的SM症状在一个或者多个场合没有被恰当地处理。如果没有帮助他正确地处理，[N]会觉得压力增加，只能以退缩来应对。有一种危险就是[N]会觉得没有必要讨论SM，并且越来越拒绝接受成人提供的干预。	· 任何人都不要认为[N]的沉默是针对个人的，对[N]进行负面评价或者强迫[N]说话 · 树立好榜样，发出同情，让[N]的长处 · 每天找时间和[N]分享食物，一起游戏，尽可能地叫上[N]的朋友 · 如果[N]明显不喜欢被直接提问，让[N]参与评论式谈话
27	人们已经停止与[N]讲话	[N]带着SM和在上述维持因素中生活的时间越退越长，害怕和逃避的循环就会使他们觉得自己无药可救。重复的不成功的干预使他们更难参与到干预中	· 向[N]保证，SM是暂时的，重点要放在说笑、玩游戏、完成项目、看喜爱的电影，等等。即使是在一起闲逛也有它的作用 · 看看是否在其他场合有没有什么事使[N]心烦，如果有，一定要解决
28	似乎没有协调的计划来帮助[N]克服对说话的恐惧		· 确保在所有场合都与这个方法来应对SM · 如有需要，帮助父母和工作人员改变他们的方法，他们付出很多来支持[N]，所以他们可能会感到受伤和被批评。和保证中受益

表 8-3　目标和行动计划表（初步计划会议的完成表格示例）

姓名：邵娜·泰勒 (Shona Taylor)　　年龄：8 岁 5 个月　　计划会议　　开会日期：2019.9.24　　地点：St. Ursula 学校

预计的长期结果："我希望在学校度过一段美好时光与朋友一起玩。我希望我的老师对我感到满意。"

现在发生了什么/目前的情况	我们希望看到什么发生	实现这一目标所需的策略	负责此行动的人员	实现的预定日期
邵娜在上学的大部分时间看起来都很焦虑，并且看起来都明白她不是顾虑越来越不爱上学。在早晨皮或成执拗不着衣服哭着说她感觉不舒服	让邵娜偷快地上学，知道每个人都明白她不是故意让她在学校里尽量放松	工作人员和家长将分别与邵娜交谈，历数讲义 1 "致舞士气的谈话" 中的要点。SENCo 使用讲义 6 和 10a 为全校员工会议准备简短的讲话	布莱克先生（老师），库克小姐（助教）和父母，以及派珀夫人（SENCo）。所有工作人员要阅读并遵循建议做事	2015.10.9 以后
邵娜上个学期尿湿了裤子，此后直到她回家，都害怕喝水	邵娜不需征得许可就可以使用厕所，以避免事故的发生。她将恢复正常的饮水模式	助教每周会和邵娜见面 3×10 分钟，以改善非言语交流，并将向部娜解释新的厕所签出规则。老师考虑制定一套全班的厕所签出系统，如果实地就实施，并完成环境检查表	布莱克先生 库克小姐	2015.11.2
邵娜的妈妈替邵娜回答所有问题，以免她尴尬	邵娜将开始在妈妈的支持下回答问题（主要是来自陌生人的意外问题）	劳拉（妈妈）将遵循讲义 12 中的 "等待 - 重复/重组讲义 - 继续" 的顺序与邵娜说话，并与当地支持小组分享其他家长分享经验	劳拉·泰勒 通知劳拉下一个的 SLT 的时间	2015.11.2 2015.9.28
某些亲戚对邵娜施加了很大的压力让她说话，她不再想去看他们	亲戚们会认识到压力并没有帮助，他们将支持部娜，所以以后还会乐意去拜访他们	劳拉给亲戚讲义 2 和 5，并要求他们不要同邵娜问题（讨论评论式谈话和积极的态度）。第一步是要邵娜在他们面前自在地说话，当她这样做时，人们必须不加评论，不表示惊讶	劳拉·泰勒	10 月期中 家庭聚会在 2015.10.31

上述行动得到校长、SENCo、班主任和 SLT 的同意　　审核日期：2015.11.2

第9章

面对家里和社区的恐惧

引言

对于每个患有 SM 的孩子，我们认为帮助他们面对和克服谈话的恐惧都要从家庭环境开始。对大多数孩子来说，家是他们的舒适区，是他们可以做自己和自由交谈的地方。这正是我们认为父母最有能力支持孩子将说话推广到其他环境的原因。对于在家接受教育的孩子，或者在学校讲话比在社区讲话更舒服的孩子，他们的父母可能乐于见到在学校环境以外的建议。但是我们发现，即使对于那些主要在学校讲话有困难的孩子，如果学校计划与家庭干预一起进行，他们也会做得更好。

因此本章着重于：

- 为什么父母最适合帮助孩子摆脱他们的舒适区
- 减少回避说话的行为
- 帮助孩子与朋友、家人和专业人士交谈的策略
- 建立友谊和社会化
- 在公共场所和在社区环境中与陌生人交谈
- 青少年的其他考虑因素
- 进行性缄默症

本章中，"父母"不仅指父母和监护人，还指能与孩子自由交谈的任何
照料者或专业人士。我们意识到有的孩子在父母面前更谨慎退缩，我们
建议父母与其他成年人用相同的方式，轻松渐入孩子的舒适区。

你可能认为本章附带的在线资源讲义是相当规范的。这不是我们的本意，每个人都有自己的方式来判断孩子的焦虑水平，以及孩子是否已经准备好进入各个阶段。提供这份非常详细的建议是有充分理由的。父母经常对我们说："你的秘诀是什么？""他和别人不说话，却会跟你说话。""你有魔法！"

我们想向你保证，这不是魔法！我们每次与孩子和父母见面时都遵循相同的程序，以一种轻松的方式，让事情自然发生。

我们希望父母了解我们的工作，学会自信的谈话模式，这些方法将不再是秘密。然后，你将可以把这些有效的方法分享给其他人。当然，由于我们不是有感情牵绊的父母，一些策略看上去有悖常理且带点苛刻。请放心，尽管我们的策略可能偶尔会让孩子感到惊讶，但并不会让他们感到痛苦。我们知道父母和专业人士可以有效使用这些策略，孩子通过练习很快就会感到自然和舒适。

大多数策略都是非正式的，并可应用于日常生活中，当其他人在场并且孩子感觉谈话困难时，第 7 章中的表 7-1 概述了自信谈话的进展情况，可作为阅读本章的协助，附录 D 中的讲义 D2 也包含这些内容，可在线查询。

以孩子的舒适区作为干预中心

首先，再次以宾琪为例，我们在第 4 章中对她的说话习惯进行了总结。宾琪的父母表示，6 岁的宾琪在家里是一个活泼、健谈、有趣的女孩。最初他们只是担忧她在学校不讲话。自信的谈话模型的四个象限提供了更全面的信息（参见图 9-1）。

人群范围

宾琪只跟家人还有她的好友莎拉说话。祖父母从来没听到过她的声音。

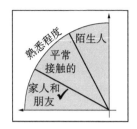

在公共场合说话

宾琪在公共场合说话很轻声，当她知道她舒适区以外的人能听到她说话时，她就打手势，或在父母耳边耳语。

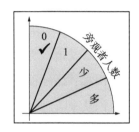

小组参与

如果只有宾琪舒适区内的人在场，她在家庭聚餐时就会很健谈。在其他群体中，宾琪什么话也不说。但她会在更大型的集会上表演（比如跳舞、吹竖笛）。

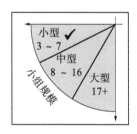

社交功能

宾琪跟她的家人和最好的朋友正常互动，她能发表评论、问问题、回答问题、指挥别人和商讨谈判。在学校，她偶尔通过好友萨拉提出自己的请求，但通常需要大人激励，才可以让她表明她的需要（宾琪以非言语方式回应）。

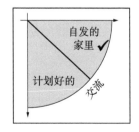

图 9-1　使用"自信的谈话"模型来考虑讲话习惯

宾琪在学校说话很困难，她只在没有人听时，与母亲和最好的朋友莎拉说话。例如，如果比其他人先到，他们可能会在衣帽钩旁边说话，或在操场边说话。但是，宾琪在家里说话也有困难。她可以在屋内和有高栅栏的后院里大喊、大笑，但是在更开阔的前院和家外面的人行道上，她变得克制并且对过往的路人十分警惕。当邻居出现时，她只对母亲轻声说话或者点头、摇头。如此看来，她似乎有更广泛的在公共场合谈话的问题。

宾琪的父母证实，在商店或公园等地方，如果旁边有陌生人，宾琪会让父母低下头，和他们耳语。当访客来家里时，她也是这样。父母已经把这归咎于宾琪害羞，但是他们认为宾琪在舒适区里一点也不羞涩。

思考之后，宾琪的父母意识到问题所在。因为宾琪至少在其他地方说话，尽管是窃窃私语，所以他们把重点放在学校。但事实上，在宾琪上学之前，她的讲话困难就已经很明显了。宾琪的祖父母因为生活在国外而不经常和宾琪见面，他们从未听过她的声音。宾琪的父母一致认为，如果宾琪能在公共场合更容易和父母说话，并在家里更容易和访客说话，她会觉得在其他场合也没那么难。此外，只有宾琪的父母能在家庭环境和其他环境之间起到桥梁的作用，虽然在学校宾琪可以得到帮助，但这些帮助不会扩展到她的校外活动，如芭蕾课。

总而言之，通过将宾琪的支持策略纳入他们的日常生活中，宾琪的父母可以增加她对在公共场所被一系列人听到的容忍度。这将有助于帮助她在学校取得进展，在那里，宾琪不喜欢别人听见她说话。

使用系统脱敏分级暴露疗法帮助孩子克服恐惧

系统脱敏分级暴露疗法是管理恐惧和恐惧症的推荐方法。通过面对而不是逃避恐惧，成人和儿童都可以学会克服焦虑。当个体暴露于实际而非虚构的情境中，让他们的焦虑得到控制时，往往可以获得最佳效果。在实践中，这意味着：

- 以无焦虑或最小焦虑为起点；
- 采取极小的步骤一步步面对害怕的对象或事件；

- 对每一步都快速连续地重复几次，直到不再感到焦虑。

实际上，当新的积极反应形成后，成功经验就取代了以往下意识的恐惧反应。

帮助孩子逐渐面对他们的谈话恐惧

父母最适合实施系统脱敏分级暴露。孩子每天都会在诱发焦虑的环境中看到他们。最重要的是，孩子会把父母与积极感受而不是焦虑联系起来。从这种低焦虑的起点出发，父母处于十分有利的位置，可以帮助孩子逐渐面对说话的恐惧，这个角色外人无法取代。请记住，SM 的很大一部分是害怕被人听到（因为这可能导致他们被期望说话），父母可以提供如下帮助。

1. 向成年朋友和亲戚介绍关于 SM 的知识，以及他们与孩子建立融洽关系的步骤。父母可以提供一个桥梁，将孩子与父母的谈话转移至未知领域，帮助孩子第一次与其他成年人交谈。父母可以用同样的方法帮助孩子和他们的朋友交谈。

2. 在孩子进入谈话后，父母可以逐渐接近其他人，帮助孩子容忍别人听见他们的声音。

3. 在孩子进入谈话后，父母可以帮助孩子容忍能听到他们声音的人渐渐接近。

4. 通过提供舒适的积极互动和安全网（顺利进行对话而不尴尬的技能），父母可以帮助孩子停止依赖已形成习惯的不说话的回避策略。在这个过程中，父母要在日常生活中为儿童提供谈话机会。

本章稍后将介绍第 1 ~ 3 点，但首先介绍第 4 点——回避策略。

消除需求，不给回避策略可乘之机

大多数人通过回避来应对他们的恐惧症，因为回避消除了所有焦虑。SM 儿童也是如此，会尽其所能避免在某些情况下说话。诸如耳语、打手势和依赖其他人进行交谈等回避策略肯定会减少他们的焦虑。但令人遗憾的是，正如第 2 章所讨论的那样，回避会增强恐惧感，并使孩子无法通过实践获得信心。作为养育孩子的父母，保护孩子是一种本能，他们在年幼无辜的孩子和看似敌对的外部世界之间充当缓冲，所以看上去支持孩子回避谈话似乎是正确的。

然而，随着孩子的成长，他们需要摆脱这种方法，学会自我保护并变得独立。当然，没有人希望孩子感到过度焦虑，因此成功的关键是采取"回避不在选项之列"的立场，同时寻找其他方法来避免焦虑加剧。

减少焦虑

根据第 8 章的建议，识别并处理所有维持因素，将大大有助于减少孩子的整体焦虑。但是，当涉及消除对回避策略的需要时，最重要的是让孩子放心，保证即使他们不说话，也没有人会介意。这与说他们不需要说话是不一样的！相反，要向他们保证，随着时间的推移，他们会发现说话是一件很容易的事情。同时，即使他们不能说话也没什么大不了的。如本章对应的讲义所述，如果每个人在孩子不说话时保持冷静，并且父母毫不尴尬地顺利进行谈话，那么回避策略很快就会失去意义。

降低期望

讲义还提供了帮助孩子的策略，让他们可以通过点头、摇头或只说一个字来做出回应。降低成年人的期望值后，孩子更可能成功，并在接下来的几次对话中能够用几个词做出回应。在此基础上，告诉孩子无论他们做得如何，大人都会很满意。例如：如果孩子挥手、微笑或竖起大拇指，说出一个单词而不是一个长答案，或者在得到礼物之后送手写的致谢卡，就要及时鼓励孩子。加上一句"等你感觉好一些再说话"，强调孩子焦虑的暂时性。提前练习一些简单的答案也是一个好主意。例如，如果有人问他们学校是怎样的，他们该怎么回答（"OK"）；或者有人问他们最喜欢哪一门课时，他们可能会说什么。

孩子不需要救援

正如第 8 章所解释的那样，确保 SM 儿童不会被反复提问非常重要。特别是那些热切想要与他们建立融洽关系的人更不能反复提问。但总是会有提问，因为我们无法完全将它排除，而当我们替他们回答时，我们就向孩子传递了这样的信息：回应别人的提问是必要的。这看上去与之前的信息矛盾，我们提到如果孩子不能说话，没有人会介意。请参见讲义 12（在线资源）"我该替孩子回答吗"以了解当有人向孩子提问时该怎么做。这对于家长来说是一个很好的起点，它可以很好地补充学校的干预计划。该程序是从提问后等待 5 秒钟开始，让孩子有机会回答问题，接着是一个惯例，在不替孩子回答问题的情况下继续操作。这个建议的唯一例外情况是当有人问孩子一个无法回答、不公平的问题时，例如"你很安静，不是吗"或者"所以你什么时候和我说话"。在这种情况下，不必等 5 秒钟就可以替孩子回答，正如讲义 4 "当……的时候说什么"中所述。

管理父母的焦虑

刚开始，当孩子被提问时，你可能会感到恐慌，从而很难留给孩子回应所需的最重要的 5 秒钟间隙。请放心，许多父母都有同样的感觉，但他们发现等 5 秒的方法非常有效，而且很快使用这一规则就变得容易了。儿童和青少年往往更多地因父母的焦虑表情，而不是他们能不能回答的问题而慌乱。如果他们的父母看起来平静和放松，他们就不会变得过度焦虑。他们也会从父母不替他们回答问题所表现的信任中受益，并且从推荐的替代策略中获得良好的支持。

在讲义中，你会经常看到提示"微笑"。

> 这个 5 秒钟的规则对我的女儿非常有效，特别是在公共场所，当陌生人接近她时，她总会回答，而且通常是在我数到 3 的时候！

> 我等待我女儿回复的同时在心中数数，这确实有助于分散我的压力。为确保等了整整 5 秒钟，我会数"71、72、73"！

这背后是有科学依据的！微笑甚至是假笑，会告诉大脑你很快乐，这会诱发让人感觉良好的激素——内啡肽的释放，让你和孩子都感觉好多了！所以，如果你对孩子不回答感到焦虑，试着放松你的肩膀，缓慢呼吸并微笑，同时对自己说下面的句子之一：

- "孩子需要我这样做，他们不想依赖我。"
- "孩子比我做得好，他们可以坚持几秒钟……"
- "我们正在共同努力，正如当他不想面对的时候我帮助他勇敢面对一样。"
（想想孩子害怕做某件事情，但是在你的支持下，他们尝试并成功了）

减少对手势的依赖

手势是一种人人都使用且应该使用的有效沟通形式，当然应该允许儿童使用。但是手势的使用应遵循基本的会话原则：它被用作说话的快速、简单和清晰的替代方式。想象一下，当你嘴里塞满食物又被人提问时，你会点头或摇头，或指向那个人想要的东西来进行回答。但是，如果这个人需要更详细的答案，或者你想问他们什么时，你会吞下食物然后再跟他们说话。因为做手势让对方猜测你想说什么是不正常、不可接受的沟通方式。你因别人猜错而生气显然也是不可接受的。

SM 儿童也一样。他们当然可以竖起大拇指表示自己感觉很好，张开五指表示"5"，或者在无法说话时点头或摇头表达"是"或"不"。当他们选择东西时，也可以用手指。这些手势是促进沟通或需要快速响应时非常有用的策略。但鼓励不自然地依赖更复杂的手势，期望别人猜测或理解这种手势是无益于沟通的。如果孩子因为其他人太靠近而无法与你说话，请走到他们可以说话的地方。也许你正在做事，需要孩子再等一会儿，这都没有关系。请记住，把说话作为他们的主要沟通方式。

减少对耳语的依赖

对于耳语这种沟通方式，情况也非常相似。在某些情况下，耳语是完全可以接受的。但我们通常不会在其他时间鼓励耳语。它看起来很不礼貌，在社交场合是不可接受的。并且从生理的角度来看，耳语对 SM 儿童也是无益的。语音需要空气从肺部通过声带时振动才能产生，如果只有一点空气通过，声音会非常小。如果呼吸更深、空气量更大，音量就会增加。耳语可能和非常轻的声音听起来类似，其实有明显区别。在耳语时，声带不会动，它们在僵住的状态下拉紧，当空气从肺部通过它们时不会产生声音。帮助 SM 儿童放松声带使其振动，是帮助他们发出声音的最后和最难的步骤，因此避免让耳语成为习惯性"默认模式"非常重要。

显然，进行包括耳语在内的任何形式的沟通，对 SM 儿童来说都是巨大的进步。当孩子舒适区以外的人在场时，只要耳语是"公开的"（不是在某人耳边私语），孩子在社交场合的耳语就是可接受的。但是，我们不建议父母鼓励耳语，并主动低头让孩子在耳边低语，相反，我们建议父母要抵抗被拉到这个位置。讲义 13 和 14 提供了可替代策略。父母可以离开旁观者，到一个孩子可以面对面交谈的地方，即使这意味着孩子要等待片刻，一直到你没有其他事，能全神贯注听他们讲话。请注意！以下情况提倡耳语：例如在音乐会中或在电影院。

自信的谈话模型：人群范围

如表 9-1 所示，在一对一的互动阶段中，儿童会越来越容易与家人、朋友和他们在舒适区以外经常联系的人交谈。例如，儿童在能畅所欲言之前，需要感到舒适和放松，并能够进行非言语交流（第 3 阶段）。与陌生人则完全不同，孩子既没有时间，也没有必要与他们建立融洽关系。这就是为什么幼儿通常会更容易与他们熟悉的人交谈。相反，大多数年龄较大的孩子会因为陌生人不了解自己的个人历史而感到自在，与陌生人更容易交谈（参见第 1 章"常见问题 18")。这可能包括一对一会面的专业人士（直接或间接与儿童和家庭一起工作的治疗师、心理学家或临床医生）。

表 9-1　自信的谈话：在自然环境中通过共同活动建立一对一的谈话

阶　　段	孩子的表现	目标行为
0～3 （参见表 8-1）	成年人在场时感觉舒服，开始以非言语方式交流	成年人要做的： 主要跟孩子的父母、朋友和兄弟姐妹（如果在场）说话，直到孩子看起来放松为止① 让孩子通过游戏而不是通过对话来参与 用评论式谈话的方式①对孩子讲话 偶尔问孩子可以用点头、摇头或用手指出的方式回答的问题。比如："这就是你圣诞节得到的礼物吗？""我们怎样打开它——开关在哪里？" 孩子能做的： 感知到成年人的支持，认识到在自己没有准备好的情况下他们是不会让自己说话的 用面部表情和手势来回应（比如点头）
说话 桥②③	容忍声音被听到	家长要做的： 促进孩子在成年人在场的情况下说话，使用"X 或 Y"这样的选择性问题来问孩子。比如："其他人在楼上还是在外面？" 逐渐引入成年人，比如："我们可以把你的面包给帕姆阿姨一个吗？你为何不选一个给她呢？" 成年人要这样做，让事情变得对孩子来说容易一些： 不要近距离看着孩子 表现出忙于其他事物 当孩子跟父母、朋友、兄弟姐妹说话时，不要做出反应 孩子能做的： 在成年人在场的情况下，跟父母、朋友或兄弟姐妹说话（声音可以听到，不是耳语）③
4③	成年人在场的情况下，通过父母、朋友或兄弟姐妹跟大人说话	成年人能够偶尔通过父母问问题，比如："罗里去过动物园吗？""太好吃了，你可以问问蒂莉在馅儿里都放了什么吗？" 家长要做的： 重复问题或重新提问，并把答案反馈给成年人。比如："你不是跟同学去过动物园吗？"（罗里点头）"我想是这样的！对，罗里去年去了动物园。" 继续促进孩子说话，问孩子"X 或 Y"这样的选择性问题。比如："那是豪利特的还是怀尔德伍德的？" 转述孩子问的问题。比如："罗里想知道你是否想看他的新宠物。" 孩子能够回答父母、朋友或者兄弟姐妹重复的问题，或者让父母传达信息给成年人，比如："帕姆阿姨想看茸茸吗？"

（续）

阶　段	孩子的表现	目标行为
5	用嗓音和成年人交流④	随着孩子更加放松、更加投入到集体游戏中，他们用笑声或者喉咙发出的声音（通常是在紧闭的嘴唇后面）直接对成年人的评论和玩笑做出反应，交流惊喜、不同意或者同意，等等
6	用单词和成年人交流	成年人要做的： 故意犯错，比如成年人说"我们以每人四张牌开始游戏"，这样提供一个机会让孩子来更正，比如孩子纠正说："七张！" 偶尔询问孩子关于共同游戏的选择性问题。比如："茸茸是公的还是母的？"如果5秒钟后孩子还没有回答，继续评论式谈话①。比如，成年人说："或许我们好好看看就能知道！" 一旦孩子很容易回答选择性问题，继续并转向事实性问题。比如："茸茸几岁了？"（关于谁/什么/哪个/多少/几岁的疑问句，可以用单个字词回答） 要问孩子真正感兴趣的问题，或为真正需要的信息而提问，而不是为了测验孩子的知识而提问 孩子能够： 用一个字词来回答问题
7	用句子和成年人交流	成年人要做的： 继续用选择性问题来发问，等待5秒钟，如果孩子没有反应，活动继续（评论必须比提问更多） 在一些评论之后给出5秒钟的停顿，以给孩子机会自然地评论。比如："我装不上这个。"孩子说："它不是放那儿的！" 孩子能够： 用短语或句子回答成年人 在结构化的游戏⑤里，跟成年人用句子交流 开始自发地评论 父母要做的： 如果在场，要离开去做另一个活动或去另一个房间，使孩子不依赖父母的参与

① 参见第8章，p139。

② 这些阶段只有在孩子容易说话的人，比如父母、朋友或兄弟姐妹在场的情况下才有可能发生，否则这些阶段可以省略。

③ 孩子信任大人而让大人可以听他们的录音，也可以使孩子进步。比如，给大人的手机留言，或给大人做语音问候卡或语音相册（参见附录F）。

④ 视孩子的年龄、他们跟大人的关系和游戏的类型而定，这一阶段通常是短暂的，或被省略掉。

⑤ 活动创意参见附录A。

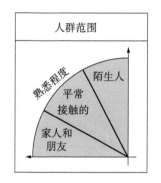

为简单起见，我们会将孩子以前从未说过话的人称为"新人"。孩子可能很了解他们，但他们尚未进入孩子的舒适区。

与朋友、家人和经常联系的人交谈

你可以首先列出最合适的目标人员，然后将他添加到进度图表 1（在线资源）的最上面一行。这会让你想起指导每个人经过的阶段，让你看到孩子和每个人的进展。但是，不要与孩子分享此图表，否则他们会看到未来的所有挑战，而不是关注他们现有的成就。

在"鼓舞士气的谈话"和维持因素得到解决后，有几种方法可以帮助孩子与新人交谈：

a）慢慢进行……

b）建立说话桥

c）三角战术

d）渐入技术

e）使用录音进行脱敏

f）使用电话或网络视频

g）常规热身程序

所有这些方法都基于表 9-1，表 9-1 显示了如何从与孩子建立融洽关系进展到促进孩子说话。图 9-2 是很好用的提示，列出在这些阶段使用的问题序列。刚被介绍给孩子的新人，以及当另一个人在场时，试图让孩子进入谈话的父母都可以使用这些提示。最重要的一点是按照孩子的速度进行，等到孩子在一个阶段做出反应后再进入下一个阶段。

除了直接互动的阶段，表 9-1 还包括一个说话桥阶段，在这一阶段，孩子可以在新人面前与父母交谈（参见图 9-3）。这个阶段不是必需的，毕竟父母并不总是在场。然而，根据我们的经验，只要新人在孩子说话时没有表现出惊讶，没有突然将注意力从父母转移到孩子身上，孩子很快就会开始直接与他们交谈。因此，需要提醒在场的其他人，总是先让孩子有足够的时间与父母舒适地交谈，并将此作为孩子的焦虑下降到可控水平的标志。这时候新人可以尝试提问，如果孩子在5秒钟内没有回答，那么父母重复或重新提出问题，这样他们回答的可能性更大。

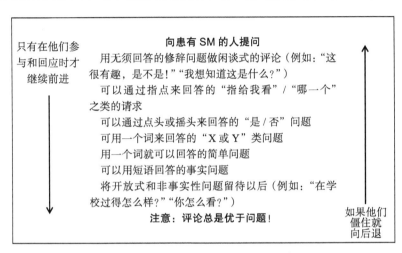

图 9-2 向患有 SM 的人提问（附录 D，讲义 D4）

图 9-3 使用说话桥来加速一对一的互动

 如果孩子习惯于父母在公共场合替他们说话，或者害怕其他人对他们说话表现出惊讶或反应过大，那么下面描述的技巧都不会起到最佳效果。这种情况请先考虑讲义 12 "我该替孩子回答吗" 中的策略，以及在孩子说话时让朋友和亲戚保持冷静。

许多孩子一开始也需要对参加社交活动的帮助——见"参与团体活动"（p190）。

a）慢慢进行……

在同情支持下，孩子们可以在日常活动和家庭社交活动中以一对一的方式与新人交谈。这可以发生在一次长时间的活动（例如在海滩度假的一天或家庭周末聚会）或几次较短时间的活动（例如课外俱乐部活动或音乐课程）中。刚刚步入成年期的年轻人需要接受一些指导，包括第8章的关键问题和图9-2中的问题序列，可用邮件把这些资料发给他们。此外，孩子需要得到保证，即使他们不说话，也没有人会介意。除此之外，不需要特别的计划，但如果很多人在场，请给他们足够的空间。

b）建立说话桥

8岁的女儿因为在她奶奶的生日聚会上见到很多亲戚而感到焦虑。我一直向她保证她会没事，在她遇到困难时没人会期待她说话，大家只想让她开心地享受这一天（当我告诉她这次不必说"谢谢"时，她露出轻松的表情）。

结果非常有效！她多年来第一次享受家庭聚会，尽可能地帮助做事，并与少数人说话，虽然声音轻柔，但取得这么大的进步，连她自己都震惊了。

父母的桥梁作用是上述方法获得成功的重要部分。但在这里，一位家长和一位陌生人进行专门的会面，目的明确地逐步将孩子带到一对一的互动阶段。新人（可能是成年人）应该是在场的人中孩子唯一不与之交谈的。我们没有对会面次数和会话时间进行规定，但如果在孩子最舒适的环境中进行，大多数孩子将在两三个小时内通过几个阶段。

专栏 9-1   建立友谊

- 如果孩子没有给出建议，请让老师推荐合适的同学，并向这些同学的家长介绍你自己。
- 当邀请朋友来玩时，如果孩子还没有与他们交谈，请不要让他们各玩各的。此外还要记住，只是在一起却不一起玩可能会很尴尬（例如在用餐期间或在车内）。可以和他们一起玩孩子喜欢的游戏，或者有目的地让他们参与一些活动和运动（例如制作比萨饼或首饰、搭一个窝、在电脑上设计王国、用巨型水枪打翻木柱、打保龄球、制作障碍训练场、训练一只小狗）。

- 如果孩子在朋友第一次出现时没有说话，请不要慌张，可以先寻求其他方面的进步。使用三角战术帮助他们建立融洽的关系。

- 寻找一个孩子感兴趣和适合孩子才能的俱乐部，而不是你认为对他们"好"的俱乐部。例如，戏剧不适合所有人！成功和享受能增强孩子的自信。如果孩子和朋友对计算机、棋盘游戏、乐高和体操等活动有共同兴趣，那么这些活动都会让孩子开始说话。

- 支持孩子自己发送短信或即时消息、分发通知或派对邀请，帮助孩子独立维持友谊。

- 在线好友和网络游戏是一个良好的开端（要采取安全预防措施），如果沟通从文字信息进展到麦克风对讲，可以使用网络视频或邀请朋友一起聊天。

最初，这些会面可以只是简单的父母和新人一起聊天喝茶，事先阅读专栏9-1和讲义13"让朋友和亲戚逐渐加入"（在线资源），让新人认同他们的"双重行为"。这份讲义对去家访的工作人员也很有用。

c）三角战术

你可能认为孩子没有成人那么容易受惊，但事实并非总是如此。许多SM儿童交新朋友时，也需要得到结构化的支持。专栏9-1给出了让孩子和其他孩子一起玩的提示，做到这些后，三角战术有助于对话。通过坚持陪伴，直到孩子开始对话，家长表现出对孩子的支持，如讲义12"我该替孩子回答吗"中所述，以及对新来的孩子的兴趣。如果家长不这样做，那么危险就是新来的孩子会感到无聊然后自己玩，因为他们会觉得与不回应的人交谈毫无意义。下次他们可能就不想来玩了。

　　如图9-4所示的例子，看起来可能像是在同一时间进行的两段单独的对话。家长并没有试图说服两个孩子互相交谈，而是让他们参与活动并分别与他们聊天。虽然谈话是分开的，但是家长在适当的时候将另一个孩子带入。例如："我认为阿迪也有一个那样的东西，是吗，阿迪？""天哪，那个看起来很重。彼得，你可以帮阿迪一下吗？"

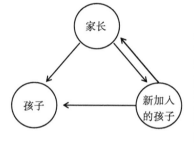

a) 家长单独与每个孩子说话，根据需要将新加入孩子的评论或问题重新组织，转述为孩子可以用手势回答的"是/否"问题。当孩子热身后，家长问他们"X或Y"的问题，并等待5秒钟，鼓励孩子以一个单词来回答。

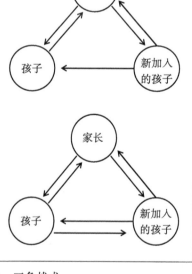

b) 孩子开始和家长交谈。
家长将与每个孩子互动的点滴传递给另一个孩子，以使两者都参与同一对话。当孩子用单个字词回答得更熟练时，家长会问他们更多一般性的问题。

c) 孩子与家长进行更多的交谈，并开始做出更多的一般性评论。家长继续将新加入孩子所提的问题转述给孩子，但在此之前等待5秒。在回应新加入孩子的评论之前，家长也暂停5秒，以便为他们的孩子创造更多机会，让他们得以越过中间人，并直接与新加入的孩子交谈。

图9-4　三角战术

按照通常的问题序列（见图 9-2），家长应将重点放在让孩子在朋友面前说话，而不是直接与朋友交谈，家长不断充当中间人。通过转述评论，家长在他们真正交谈之前，让孩子感觉他们好像正在交谈。例如：

家　　长：彼得，我听说你喜欢制作模型？

新来的孩子：是的，我刚买了 Focke-Wulf 190A-8。

家　　长：天哪！我从来没听说过这个。你听过吗，阿迪？

孩　　子：（点头）

家　　长：彼得，阿迪显然比我知道得更多。

孩　　子：这是一架德国单引擎战斗机。

家　　长：哇！阿迪，你知道它打过哪场战争吗？

孩　　子：（点头）

家　　长：第一次还是第二次世界大战？

孩　　子：第二次世界大战。

家　　长：是吗，彼得？

新来的孩子：是的，阿迪如果愿意可以看我的收藏品。

家　　长：你想吗，阿迪？你没有任何模型飞机，对吗？

孩　　子：我有！

这是一个美妙的时刻，SM 儿童最终绕过父母并完成三角对话！

d）渐入技术

这种更正式的策略在第 10 章中有所描述，因为它通常由那些在有限时间内与孩子进行一对一会谈的工作人员使用。渐入技术基于经典的暴露疗法，可以在最短的预热时间内取得快速进展。渐入技术也可供家庭使用，见第 14 章中桑德的故事和第 15 章中玛丽亚的故事。

我们建议专业人士确保家长熟悉渐入技术，该技术可以让孩子逐渐容忍被人听到以及和别人说话。新人渐入（像字面上一样）孩子的舒适区。家长应该有信心使用它快速引入新人，或者当不太正式的方案无效时作为后备方案。有些专业人士在展示这项技术时，首先自己作为新人渐入，然后让儿童或青少年自己选择的"新"家人渐入。最后，在专业人士不在场时，孩子和家长让其他朋友或家庭成员渐入。

e）使用录音进行脱敏

作为娱乐，全家人都可以参与录制和聆听可笑的声音、信息或歌曲。让他人听到你的声音是一种强有力的方式来为第一次说话进行脱敏。其前提是听众反应平静并专注于信息的内容，而不是期待立即跟进面对面的谈话。

有关儿童可用来录制信息或图片说明的相册、明信片和贺卡等信息，请参见附录F。年龄较大的儿童和青少年可以在智能手机、平板电脑或笔记本电脑上录制语音消息，然后发送到其他人的设备上。可以由孩子自己播放录音，如BBC纪录片《我的孩子不说话》（参见附录F）所示，或在孩子不在场时传给别人听。幼儿通常很乐意与熟悉的成年人交换语音信息或在课堂上使用录音，他们认为这种方式比直接说话更能接受。年龄大一点的孩子则可能需要再三保证录音只能给一个人听。

使用录音为接下来讲述的面对面谈话打下了基础。如果孩子因为讨厌他们的声音而拒绝录音，见"对自己的声音进行脱敏"（p182）。

f）使用电话或网络视频

在说话者和听众之间保持一些距离可以使谈话变得更容易。与录音一样，电话和网络视频是在面对面交流之前可引入的一个额外步骤，为孩子与不常见的人对话提供了解决方案。这一步骤的另一个优点是大多数工作都是在家里完成的，孩子或青少年会感觉更自在。

电话

第10章概述了两个电话程序，儿童和新人可以在不同地点进行大多数步骤。例如，这些程序可使教师能够听到孩子在家读书，或使远方的亲人和孩子通过交换语音消息，建立语言交流。

这两个程序的途径总结如下，详情参见附录B（在线资源）。

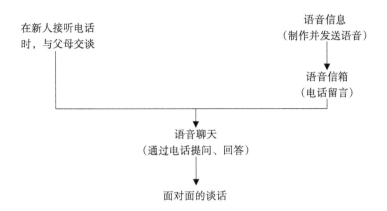

第 10 章还描述了渐入技术的电话版本。这对于喜欢与工作人员交换语音信息、通过电话与亲戚交谈，却因太焦虑而无法面对面交谈的孩子来说非常有用。同样，孩子可以与朋友使用对讲机，各自从公园的两端开始，穿过公园，或在楼上和楼下对讲，并在他们说话时逐渐接近彼此。

更随意的方式为，孩子可以在电话结束时加入大家一起说"再见"，与兄弟姐妹轮流在家庭电话上录制外发留言，或者通过对讲机和谈话管与朋友即兴聊天（见在线资源附录 E）。

网络视频

通过短信或电话联系后，儿童和青少年可能愿意转到使用网络视频聊天。根据我们的经验，他们在与某人建立视听联系后，最终总是能够设法面对面地与这个人交谈。内森与爷爷通过网络视频玩游戏来建立谈话。首先，他们玩了一个非语言猜谜游戏，爷爷一点点地画一张图，让内森猜它是什么。最初，内森告诉镜头外的母亲，爷爷画了什么。但是，由于他必须不断将目光移回笔记本电脑再次看图片，很快他就不愿意跑这么远和母亲讲话了。不久，他能在爷爷可以听到他的声音的情况下对母亲说话了。内森很喜欢和爷爷一起享受这段特殊的时光，他们继续其他猜谜游戏，如"色彩我窥探"和"动物声音"（在线资源附录 A），直到有一天，内森根本不打算离开摄像头再说话了。

在使用网络视频或 FaceTime 对话之前，年龄大一点的孩子通常更喜欢用电话或 Skype 进行口头交流。另一个有用的辅助方法是用 Skype 或在智能手机上录制和发送视频消息。

g）热身程序

一旦孩子使用小步骤方案并发现方案有效，他们通常非常擅长制定自己的简化版本，以便能与更多新人交流，迅速打破僵局。所有这些程序的原则都是从低风险活动开始，在这种活动中，儿童或青少年不必担心他们要说什么。

例子：

- 贝奇发明了自己的球类游戏来取代渐入技术的计数序列。她和来访的朋友（最初是她的母亲）会互相扔一个球，大声数 "1……2……3"，看看他们是否可以在不丢球的情况下连续扔 20 次。
- 通过电话向老师朗读之后，理查德会给来访的亲戚读一段短文，然后回答相关问题。
- 贾尼斯会用手机给新人留几条语音信息，然后在见面时与他们分享照片。在得到新人的赞赏之后，她可以回答关于这些照片的简单问题。很快，她就能说出句子。

所有这些常规程序似乎都过于简单，但它们之所以能成功，是因为孩子已经采取了缓慢、渐进、逐步的方法和其他人练习。此外，孩子还了解到，如果按照自己的节奏做事，他们就可以毫无焦虑地说话。在充分了解情况、具有同情心的听众面前，他们只需要说出几个字，焦虑就消退了，谈话就变得容易了。

访客来家时，家长可以利用孩子熟悉的不费力的游戏或活动，引入类似的热身程序和破冰活动。朋友和亲戚也可参见第 10 章 "通过玩具、木偶或动物说话"。

对自己的声音进行脱敏

大多数孩子认为，录音是实现面对面交谈的垫脚石。虽然他们最初可能会对新人听到他们的声音感到紧张，但焦虑的根源是担心这会导致的后果，而不是他们发出的声音。不过，儿童因为不喜欢自己的声音而不想说话的现象也并不罕见。

我们尽量不要过于侧重于此。在大多数情况下，这些孩子没有得到充分的对他们 SM 的解释。他们知道自己讨厌说话，并且聪明地意识到这肯定有原因。不喜欢他们的声音似乎是一个合理的解释，特别是：（1）他们的焦虑显然与说话的行为有关；（2）他们认为没人喜欢自己的声音！无论如何，不是第一次听就喜欢。但和其他事情一样，通过暴露，我们会习惯自己的声音。

为了避免孩子对自己的声音产生厌恶，并在这种情况发生时解决问题，请尽可能多地使用以下建议。

a）玩有即时录音和回放功能的玩具，例如"学舌鹦鹉"（请参见附录 F）。

b）鼓励在家中使用语音信息，作为常规短信的补充。

c）重新定义，把"我讨厌自己的声音"和"我的声音听起来很可怕"转换为"你不喜欢听录音，因为录音听起来与你说话时的声音很不一样"和"你所听到的自己的声音和别人听到的你的声音不一样，其他人觉得你的声音很好听"。当孩子不认同时，请坚持同样的信息："我知道你的声音对你来说听起来很奇怪，但对其他人来说很美好。"

d）安慰孩子，告诉他们当你第一次听到时，你也不喜欢自己的声音，但现在你已经习惯了。

e）给出科学解释：我们通过在空气中传播的声波听到声音，这是其他人听到我们声音的方式。而我们听到的自己的声音，是声波穿过头骨到达我们的脑海产生的，所以声音听起来更加丰富并有共鸣（就像露天的声音与洞穴中的回响之间的差异），所以每个人听到自己声音的录音时，都会感到很惊讶。

f）如上所述，从心理学角度进行解释，参考第 2 章中的"SM 对思维和推理的影响"。

g）使用渐入技术和不需要发声的阅读（第 10 章）等技巧。

与专业人士交谈

与教师不同，专业人士可以决定是否通过父母和教职员工提供支持，而他们仍然做孩子的陌生人；或者决定是否与孩子直接接触。直接接触的原因包括：

- 便于进一步评估；
- 解决孩子的其他困难，如沟通困难、学习困难或社交焦虑；
- 短期内作为关键工作者（见第 10 章，p219）；
- 帮助青少年了解他们的困难并帮助他们与新人交谈，从而顺利过渡到新环境。

当直接与孩子一起工作时，在第 5 章讲到的初次会面中有一些促进沟通的思路。关于谈话，如果需要进一步的会议，我们建议对幼儿使用非正式的方法。请参见"与朋友、家人和经常联系的人交谈"中"慢慢进行……"和"建立说话桥"（p176），以及"非正式的渐入技术"（p210）。所有这些方法可用于各种情境。对五六岁及以上的儿童，请使用更正式的小步骤方案（参见第 10 章）。

与陌生人交谈——家庭支持

安全的陌生人（查看当地学校或社区的观察政策）

- 在公共场所工作并正在工作的人，例如：穿制服、受过助人训练的人；在柜台、商店、学校或公共交通设施上工作的人。
- 你正与父母或老师在一起时，与你交谈的人。

孩子如果不与陌生人交谈，就不可能独立生活。他们需要关于何时可以安全地与陌生人交谈的明智建议，而不是笼统的不要与陌生人交谈的警告。能够与陌生人交谈，哪怕只是在家长陪同下进行短暂的交谈，可以帮助 SM 儿童做好准备，以应对在新环境中他们谁也不认识的情况。

我们建议你按照以下步骤操作：

1. 使用讲义 12 "我该替孩子回答吗"来帮助孩子应对店员、接待员等提出的意外问题。

2. 按照第 6 章中的指导，提前让成人（如医生和配镜师等）做好准备。

3. 作为与陌生人交谈的第一步，请增加孩子对在陌生人旁边说话的容忍度。这将在下一个主要部分"在公共场所说话"中进行介绍。

4. 提醒孩子，在大多数情况下，陌生人太忙，因而不会主动交谈。如果他们主动交谈，孩子微笑并且什么都不说也没有问题，陌生人会知道他们已经越界了。

5. 与年龄较小的孩子一起玩角色扮演游戏，与年龄较大的孩子一起演练，为购物、点餐、借还图书、接听电话等做好准备。通常，超市和快餐连锁店的收银员和服务员会使用可预见的问候语言。

6. 一旦孩子取得了明显的进步并与更多经常联系的人交谈，家长就不应再替孩子与安全的陌生人交谈。一开始这会很困难，因为孩子一直以来都得到你的支持，帮助孩子成了你的习惯。但这一习惯通常只会妨碍孩子发现他们自己的潜力。请选择适当的时机并尝试下面的序列，你不介入对他们来说并不是世界末日。

- 温和地表明你的立场。例如，当冰激凌车来时，你太忙了，不能停下手中的事情；或者你已在桌位上安顿下来，不便回到柜台去取番茄酱。
- 告诉孩子他们在应对其他人时做得很棒，孩子不需要说很多话。
- 如果他们犹豫不决，请冷静地说"没关系，如果你不想去也可以"，不要试图说服他们去，也不要看他们。这种方式没有压力，完全由孩子做决定。
- 如果他们错过了这次机会，家长很难不感到内疚，要保持清醒并冷静地说："没关系，你可以下次再试，我知道你会做得非常好。"

在这种温和的推动后，即可期待惊喜！

7. 按照第 11 章"重新开始"（p292）的建议，帮助年龄较大的孩子为中学、

> 儿子14岁，之前在家受教育。当我和他谈到恐惧症时，儿子最初非常生气，我对他解释说SM的唯一"治愈方法"是让他面对自己的恐惧。他生气地离开了，什么也没说。但那个周末我们去购物时，他突然不见了。我正要惊慌失措时，他拿着东西出现了。他人生中第一次自己去取了他的周刊。我很惊讶，但他平静地说："你说过，如果我迫使自己做事情，事情就不再那么可怕了。"他现在回到了一个非常支持他的学校，每天说的话越来越多。

大学或工作实习做好准备，帮助的重点是与陌生人交谈。这可以通过与家长的非正式交谈来完成（如本节所述），也可以通过更正式的任务来完成（如下所述）。

在这两种情况下，青少年首先要做的是：

- 了解他们害怕的原因——是一种引发想象而非实际威胁的恐惧症。
- 认识到逐渐面对恐惧是消除它们的唯一方法。
- 相信通过与陌生人交谈，他们将挑战自己的恐惧症。当他们加入新的社区圈子或过渡到新的教学环境时，这将帮助他们不再恐惧。

与陌生人交谈——完成任务

对于年龄较大的儿童和青少年，专业人士和教学导师可以考虑通过个人会议、小组合作或暑期学校给他们布置任务，重点是在社区情境中与陌生人交谈。请参见有关小组合作的进一步说明。

建立激励机制

要解决长期以来对接近陌生人及与之交谈的担忧，孩子需要相当大的动力。因此，对青少年希望改进的个人目标或生活领域开展工作非常重要，在评估和接下来的会议中，需要对此进行确认。例如，如果一个青少年已经确定将上大学作为他们的优先事项，那么后续会面就可能涉及与此相关的各种内容，如面试、旅行、使用大学图书馆和食堂、与同学会面、参与讨论和寻求帮助。按照事件发生的先后进行排序，或按事件的重要性进行排序，从而为实际支持和工作划出重点。

表格 15 "与陌生人交谈调查表格"（在线资源）也可提供帮助。它建立在表格 8b 的第 4～7 项之上，它还提供底线和随附注释，可用于个性化目标的设置。在此之前，可以要求青少年按照个人优先级，对"与朋友和家人一起外出""独立购物"和"独立旅行"等方面进行排序。

识别潜在的焦虑

表格 15 的部分 1 "一般独立"需要进一步评论。这些项目很少被确定为优先事项，因为它们不代表最终目标，但它们是整体自由感的基础。因此，在适当情况下，我们将它们作为实现个人目标的步骤纳入，并监测其余项目，以确定其他领域的进展是否产生积极影响。在这一部分持续存在的困难可能会加强对其他人的依赖，让孩子更不愿独自外出。这些困难也可能是社交焦虑症的症状（参见第 13 章）。重要的是帮助个人认识到他们焦虑的根源，以便确定更有用的思维模式和应对策略。

例如：

- 他们是否一直害怕被别人看到、接近以及别人对他们说话？
- 如果他们错过公共汽车或与朋友分开，他们能应对吗？
- 他们是否过分担心自己的安全，或过分担心其他人对他们的看法和议论？
- 他们的焦虑与无法说话有直接关系吗？如果有，更应该完成与陌生人相关的任务。
- 是否存在超出谈话行为的问题？这些问题可能更适宜在认知层面进行解决。

显然，这些都是复杂的问题，专业人士只能在其特定的专业领域内探索和处理这些问题。对处理这些问题的建议，参见第 10 章的"青少年和青年人的其他考虑因素"（p253）。

选择适当的情境

在为任务选择情境时，不可避免地会与自信的谈话模型中的下一部分——"在公共场所说话"重叠。因此，重要的是选择合适的地点和时间，因为一开始旁观者越少，遇见熟人的概率越低，孩子才会越放松。每项任务可以分解为几个较小的步骤，以反映他们对被人听到越来越高的容忍度。例如，在快餐店购买饮料可以做如下细分：

- 和坐在靠墙的桌子旁的导师交谈。
- 在点餐的队列中告诉导师想喝什么。
- 当环境安静时告诉服务员想要什么（第一次说话就被听到的可能性较大）。
- 当环境嘈杂时告诉服务员想要什么（必要时必须重复，但是没关系，服务员已经习惯了）。

为任务做准备

演练总是有用的，孩子可以在做实际任务之前与导师练习口头交流，让导师扮演服务员、店员或街上的陌生人等角色。同样，在进入现实世界之前，孩子可以与事前沟通过的陌生人进行面对面或电话交流，这些人可以是导师的同事。

通过让自己舒服、慢慢呼吸、闭上眼睛并想象自己成功完成任务等方法，年龄较大的孩子可以做好心理准备。他们"看到"和"听到"自己经历日常事务的次数越多，当遇到这些事务时他们就会感到越熟悉。

设置时间限制总会增加孩子的压力，因此需要多给孩子一点时间慢慢呼吸以平静下来，并使用"你准备好就可以上前"这样的短语，或者"我现在开始排队，你什么时候准备好了，就跟着我"，而不是"好了，走吧"。呼吸技巧在第10章"青少年和青年人的其他考虑因素"中有详细介绍。

与陌生人交谈——使用手机

在电子信息时代，文字聊天成为主流，除了与亲密朋友和家人，青少年越来越没有必要用电话与人交谈。许多家庭中每个人都有手机，而不用固定电话。

但是，我们仍然需要注意患有 SM 的青少年是否也强烈厌恶或害怕打电话。

许多工作依赖良好的电话礼仪，或通过电话（而不是电子邮件）快速解决问题的能力。正如信心会产生连锁效应一样，恐惧也会滋生恐惧，当人持续避开某个特定的沟通方式时，他很难控制并摆脱 SM。此外，打电话可以让孩子练习与陌生人交谈，并赋予他们完全的掌控。他们可以随时结束通话，将其归咎于信号不好或电话没电了，而不会丢脸！

因此，我们提出以下建议。

- 将表格 15 与附录 B 中的"电话方案"结合使用。"机器人途径"使用有自动语音识别功能的电话服务，将此作为与陌生人交谈的起点，它省去了与其他人进行"热身"的时间。

- 考虑和孩子亲近的成年人是否在示范电话回避，并表达对说错话、听起来很愚蠢或打扰别人的焦虑。这些信息通常反映了个人的不安全感以及我们对自己的看法，而不是其他人的想法。每个人都可能在打电话时犯错误、卡壳、不断重复自己的话或在对方不便时打电话，这些都很正常，听者往往接完电话就忘了。告诉孩子，如果我们有礼貌、耐心和乐于助人，我们就总会给人留下好印象！

- 鼓励孩子在家里接听电话，可以以一种非正式的方式，请孩子帮助家长，也可以作为一项正式的任务去完成，如专栏 9-2 所示。孩子从中了解到两件事：第一，他们能够处理与陌生人的意外情况；第二，如果需要，他们可以从任何对话中退出。终止电话交谈是一项技巧，需要练习自信地使用"退出"短语，就像在面对面交流中使用"抱歉，我需要离开"或"请原谅"一样。拥有逃避路线是摆脱对逃避路线的需要的第一步！

专栏 9-2 电话任务的例子

请仔细阅读以下注意事项，提醒自己我们达成共识的策略。尽可能多地接听电话，即使不知道是谁打的电话也要接听，同时记录你接听电话时的表现。你接电话的次数越多，焦虑就越少。

当我接听电话时会发生什么

1. 我会说"**你好**"。然后，如果它不是找我的……

这很容易！

2. 如果是销售电话……

我会尽快说"**不，谢谢**"，并**挂断**电话。

3. 如果他们找妈妈或把我当成了她……

我会说"**她出去了，你可以在下午 4 点之后再打一次吗**"

或者"**她不在，你想让她回来后给你打电话吗**"

或者"**我会找她来**"。(尽快打断对话！)

每次接听电话时，请记下发生的事情，按照从 0 到 10 的等级记录焦虑程度，如下所示。

日期	发生了什么	焦虑
2016.1.4	这是找妈妈的电话，我打断了对话并说"我会找她来"	6
2016.1.4	我可以判断这是一个销售电话，我越听感觉越糟，没有说什么就挂断了电话	7
2016.1.5	销售电话——我直截了当地说"不，谢谢"，感觉好多了	4

参与团体活动

我们使用配对和小组干预活动来展开对焦虑，特别是对 SM 的了解和管理，并分享经验和应对策略，以及如本章所述的，完成任务。

配对或小组工作并非总是可行的，但我们提倡团队合作，特别是对年龄较大的儿童和青少年建议采用这种形式。根据我们的经验，看到其他小组成员接受挑战可以刺激孩子。为此，语言治疗师可与当地的言语障碍服务机构合作，因为 SM 的焦虑和回避问题与口吃的青少年的问题非常相似。

我们帮助过的青少年报告说，他们认为最有帮助的一件事就是知道他们并不孤单。与同一所学校或当地的其他人会面，让他们看到 SM 比人们意识到的更普遍。当被问及喜欢个人干预活动还是团体干预活动时，根据我们的经验，两个选项他们都会选，他们表示参加团体干预活动会有帮助，因为在一对一谈话的基础上，他们已经与协调人建立了融洽关系，自信自己已经能与协调人交谈了。

自信的谈话模型：在公共场所说话

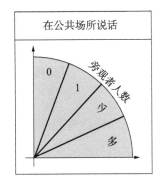

在公共场所说话

一些 SM 儿童在公共场所能愉快地和父母说话，但是一旦遇到与学校有关的人就不行了。另外一些孩子很少在公共场合讲话，并在访客到家时躲起来。没有两个孩子是一样的，但增加他们对在一般旁观者面前谈话的容忍度，对他们都是有帮助的。旁观者指那些不属于孩子所在的团体或活动小组，但仍可能听到或看到孩子说话的人。

对孩子来说，问题通常不是旁观者的实际数量，而是：

- 孩子意识到的旁观者数量及旁观者的接近程度。

- 孩子是否认为旁观者正在倾听。

- 旁观者接近的可能性。

- 对旁观者的反应或披露的恐惧——旁观者是否会感到惊讶，或者是否会告诉别人他们看到了什么，从而提高他人对孩子交谈的期望？

讲义 14 "在公共场所说话"（在线资源）为家长提供了帮助孩子在公共场合与家长进行更多交谈的策略，可减少孩子对回避策略的依赖。它主要针对家庭以外的社区环境，但同样可适用于较大的家庭聚会，在这些聚会中只需进行一般交际，而不需进行团体活动。

孩子可以挑战散步技巧（p241）。它通常用于学校，鼓励孩子在从 A 点走到我们刚刚举办了一场非常成功的家庭生日派对，我们事先告诉大家，不要向泰德提问或对他施加任何压力。刚开始的一个小时泰德非常安静和离群，但当他发现其他人在花园的各处，只有我们在角落时，他便和我们一起玩耍和聊天，即使周围还有几个人。

最后，他离开我们自己去取食物，我以前从未见过他这样做！

B点的过程中持续说话。同样，它可以制作成游戏，例如在去学校或商店的途中持续说话。

用进度图表2"在旁观者逐渐增多的公共场合谈话"（在线资源）做记录，在第一栏中添加孩子最常去的地方。为简单起见，所使用的进程（0－1－少－多）指的是足够接近，能听到或看到孩子说话的人数。然而，所实施的旁观者容忍练习的实际情况必须取决于每个孩子的情况，因此焦虑最高的情境将被留到最后。一般来说，当所有旁观者都是陌生人且对谈话毫无兴趣时，孩子最容易在其舒适区内与人交谈。表9-2给出了一些实践进展的例子。

表 9-2   在公共场所谈话：社区环境

可能听到或看到孩子说话的旁观者人数				
	0	1	少	多
公共场所的例子	公园或海滩——人们在远处 超市里的空过道 别人看不见的角落 上学路上的空街道	有访客的家里 朋友的家里或父母中的一方驾驶的汽车里 除接待员外空无一人的接待区 出租车 一对一音乐课	安静的咖啡厅/餐厅 商店/更衣室 超市/电影院排的队 图书馆 公园 街道 诊所的候诊室	热闹的咖啡厅/餐厅 在公共汽车/火车上 游戏小组、舞蹈课、体操队、青少年俱乐部 急诊室（A&E） 教会礼拜 结婚宴会

自信的谈话模型：小组参与

这一象限主要在第10章中介绍，它指儿童参加小组活动（例如课堂讨论或

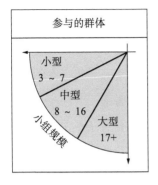

参与的群体

小型
3 ~ 7

中型
8 ~ 16

小组规模

大型
17+

点名）或者在一个团体中讲话（例如在戏剧表演中说话或在开学典礼上致辞）。

遵循第 8 章和本章前面部分的建议，家人会发现他们已经帮助孩子能更好地应对小组活动。一开始最好提供非言语选项（例如，派对游戏可以倒数 10，也可以单腿站立 10 秒），或者让孩子们齐声说话。检查组织政策是否得到遵循也是很重要的。例如，英国童子军协会指出，不能让孩子感到尴尬或担心忘词：不应要求幼儿单独进行授权宣誓，大一点的孩子通常可以逐行重复大人念出的宣誓词。专栏 9-3 提供了帮助孩子面对社交活动的额外提示。

专栏 9-3　帮助 SM 孩子面对和应对社交活动

- 提前指导成年人以友好的方式让孩子参与其中，不要期待他们立即说话。（不要提问，而要积极评论，让孩子在他们能说话时自然开始说话）
- 向孩子保证，没有人会坚持让他们说"你好""谢谢你""再见"等，他们不说话也没问题。

家庭聚会

- 让孩子事先参与一项他们擅长的活动，例如发通知或烘烤饼干。确保孩子可以胜任这份工作，挑战不要太大。
- 在其他人之前到达，并让孩子帮忙，让孩子从一开始就忙碌起来。
- 让孩子坐在不会感到被"困住"的地方，例如门附近。
- 安排不需要轮流成为关注焦点的有趣活动，运动类的活动有利于放松身体，享受乐趣并忘记谈话压力。
- 允许孩子带上一样东西，例如书、喜欢的玩具或平板电脑，以便他们可以在需要时退出活动，等到感觉自在时再次加入。找一个安静的角落，让孩子可以短暂休息。

- 鼓励孩子将他们引以为傲的东西，例如藏品、游戏或家庭宠物，以交谈或互动的方式向人们展示。

俱乐部和有组织的活动

- 父母自己先尝试，然后提前向孩子描述活动模式和设施等。
- 请一个感觉敏锐的成年人进行"见面和问候"，并监督孩子参与，这样他们就不会没人管。这个人为他们找事情做，确保他们有地方坐下，将他们分配到活动小组等。
- 如果可以的话，带一个朋友或兄弟姐妹作为支持。
- 在人群到达之前到达活动场地，并确保孩子知道厕所在哪里。
- 安排逃避路线：首次去活动场地时，安排孩子只是观看或者只停留很短的时间（如果他们愿意的话，他们可以待更久），或者如果他们需要离开则提前半小时出去（家长不要进入孩子的活动场地，孩子知道你在附近，并且如果有任何问题，负责人会给你打电话，这就够了）。

自信的谈话模型：社交功能

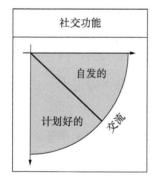

这个象限将在第 10 章中介绍，由于教学环境中有更多人，所以大部分孩子发言的活跃性和自发性更低。但是，这一象限的进程适用于所有情境。

社交功能关注孩子如何使用语言。只在被提问或指示时能说话是不够的。我们需要有效地使用语言来满足我们的需求、表达我们的意见，并说明我们想要的东西，什么时候要（当然这是在合理范围内）。社交功能发展的进程是从"低风险"沟通进展到"高风险"沟通。低风险沟通是有计划、有组织和事实性的，高风险沟通则是自发的、由儿童发起的，并且可能更私人化。不可预测的结果使这些沟通具有高风险。

附录 A（在线资源）为计划活动进展到自发活动提供了指导。

青少年的其他考虑因素

当采用和年龄相符的活动和对话主题时，本章描述的策略同样适用于年龄较大的儿童和青少年。我们经常对青少年使用图 9-2 中的提问进展模式，青少年说我们"有理解力"和"不咄咄逼人"地来与他们相处，让他们没有被"治疗"的感觉（感谢玛丽亚，谢谢你的美言）。因此，家长可以在不解释的情况下采用非正式策略，也可以让年龄较大的孩子确切地知道他们在做什么，如讲义 12 "我该替孩子回答吗"所述。这些策略是有条不紊和敏感细致的，是依据每个人的适应速度逐步进展的。它们在恐惧症和焦虑管理中也需要符合青少年的逻辑。

但是有一些青少年似乎越来越孤僻，他们也许放弃了上大学的想法，大部分时间都待在家里，无法面对外面的世界，对说话充满恐惧。他们该怎么办？未来对他们来说是一个非常可怕的地方，他们不知道应如何对待它，宁愿完全不考虑它。

我们希望阅读本手册可以给你信心，相信家里的青少年能够得到帮助。但是，如果没有开放的沟通渠道，我们很难知道从哪里开始。当被告知要做什么时，青少年往往不予理睬。他们需要找到自己的动力、希望和梦想，而焦虑的青少年似乎对外界干预更加抵触。父母提出的任何建议，对他们来说都似乎在传达对他们的失望以及希望他们与众不同。然而，仅仅耐心地给他们提供空间并不足以扭转局面，他们需要再三保证、温和指导以及与外界的联系，才能相信自己可以继续前进，并且不感到被催促。他们需要知道父母看到的是他们，而不是他们的困难，并且对他们的所知所感、喜欢和不喜欢什么都充满兴趣。

没有快速修复的方法，但请不要放弃孩子，这样他们也不会放弃。让他们知道你完全无条件地支持他们。你知道改变需要时间，相信他们会解决问题，你已经准备好并愿意提供他们需要的任何支持。承认这是一个艰难而可怕的阶段，但你们会一起找到解决方法，一切都会安好。如果他们不想说太多，那就享受他们的陪伴，而不要感到被冒犯。和他们的谈话尽量少涉及 SM 和未来计划，虽然这是你日思夜想的问题。让他们尽可能地参与家庭生活。向他们寻求帮助并以团队方式做事，而不是把工作扔给他们。让家庭中的每个人选一个活动日并且规定：无论喜不喜欢，每个人都必须加入！

一起做小事情，重大决定可以推迟。例如，如果学校、大学或工作安排失败，那必有原因。不要让孩子认为这是他们的错（参见第 8 章 "维持因素" 和第 11 章 "成功过渡"）。告诉他们你现在更加理解 SM，并且知道以后会改变。对休学一年（或两年）持乐观态度。这是学习驾驶（这总能增加自信心，即使需要多次尝试才能通过）、注册摄影课程、做志愿者工作或学习烹饪的好机会。大学欢迎成熟的学生，并且必须支持有极度社交焦虑的学生（查看学校网站上的平等机会政策），孩子可以在准备好之后进入大学。只要给出正确的信息，就有人会愿意提供帮助。其他家长也会支持你并和你一起前进。

第 10 章也包括针对青少年和青年人的内容。

进行性缄默症

当 SM 儿童开始停止与曾经可以毫无困难地进行交谈的家人交谈并且在家里变得沉默时，家人一定会感到无比痛苦。以下建议适用于过去能够与孩子自由交谈的人。

试着找出原因

首先，我们建议阅读第 1 章中的 "常见问题" 14，回忆孩子与你的谈话是从何时开始停止的，并考察是否有特殊事件导致谈话停止。这可以为采取实际步骤提供线索，作为对本手册中描述的治疗进程的补充。

例如，孩子可能需要：

- 离开其他家庭成员，和父母单独在一起重建融洽关系，然后参考讲义 13"让朋友和亲戚逐渐加入"。
- 有人帮助他们处理房屋火灾或入室盗窃等事件引发的创伤。
- 得到对误解或不公平待遇的道歉和调整。

孩子需要得到冷静的安慰，明白他们在所处的特殊情况下停止说话并不奇怪（停止说话对他们来说也是充满痛苦和困惑的），并且需要你向他们保证现在情况会有所不同。你会提供帮助，他们可以准备好了以后再次开始说话，在家里说话是安全的。

不施压地传达这样的信心：孩子能够并且终将说话

这听起来像一个棘手的平衡问题！重要的是不要对未来感到恐慌，因为任何焦虑都会传达给孩子并增加他们对交流的负面想法。迫使孩子说话是不可能的，你能做的只是提供一个让他们感到放松、快乐、安全、自信、有交谈需求的环境。

你的外在表现要保持轻松、平静，保持微笑，不要传达给孩子由于他们不与你说话而产生的失望或伤感情绪。以评论的方式与孩子交谈，尽可能在互动中传递乐趣和欢笑，传达无论孩子是否说话，你都喜欢他们的陪伴的信息。但是，你仍然要提供谈话的机会，使用陈述加上附加问句，然后短暂停顿。这比直接提问更可能得到孩子的言语答复，特别是当你说让孩子感到被纠正的事情时（参见表 9-1 和表 10-2）。

没关系，可以和……交谈

支持年幼的孩子

视单个孩子的需求和家庭内部的沟通

模式，以下全部或部分策略可能会有所帮助。

修正孩子的内心规则系统

具有严格规则系统的儿童（第 1 章"常见问题"14 中的 a)）可以尝试建立一个新规则，即对他们自己说："可以与（直系亲属或宠物）交谈。我喜欢在没有其他人听到时交谈。"请注意"可以……"与父母或其他成年人说"我想要你……""你需要……"或者"继续，你可以做到"是不一样的。后者会构成压力并引起焦虑。

父母把"可以与……交谈"的图片展示出来，让孩子经常看到它（例如贴在卧室墙上），因而不需要再提起。之后，他们可以添加更多规则，例如"可以让老师听到我的声音"。

鼓励一般发声

进行游戏和活动时，把重点放在笑声、发出声音或体力消耗，而不是说话上。例如，吹泡泡会发出很多"唔"和"啊"声；进行枕头大战或拔河比赛会发出喊叫；玩玩具车会发出"呜呜"和"嘀嘀"声，或者在转弯或滑行时会发出"嗖嗖"和"呜"声。

避免常见的"说话陷阱"

这可能是最困难的事情，但它对于扭转局面非常重要。讲义 14 "在公共场所说话"解释了这些陷阱，以及对于使用非语言交流的过多关注可能无意中鼓励了沉默。如果你总是猜测孩子想要什么，并且允许诸如指点这类的手势成为主要的交流方式，就会使沉默正常化，并随着时间的推移，孩子将对说话的行为越来越不熟悉。

我们不建议如果孩子不说话，家长就让孩子得不到某些东西。生活应该保持正常，孩子应该获得他们所需要的东西。然而，有许多东西是非必需的，并且让孩子看到你相信他们有再次说话的能力是很重要的。在尝试了解孩子想沟通的内容之后，请冷静地说你很抱歉，但是你不知道他们的意思，继续你正在做的事情或改变话题来推动他们谈话。你可以说"别担心，你可以等会儿让我知道""如果你想，你可以告诉我"或"我知道你现在感觉很难，但很快你就能解释你想表达的意思，帮助我理解你了"。你甚至可以建议孩子让他们最喜欢的玩具来告诉你（第 10 章"通过玩具、木偶或动物说话"），但不要对此进行冗长的讨论或一直等着孩子说话。当孩子说话时，不要露出松了一口气的样子，这可能会使他们不堪重负。你要回应他们所说的内容，简单地把对话变成积极的互动。

支持大龄儿童

对年龄较大的孩子来说，情况大不相同，带着 SM 生活多年的他们变得越来越沮丧，逐渐封闭自己的内心，可能不仅仅在家庭中停止谈话。他们可能需要从总体上增加互动，来为交谈打基础。表 8-2 中有一些有用的点子，特别是第 1 ~ 8 和 25 ~ 27 项。SM 治疗师对一些青少年讲述他们的困难，并让他们相信他们可以得到帮助，或者外人对他们表现出特别的兴趣并让他们参与实际项目，使得他们重建自己的价值观和目标感。之后这些青少年开始与父母重新接触。

提供保证

他们仍然需要基本的保证：

- 你理解他们经历了什么；
- 你在支持他们；
- 你们会一起找到出路；
- 当他们想再次说话时，你已准备好倾听；
- 你知道要等他们准备好了再自然开口说话。

最后一点可能是最重要的。青少年有时害怕再次开始说话，因为他们担心人们预期他们太快取得进展——如果他们与一个人交谈，就会被认为可以和每个人说话。此外，你需要告诉他们，如果他们与除你之外的某个其他人交谈，你会理解这对他们来说可能更容易，并不会觉得被冒犯。例如，他们可能想与家庭以外的人交谈，因为这些人和他们没有太多的情感关联，但他们对此感到内疚或焦虑。如果他们认为这会让你感到不安，或导致被施压要在其他情况下说话，他们就不想冒被其他人听见的风险去说话了。

书面沟通

我们通常不推荐以替代方式和亲密的家庭成员交流。但是，诸如电子邮件之类的书面形式对具有长期、进行性 SM 的青少年来说可能是最佳选择。它应被视为恢复口头交流的宝贵垫脚石，可能有助于分享你对 SM 的新认识。

回应帮助请求

一个青少年可能会要求或同意父母帮助他们重新开始说话，特别是当他们更加理解 SM 时。然而，经过长期的沉默，青少年在尝试交谈时可能会遇到典型的 SM "僵住"状况。提问往往会诱发焦虑，因此必须避免提问，等以后再进行。首先需要的是发出声音，不用费劲去找有意义或有趣的主题，最重要的是让青少年习惯父母再次听到他们的声音。他们越少考虑他们所说的内容越好。使用"阅读途径"或专栏 9-4 中的进程方法。青少年应该尝试缓慢均匀地呼吸，不要用力发声（允许随着焦虑的减少，声音逐渐变大）。

一旦青少年在练习中能无焦虑地回答简单的问题，就开始将" X 或 Y "问题引入一般性对话（例如"我们应该吃奶油蛋挞还是冰激凌"）。

专栏 9-4　与父母等谈话伙伴重建对话的进程

重复以下步骤，直到感觉舒适为止，需要时休息一下。

1. 从一个词开始。在伙伴说"1……"之后说"2"

2. 说两个词，轮流数到 4，伙伴首先说"1……"

3. 增加计数到 10，轮流进行

4. 尝试每次说两个数字，伙伴首先说"1、2……"

5. 轮流说出一个熟悉序列的项目，例如一周中的星期几、一年中的月份、字母表中的字母。试着每次说两三个项目

6. 开始完成句子，伙伴开始说一个句子，然后你说出最后一个词。参见附录A（在线资源）阶段6"完成句子"

7. 引出简单的问题。例如"1加1等于……"（2）变成"我有多少根拇指？"（两个）

8. 使用附录A阶段7和阶段8的活动、个人兴趣和擅长领域来练习短语和句子

独自练习

最后，我们想对那些迫切希望再次说话但尚未准备好接近他人的青少年说几句话。如果亲近你的人做的事情让你很难与他们交谈（见表格10），请鼓起勇气，花时间用电子邮件向他们解释。对自己大声说话，以此进行练习，可以帮你做好准备与善解人意的成年人一起工作。请参见第10章中的"呼吸"和"声音的产生"以了解发声的原理，以及附录B中的"单独谈话"和"塑形"方案以了解小步骤策略。最初，如果长时间沉默后再次听到自己的声音让你恐慌，不要惊讶。你只是回忆起了当初与诱发恐惧反射的人交谈时的感觉。当你告诉自己没有压力时，这种感觉会消退，你会按照自己的节奏，一步一步来，一天一天进步。

如果你在确定没人听到的情况下也无法发出声音，可能需要考虑其他原因，同时检查自己的病史和重大生活事件（例如参见p64"心因性发音障碍"）。同时，通过附录B中的程序，使用非常温和的耳语来避免声音紧张。

第10章

面对教学环境中的恐惧

引言

本章探讨了学校工作人员和专业人士在教学环境中如何帮助患有 SM 的儿童和青少年克服他们对谈话的恐惧。干预活动在自信的谈话模型的框架内进行，但相比于对大龄儿童的干预，在学前班环境中的干预可采用更加非正式的方式。

本章重点：

- 暴露疗法概述
- 关于所有年龄段干预的一般观点
- 早期教育环境
  - 非正式策略
- 学校和大学环境
  - 日常管理的非正式策略
  - 小步骤方案的一般原则
  - 与关键工作者交谈
  - 将谈话推广到其他成人和儿童
  - 邀请孩子的同学参与
  - 为实现主动发言而努力

- 青少年和青年人的其他考虑因素
- 放手

暴露疗法概述

满灌疗法

这种恐惧症管理方法可以追溯到 20 世纪 60 年代，它让个人面对恐惧之源而无法逃避。其理论基础是人们经过一段时间的暴露后，发现并没有真正的危险，他们的恐惧反应就会消失。然而焦虑的突然升级和无法控制，使暴露过程成为可怕的体验。我们现在知道，暴露必须是渐进的，并且渐进的速度要视个人情况而定，确保他们体验到的仅是在可控水平的焦虑。

系统脱敏

这种方法的更低创，因为个体只是对恐惧进行想象。恐惧可以被分解为不同的等级。例如，房间里有只塑料蜘蛛、一只小的真蜘蛛、一只更大的蜘蛛等。个人在非常放松的状态下去想象每种情形。当他们能够在引发焦虑程度较低的情形下平静思考时，就引入下一个水平的刺激。随着时间的推移，个人能以更少的焦虑忍受实际情况。

这种方法也有其局限性。它是专为成年人设计的，依靠熟练的治疗师、良好的治疗关系，并且在恐惧可视化开始之前，个人要学会深度放松。但它清楚地证明了小步骤方法的价值，以及想象力在脱敏中的作用。

在使用其他更直接的方法之前，通常用脱敏来治疗 SM。患者并不真的与一个新人交谈，相反，他们想象新人听到他们的录音会有什么反应。由于在想象的体验中不会有负面后果，与新人实际进行交谈的想法开始变得不那么吓人了。

分级暴露

这种直接的方法可有效克服所有年龄组人群的害怕、恐惧症和特定焦虑。

它是对于恐惧症和强迫症（OCD）的认知行为疗法（CBT）的关键要素。其两种主要方法是塑形和刺激渐退，它们都涉及真实情况，以微小的增量将个体暴露于恐惧。患者在一个级别克服了焦虑后，再引入下一个级别。

塑形

个体的行为逐渐被"塑造"成所期望的行为。让他们从能胜任的事情开始做，然后鼓励他们每次多做一点。不过该方法在 SM 干预中有特定的局限性。当有意识地努力说话时（例如：用手势表达一个词；做出说一个词的口型；小声说出一个词；说一个词），从无声到有声的跳跃太大了。许多 SM 儿童不能成功降低他们的焦虑，即使让他们只发出一点声音也很难。不过，作为目标设定的一般方法，每次进行一点微小的改变效果很好。因此，我们主要采用非正式的塑形方法，不是期望尝试下一个级别，而仅仅是提供一个尝试的机会。

刺激消退

个体对刺激或"触发物"的反应逐渐消退，直到刺激不再具有效应。这在 SM 干预中非常有效，原因在于可以让刺激逐级改变，而不是个人的行为。鼓励 SM 儿童在舒适的环境中说话，并且在他们说话时，新人逐渐接近并加入。这就是渐入技术的基础。

关于所有年龄段干预的一般观点

将暴露疗法应用于 SM

在实践中，根据患者的情况使用脱敏、刺激消退和塑形联合治疗。正如第 9 章所讨论的，父母是支持孩子进行分级暴露工作最理想的人选。但是工作人员需要能够使用各种技巧，包括需要家长参与的和不需要家长参与的。在任何情况下，耐心是关键！如果孩子在你计划的活动中有微小的放松或改善迹象，请继续进行这个活动！例如，一个处于"僵住"状态的孩子可能会拿起玩具或零食，只是看一下就把它放下。不要对此失望，这是向前迈出的一步。在他们真正拿走玩具或吃食物之前，必须向孩子保证他们的行为不会吸引更多的注意或带来不必要的评论。

使用自信的谈话模型

图 2-5 展示了自信的谈话模型，表 7-1 概述了该模型中自信谈话的进程。表 8-1 和表 9-1 扩展了一对一互动的阶段，并指导学校工作人员当父母在与不在时，如何与孩子建立融洽关系并促进沟通。当你阅读本章并考虑自信的谈话模型的每个象限时，可以参考这些图表。

学校员工要记住的最重要的一点是，应该帮助孩子一次只与一个人交谈，之后再逐渐推广到课堂发言和主动讲话。不要以为曾经说过一次话，或者在"安全"的结构化活动中，孩子就"走出来了"。在这一阶段，有些孩子确实感觉很快就会感到解脱并快速提升，特别是在一对一的基础上，但大多数都符合"轻度"而不是"重度"缄默症的描述（参见在线资源讲义 3"安静的孩子还是有选择性缄默症的孩子"）。向他们提出问题，或者有他人在场的时候期待他们回答，会使他们退步。所以做事要温和些，把与一个新人谈话当作他们方案中的第一步，而不是最后一步。

活动选择

对于 SM 儿童以及其他担心犯错或者还没有掌握所需语言的儿童来说，不同的活动会带来不同程度的"风险"。在建立和推广谈话时，一开始一定要选择具有已知内容和固定持续时间的低风险活动，来将焦虑最小化。只有在孩子获得信心并且说话更自如的情况下，才能开展高风险活动。

表 10-1 总结了低风险和高风险活动，并帮助学校员工了解孩子行为的明显不协调性。例如，它解释了为什么孩子在全校的戏剧表演中说出台词，或者在完成调查问卷时读出夹板纸上的问题，都比参加课堂讨论或回答意想不到的问题要容易得多。

表 10-1　低风险和高风险活动总结

低风险活动①（内容明确且易于管理）	高风险活动（内容或结果未知）
齐声说话或唱歌	在有时间压力的情况下单独说话
在序列中续报，如计数，说出一周中的星期几、一年中的月份、字母表中的字母	活动涉及含糊不清、内容不熟悉的主题（孩子可能需要更多信息，或不确定他们的回答是否被接受）
出声朗读（如果孩子的阅读能力很好）	出声朗读（如果孩子阅读不佳或是初学者）
经过计划或排练的已知内容的活动	会话（计划外的内容和未知的持续时间）
活动只需要说一个单词或者具体事实内容的短语，没有犯错或被拒绝的风险	问题涉及推理或解释，需要用更长的句子组织答案
以成人为主导的活动（不需要孩子在某一时刻引起听众的注意）	孩子发起的互动
结构化的活动，具有熟悉的形式和固定的终点	内容以个人观点和贡献为基础，因此可能需要进一步的解释或辩解

① 确保活动不会引起不必要的注意，增加对他们说话的期望。

准备帮助孩子面对他们的谈话恐惧

在使用本章介绍的技巧之前，请确保：

- 所有相关工作人员都了解缄默症的性质、调整环境的重要性（第 8 章）以及团队协作干预方法的必要性。

- 所有工作人员都熟悉一对一互动的阶段，对孩子有切合实际的期望，并知道每个阶段与孩子沟通的最佳方式。最重要的一点是按孩子的节奏前进，等到孩子在一个阶段做出反应，然后再进入下一个阶段。讲义请参见附录 D（在线资源）。

- 指定的成年人已与孩子交谈，分享他们对 SM 的理解，以及整个环境提供支持的意愿（在线资源讲义 1）。孩子了解他们不会被催促，他们可以在准备好的时候再说话。

方案规划和监督跟踪

- 为简单起见，孩子以前从未说过话的人被称为新人。孩子可能很熟悉他们，但他们还没有进入孩子的说话舒适区。

- "说话伙伴"一词表示孩子能与之交谈且不感到焦虑的人，前提是孩子说话不会被其他人听到。最初，说的话可能仅限于在结构化活动中的回答，但是假以时日，孩子应该能主动地与说话伙伴交谈并发表评论或请求。永远记住，孩子可能不想讨论某些话题，并且可能因为害怕被其他人听到而无法在很多地方交谈。

- "关键工作者"一词描述了一名成年人，他被指定在干预过程中定期支持孩子并执行促进自信谈话的方案。关键工作者将致力于成为孩子的谈话伙伴，然后帮助孩子将谈话向其他人和地方推广，逐渐帮助孩子建立信心，让他们开始回应并引领对话。

- 儿童的教育计划、目标和审查会议将由指定人员协调，可能是特殊需求协调员或学校外的专业人士。作为协调干预计划的一部分，关于如何选择适当的目标和策略，家长可能需要从第 9 章中获取信息。

- "专业人士"一词指直接或间接与孩子一起在学校工作的任何治疗师、心理学家或临床医生。许多孩子可能不需要专业人士，这很大程度上取决于学校应对 SM 的经验，以及当地的资源。

- 除非另有说明，学校环境中的"孩子"包括儿童和青少年。

- 本章的在线资源包括以下进度图表可供选择（当然，学校工作人员可以设计自己的存档文件）。

　　a）总体进度图表。一目了然地显示孩子已经取得的进步，以及有待完成的工作。这是专为工作人员和家长设计的。

　　b）个别干预记录。记录孩子在每次干预中的反应，并为进一步规划提供信息。这是专为孩子的关键工作者设计的。

此外，在每次干预期间制作的目标成就单等记录系统，可以向孩子展示他们的短期目标和成就。有关示例，见附录 C（在线资源）。

早期教育环境

在早期教育环境中，工作人员将关注自信的谈话模型的两个象限："人群范围"和"小组参与"。父母最适合参与"在公共场所说话"。在早期教育环境中，经过一对一谈话和小组谈话之后，在孩子大约 5 岁时精心计划过渡到小学（参见第 11 章），大多数幼儿似乎在没有进一步干预的情况下就完成了说话的推广过程。

与直接干预相比，专业人士在早期教育环境中的角色更倾向于为父母和工作人员提供支持和建议。

自信的谈话模型：人群范围

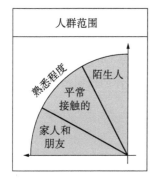

和工作人员交谈

干预方案协调员可以使用进度图表 1（在线资源）记录进度，在第一行中记下孩子对应的工作人员。这将显示出孩子与每个成年人的沟通进度。虽然每个人都应该能够帮助孩子放松并参与一般活动，但在任一时间只能由一个人引导建立一对一的融洽关系。否则有可能几个人都"去做"，而导致孩子不堪重负。

下面介绍了帮助孩子与游戏小组或幼儿园工作人员交谈的六种方法。它们不是相互排斥的，其中几种方法可能对所有孩子都有效。

a）减轻压力

b）通过父母进行交谈

c）非正式的渐入技术

d）塑形（从手势到声音再到说话）

e）通过其他孩子交谈

f）通过玩具、木偶或动物说话

a）减轻压力

当 SM 在早期被识别时，有时候需要做的只是消除说话的需要，并向孩子表现出无论他们是否说话，你都喜欢与他们在一起。积极对待他们的努力和成就，不提问题、不反对，从而赢得他们的信任。这种方法需要花时间与孩子一对一在托儿所互动，或者通过一次或多次家访进行。专栏 10-1 描述了如何准备家访、与孩子互动的方式，以及一些适合的活动。

专栏 10-1　幼儿的家访

家访是打破家庭和学校之间障碍的好方法，因为大多数 SM 儿童能舒服地在家里与亲密的家庭成员交谈。以下策略通常会让孩子与访问者直接交谈，或在访问者面前和父母交谈。

- 准备首次访问，向家长解释：
  - 这将是一次非正式和轻松的访问。
  - 在你到达之前，父母与孩子一起进行他们最喜欢的活动可能会有所帮助，这样你就可以在与父母聊天时表现出对活动的兴趣。
  - 最好在孩子愿意交谈时与孩子正常交谈，但不要试图让孩子跟你说话，如果他们不说话不要表现出尴尬。
- 建议父母提前告诉孩子：
  - 你是来玩、来认识他们的。
  - 如果他们愿意，他们可以说话，但如果他们不说话，你也不会介意。
- 如果合适的话，说你知道他们对游戏小组、托儿所或学校有点不开心或担心，你想帮助他们改善这种情况。在访问期间确保孩子没有谈话的压力：
  - 采用评论式谈话（p139）以给孩子说话的机会，通过他们的父母提问，不要直接问他们问题。
  - 如果孩子看起来非常焦虑，找个借口停下来，让孩子有时间和父母一起放松一下。

- 当孩子说话时，不要表现出惊喜或赞美。只是享受它！
- 有帮助的活动包括：
  - 向"访客"展示他们的玩具或宠物。
  - 听你给他们读故事。
  - 玩游戏，可以和兄弟姐妹一起玩。
  - 在花园里玩耍，提供开放空间、更多的体育游戏以进一步让孩子放松。

艾玛3岁的时候，很幸运地在幼儿班上遇到了一位很棒的老师。老师听说艾玛说话有困难，就邀请我们去她家喝茶。老师并不要求艾玛说话，而是让她在花园里度过一段美好的时光。然后学期开始前几周，老师带着她的孩子和我们在沙滩上度过了一个美好的下午。这让我有信心将艾玛送到幼儿园，而不是把她留在家里。

b）通过父母进行交谈

如第9章所述，父母可以充当谈话的桥梁。当父母访问幼儿园或老师家访时，可以非正式地使用这种技巧，如表9-1所示。如果孩子不主动说话，随后的家访可以逐渐帮助他们与一名工作人员交谈，如讲义13"让朋友和亲戚逐渐加入"中所述。

c）非正式的渐入技术

父母的陪伴给孩子带来安全感，利用这一点的另一种方式是在幼儿园与父母合作。如讲义9和讲义10a所示，鼓励父母参与学校活动总是一个好主意。

除了让父母作为活动小组的成员之一参与活动，重要的是允许父母和孩子有足够的空间单独在一起，因为孩子会觉得在这些时候说话更容易。如果可以使用的话，家庭角、图书区或员工厨房等地方可以提供更多的隐私空间。一旦孩子能够在此基础上与父母交谈，商定好的工作人员就可以逐渐接近，直到孩子能够接受他们的存在，如讲义15所述。这种非正式的渐入技术也可以在孩子的家里进行。建议对5岁及以下的儿童使用。

d）塑形（从手势到声音再到说话）

对 3 ~ 5 岁的幼儿来说，塑形是非常有效的方法，它可以帮助儿童与工作人员交谈而无须父母在场。在孩子与指定的成年人建立初步关系后（参见表 8-1），通过一系列非正式活动，孩子的交流逐步从手势进步到发出声音，再到说话。这些活动是以孩子与成年人一起玩的形式进行的，而非与成年人谈话。活动在一个无人打扰的区域，以一对一的方式进行。

表 10-2 显示了成年人如何帮助孩子进步，以及可用来判断孩子是否准备好进入下一阶段的目标行为。如果 SM 儿童可以和某个孩子交谈，可以把后者纳入游戏作为"中间人"（参见下一节"通过其他孩子交谈"）。

力求每周组织三四次游戏，每次持续 10 ~ 20 分钟，并邀请孩子选择游戏或带自己的游戏来玩。没有正式的目标设定，指定的成年人只需记录进度，可使用进度图表 1 来做整体总结，使用进度图表 3 来做日常记录。当孩子与成人交谈后，其他孩子或成人可以参加游戏。

戴维太紧张了，当周围有游戏小组的其他人时，他不能和妈妈交谈。但他很乐于与我以点头和摇头进行交流。我们请戴维和妈妈坐在厨房里的一张小桌子旁，当他和妈妈说话后，我们告知他我会在他玩的时候偶尔来访。当我进去的时候，我微笑着向他挥手，但那之后不再看他们。

第一次，戴维停止说话。但是到第三次时，他像往常一样继续和妈妈交谈。我很高兴但并不发表评论。后来，我说他们似乎在玩一个好玩的游戏，也许下次我可以看久一点，学习如何玩这个游戏。

我最初在房间的另一边观察，然后我到桌子边加入他们。当我问是否可以加入时，我无法相信，戴维给了我一个玩具恐龙并说："你拿那个！"

（一位工作人员尝试非正式的渐入技术）

e）通过其他孩子交谈

如果孩子在学前班有他们能在其他场合轻松交谈的朋友，这些朋友可以作为与新成人交谈的桥梁（参见表 10-3）。一些 SM 幼儿在到达阶段 4 时就会开始主动对新成人说话，在这种情况下，就可以放弃进程的其余部分了。

f）通过玩具、木偶或动物说话

鼓励孩子带来他们在其他场合与之说话的宠物或喜欢的玩具。邀请 SM 儿童带着他们的宠物或玩具一起参与各种活动，例如"告诉毛茸茸做什么"或"你可以让泰迪上床睡觉并给它读故事"。当远离人们的注视时，一些孩子会对宠物说话并逐渐允许一个成年人加入他们的游戏。成人最初对玩具或宠物而不是孩子说话，这会有所帮助。当孩子在成人面前轻松地与他们的玩具或宠物说话时，成人可以向玩具或宠物询问简单的问题，看孩子是否回答，例如："毛茸茸，你晚餐想吃鱼还是想吃鸡？"

表 10-2　自信的谈话：使用非正式的塑形活动，以一对一的方式引导幼儿说话

阶　段	儿童的表现	目标行为
3	使用非言语交流	关键工作者应创造机会让孩子说话，而不是要求或者期望孩子说话。请参阅表 8-1
说话桥（与第 5 阶段并行）	容忍声音被听到	关键工作者要做的： • 告诉孩子，一开始通常会感觉说话有点难，所以他们可以尝试唱歌，或者在故事会期间和其他孩子一起弄出一些声音 / 噪声来代替 • 鼓励孩子带来他们在家里与之说话的玩具或宠物。问玩具或宠物问题，而不是直接问孩子，并替玩具或宠物说话，如果孩子加入并说话，不要表现出惊讶的样子 • 鼓励父母在家中与孩子一起玩耍，例如使用谈话筒或语音相册录制他们的声音（参见附录 F） 让孩子做以下一项或多项活动： • 与其他孩子一起唱歌或发出声音（动物的声音、风声、烟花声、警笛声等） • 在幼儿园环境中对着最喜欢的玩具或宠物说话 • 播放在家里录制的录音
5	发出声音	关键工作者在继续说话前暂停几秒钟，为孩子创造出声或重复短语的机会（关键工作者不要求或鼓励孩子模仿）。 • 给孩子读一个伴有声音的故事，例如："小老鼠说'吱吱吱'，小老鼠说'___'。"如果孩子没有回应，关键工作者就说"吱吱吱"，然后继续 • 读有重复短语的故事，如重复短语"喔，不好了"，看看孩子是否会加入重复，或者在短暂停顿后继续 • 在角色扮演游戏中发出声音，例如"嘘"（摇哄婴儿），"呜"（玩具车），"扑哧"（打开汽水）

（续）

阶 段	儿童的表现	目标行为
5	发出声音	• 引入一种需要说话的玩法，例如："他试图说出叉子。这是一个' f-or-k'。这是一个' f___'。" • 让孩子参加早期的拼音练习，对他 / 她说"轻拍在说____"，而不是问"轻拍时发出什么声音"。如果孩子没有回应，成年人自己回应说"啪"并继续 孩子可以做以下事情中的两件或两件以上： • 大笑 • 使用乐器、吸管和身体部位发出可听见的声音（例如拍手、敲击、吹气、吸吮） • 制造动物或运输工具的噪声（例如像蛇一样嘶嘶叫，发出喵喵声、吱吱声、咆哮声、发动机声、喇叭声或警笛声） • 哼唱，例如演奏卡祖笛，或通过哼唱节奏加入动作歌曲的演唱 • 说出字母的声音，例如 d 代表"咚咚鼓"，t 代表"踢踏" • 和关键工作者一起唱熟悉的歌曲、儿歌或重复的短语
6	用单个词与关键工作者交流	关键工作者要做的： • 在集体活动期间偶尔问" X 或 Y "这样的选择性问题，例如："你想成为超人还是蝙蝠侠？""我们要做比萨饼还是蛋糕？"这些应该是真诚的问题，而不是测试儿童知识的问题，例如："那是一匹马还是一头牛？" • 读一本熟悉的书，并且在中途暂停，鼓励孩子完成句子，例如："波波藏起来了，他在___?"如果 5 秒后孩子没有回应，关键工作者完成句子并继续 • 故意犯错，例如："这个要放在卧室！"等几秒钟，如果孩子没有回应，请继续使用选择性问题，例如："哦，不对！让我们看看，把它放厨房还是放浴室？" 孩子在一对一的有趣活动中能够用单个词回应，例如共同读一本书、过家家、角色扮演游戏和手工艺制作
7	用句子和关键工作者交流	关键工作者可以做的： • 读一本熟悉的书，并在句子中停顿几秒，鼓励孩子完成句子 • 在游戏期间使用"我想知道"语句并等待几秒钟再继续，例如："我想知道这该放哪儿？" • "丢"东西，看孩子是否会说它们在哪里，例如："哦，亲爱的，我把眼镜放在哪儿了？我找不到它……" • 鼓励孩子和他们的玩具交谈，例如："泰迪不知道如何穿衣服，是吗？你能告诉他该怎么办吗？"如果孩子没有回应，请继续说，例如："泰迪，穿上你的背心。" • 逐渐提出问题，从"谁 / 什么 / 哪个 / 哪里"等开始 孩子能够用短语或句子回答

（续）

阶 段	儿童的表现	目标行为
8	连贯地说和进行对话	关键工作者可以做的： • 在一位"新"孩子或朋友不确定该做什么的时候，鼓励孩子帮助他们 • 让孩子带上一本最喜欢的书（他们了然于心并喜欢读给父母听的书），看他们是否可以读给关键工作者听 • 要求孩子从家里带来一些收集品（最好是属于各个家人的），然后分别讲解给成年人听 • 让孩子扮演"老师"或者"妈妈"，关键工作者扮演一个必须被告知该做什么的"孩子"，并总是做错事，例如，坐在地板而不是椅子上 孩子能够做的： • 开始做出自发的评论 • 在自由玩耍或创意活动期间自由交谈（孩子说的话可能更多的是解说员式的评论，而非直接指向关键工作者，但是当关键工作者提出问题时，孩子不会感到慌乱紧张） • 将几个句子串在一起，例如讲述故事或在结构化的游戏或活动中给关键工作者发出指示

注：请参阅附录A（线上资源）以获取适合各年龄水平的游戏和活动创意。

表 10-3　自信的谈话：通过孩子能轻松交谈的朋友建立一对一的谈话

阶段	儿童的表现	目标行为
3	乐于用非言语方式与关键工作者交流，同时在别人看不见、听不到的地方和朋友说话	关键工作者要做的： • 劝阻孩子的朋友，请他不要替孩子回答问题，例如"没关系，理查德，吉米可以通过点头或摇头（或用手指）来告诉我" • 让孩子有空间在家里与可以交谈的朋友共度时光，不在关键工作者的注视下 • 表明说话是"安全的"，例如："没关系，你不需要和大人交谈，我知道此刻你感觉说话很困难。你可以只和理查德说话，就像你在家里做的那样。""你们两个人可以告诉彼此你们想要建造什么，而我要去挑选饮料。""吉米，你能到外面找理查德，并告诉他我找到了他的机器人吗？" • 表明可以将朋友作为中间人，例如："吉米，如果你遇到困难，告诉理查德，他会让我知道。""理查德，你能问吉米他想喝什么，然后过来告诉我吗？" • 让孩子和他们的朋友一起玩轮流玩的游戏，其间孩子不需要说话（参见线上资源附录A，阶段3） 孩子能够： • 与指定的关键工作者建立融洽的关系（表8-1） • 即使他们远离主要群体，也能够在特定的情境中与朋友交谈

（续）

阶段	儿童的表现	目标行为
说话桥	容忍声音被听到	关键工作者继续上述行为，但更接近孩子。关键工作者通过以下方式确保孩子感觉舒适： • 不刻意看孩子 • 看似正忙于其他事情 • 当孩子与朋友交谈时，不大惊小怪 孩子能够在关键工作者面前与朋友交谈（用听得见的声音，而不是用气声或悄声说话）
4	在关键工作者面前，可以通过朋友和关键工作者说话	关键工作者促进 SM 儿童通过朋友进行交谈，并且最低限度地保持其他观察者或听众在周围，确保孩子感到舒适自在： • 关键工作者偶尔通过朋友询问孩子，例如："轮到你了，吉米！理查德，你能问一下吉米，他想要自行车还是踏板车吗？" • 在有固定顺序的轮流游戏里（见附录 A，阶段 4），让孩子与朋友交谈。例如："我们轮流挑选卡片，并告诉我们旁边的人要找哪一张图片来凑成一对。我会告诉吉米；吉米，你告诉理查德；理查德，你来告诉我。" 孩子能够回答朋友重复的问题，或参加轮流玩的游戏，对他们的朋友而不是关键工作者说话
5	使用声音和关键工作者交流（此阶段不是必需的：它有可能是短暂的，或可直接略过）	关键工作者要保持专注于孩子发声的有趣性并确认内容，而不直接提到孩子在他们面前说话了这一事实 孩子能够通过大笑或者在喉咙里发出声音（通常嘴唇闭合）直接与关键工作者互动，例如发出声音并摇头表示："不，不是那个！"
6	用单词与关键工作者交流	关键工作者要： • 在玩轮流游戏时，调转方向，这样孩子就可以和关键工作者说话，而不是和他们的朋友说话 • 在与朋友玩耍时偶尔询问孩子问题（有关如何进展及其示例，请参阅表 9-1） • 在没有朋友支持的情况下玩游戏（参见附录 A，阶段 6） 孩子能够用一个词来和关键工作者说话，或回答关键工作者
7	用句子与关键工作者交流	请参阅表 9-1

　　成年人也可以引入一个玩具或木偶，并使用不同的声音替它们说话，越搞笑越好！通过替玩具说话，成人可以直接对孩子说话或与孩子的玩具、木偶"交谈"。对孩子来说，回答这个新角色的问题可能会让他们感觉更"安全"，因为这个角色不带任何互动的期望。一旦孩子与新角色交谈，成人也可以逐渐使用

正常的声音，创建一个三方对话，正如前文"通过其他孩子交谈"中所述。

有些孩子使用玩具来表达自己，以第三人称指代自己，例如"菲亚想要饼干"，尽管他们在家里能正确使用"我"这个称谓。这表明孩子想要进行交流，但尚未做好准备进行直接和不受限制的对话。除了接受这个临时阶段并借由玩具回应（例如"看看菲亚是否会喜欢其中一个"），成年人应该借此机会再次通过玩具让孩子放心。例如，"请告诉菲亚，她可以自己问我要饼干。我知道她还没有准备好说很多话，那没关系，她自己愿意说话时才需要开口"。

和孩子交谈

有六种方法可以帮助孩子与新来的孩子交谈

1. 邀约一起玩。工作人员可以向家长提供相关的主意，诸如邀请谁来家里或去公园，为 SM 儿童提供更舒适的环境以开展谈话。

2. 选择游戏材料。使用对讲机或谈话管（参见附录 F），通过保持有效的距离让 SM 儿童与他人交流。同样，使用面具和木偶会分散投入到新来的孩子的注意力，可能使他们更容易说话。

3. 提供私人空间。儿童在不易被看见的地方，例如藏在帐篷、屏风、书柜、或由大纸箱制成的"堡垒"中或背后，他们往往可以更容易地与另一个孩子聊天。也可以是在操场上、隧道中或攀爬设备下，或者仅仅是在一些靠着栅栏搭成的"窝"里。

4. 让其他孩子参与干活。干活和跑腿的差事（如洗手、洗画笔、整理图书角或把登记册送到办公室）都是很好的非正式活动，孩子可以成对做。尽可能让父母参与，因为这些活动是非正式的，有时只花短暂的时间，但完成它们可能让 SM 儿童在另一个孩子面前说话或与之交谈。

5. 让其他孩子参与游戏。一旦孩子在教室或操场的角落与父母或工作人员自如地交谈，可以邀请另一个孩子加入。

6. 三角战术。这是一种帮助孩子与新朋友交谈的非正式方法。当成年人可以单独与两个孩子交谈，但两个孩子还没有相互交谈的情况下，可以使用该技巧。有关的详细信息，参见图 9-4，在早期教育环境中，把父母替换成孩子可以交谈的成人。

和陌生人交谈

这个话题更适合放在关于父母的章节——参见第 9 章。

自信谈话的模式：小组参与

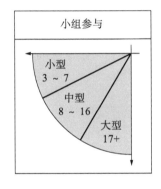

随着孩子能交谈的成年人和同龄人的数量逐渐增加，他们可能会习惯以三人一组（父母之一、工作人员和孩子，或工作人员和两个孩子）进行交谈，但会被较大的小组吓倒。这时可以通过以下方式促进交谈。

a）家长或工作人员可以在与孩子的游戏和活动中逐渐引入一个新来的孩子，让孩子参与不同的小组。孩子在与至少一半的同班同学交谈之后，就会更倾向于参加全班活动。

b）点名可以通过自己注册、挥手或集体回答来进行（参见第 8 章讨论的讲义 9 和讲义 10a）。

c）"围坐时间"活动的管理，可以预先告知儿童这种轮流活动，允许孩子用非言语形式参与。例如，孩子通过提供物品线索"告诉"同学他们的新闻，让其他孩子来猜测，而孩子可以点头或摇头作答。更好的方法是，孩子在家中录制他们的发言，并在"围坐时间"播放（参见附录 F）。

d）鼓励孩子带一个玩具，里面有他们用迷你录音机录制的信息，并将信息单独播放给其他儿童和成人。也可以让他们在木偶戏中使用玩具，让每个人听到他们的声音（参见附录 F）。

　　e）要求儿童小组尽可能一起说话，以平衡 SM 儿童难以参与的个人轮流活动。让孩子感到齐声说话或齐声唱歌是"安全"的，可以说："我知道现在让你说话对你来说有点过于恐怖，但如果你愿意，你可以唱歌或与其他人一起说话。"尽量不要太密切地观察孩子是否加入。当他们认为自己的声音会被其他人淹没，并且没有人在看他们时，他们会进行尝试。而且，虽然他们这样做时你会很激动，请表扬整个团队的精彩表现，而不是表扬个别孩子。

　　f）在给儿童小组阅读故事时，让 SM 儿童以行动或物件参与，而不要向他们提问。同样，让小组尽可能齐声说话，带有重复句子的书非常适合在这种情况下使用（在互联网上搜索"带有重复句子的书"或"重复文本"以获得灵感）。丽贝卡·伯格曼的《说话的故事》（*Stories for Talking*）列出了不同的语言水平，最初把重点放在理解任务上面，这能让那些尚未说话的孩子和喋喋不休的孩子一样参与说话（参见附录 F）。

学校环境

　　"早期教育环境"中给出的建议可能针对 5 ~ 6 岁的孩子；家访适用于任何年龄孩子的初次引入，以及在家接受教育或计划重返教学环境的学生。

　　本节介绍：

　　1. 许多学龄儿童需要处理持续的焦虑，特别是那些以往不被理解的孩子的持续焦虑，需要以采用结构化小步骤方案的正式方法来处理。

　　2. 非正式的方法可能足以帮助孩子解决他们的困难，特别是当 SM 在早期就被发现，并在一开始就得到体贴的对待，以及学生正在积极地准备重新开始时。在其他情况下，非正式的方法在制定小步骤方案时提供了有用的权宜之计，并应继续作为整个计划的商定部分。

小步骤方案：有效实施的一般原则

引导和推广说话的技巧基于分级暴露的行为学原则。因此，首先确保理解成功的小步骤行为方案的心理学原理和组织方式至关重要。如果遵循本节中的指导，SM 儿童就可以取得良好进展。如果出现问题，请参见第 12 章。

a）找一名关键工作者

首先，找一个合适的人来担任关键工作者的角色。关键工作者主要负责引导和推广孩子在学校谈话，定期制定目标。

关键工作者可能是经验丰富的专业人士或志愿者，但有些人比其他人更适合，如专栏 10-2 所示。尽管这项任务最初可能令人生畏，但对 SM 最深入的理解无疑来自作为关键工作者的经验。成功担任该职位的学校员工经常报告说，之前的教学经验很少对 SM 管理有用。

学校有时无法提供关键工作者，这时父母必须担任该角色。这并不是理想的选择，因为关键工作者是一种正式的角色，需要更少的感情牵绊才能取得成效，往往父母和孩子会对减少感情牵绊感到不适。不过父母也是可以做到的，特别是当孩子年龄小，愿意父母出现在学校时，效果会更好。成功是建立在父母与学校之间的良好工作关系基础之上的，因为父母需要具有与学校关键工作者一样的灵活性和影响力。

b）干预活动的长度和频率

引导谈话的结构化小步骤方案的持续时间通常应该是 10 ~ 15 分钟，并且每周至少进行三次以保持势头。积极学习需要经常的重复和强化。如果不经常进行，实现的目标可能会白费了，因为每次都需要完全回溯到之前达到的位置。年龄较大的儿童和青少年可以忍受时间更长的干预时间，并从中受益以达到特定目标，但如果建立在前一个目标的基础上，他们仍然需要每周会面一次以上以巩固。

专栏 10-2　一个成功的关键工作者有什么特点？

一个成功的关键工作者应具有以下特点。

- 充分理解 SM 的发展和治疗的基本原则。

- 拥有轻松的气质，即使他们感到焦虑、沮丧或失望（所有这些都必然会在某些时间点发生），仍能传达冷静、积极的态度。

- 能够接受犯错误，玩得开心并自嘲。

- 受到孩子的喜爱和信任。

- 让孩子觉得和他相互尊重。

- 当孩子不说话或不合作时不介意，重视孩子的焦虑，并考虑下一次以另一种方法来减少焦虑。

- 不会过于情绪化或有占有欲。

- 在需要时请求帮助。

- 庆祝孩子的成功，即使这意味着放手。

干预活动时长保持固定，由于知道何时结束，孩子能够更好地控制他们的焦虑并敢于尝试冒险。可以设置计时器或在时钟上显示结束时间。

c）将工作与儿童的优先事项联系起来

如果方案纳入并努力实现孩子的利益和优先事项，那么工作就更容易坚持下去，成功的可能性也会更大。有关如何在评估期间查探出这些信息，以及如何在治疗方案中使用这些信息的示例，请参见第 5 章。

让孩子在方案的实施过程中对人或事情进行分类、排序或评级也很重要，可帮助你规划接下来应该做的事情。这也让孩子放心，你在顾及他们的偏好和观点。有关分类、排序和评级活动的示例，请参见图 5-6 和图 5-7。

d）让孩子全方位参与，同时提供明确的指导

与孩子的良好沟通对取得进展非常重要，但过多的细节会令人难以招架。所以概述一下干预方案是很重要的（例如 "我们可以逐步帮助你一次与一个人交谈"），接下来最好一次只关注一个目标，例如与关键工作者交谈或和一小群同龄人一起读书。准确告诉孩子每个步骤涉及的内容，尽可能围绕他们的兴趣和优先事项来制定目标（参见上文）。

然而请注意，当与焦虑的人一起工作时，期望他们设定自己的目标效果会适得其反：让他们考虑他们之前回避的情况，会使他们感到过度焦虑而无法清晰地判断什么是可能的，什么是不可能的。孩子需要确信关键工作者知道如何提供帮助，最好通过明确的指导来向孩子证明这一点，即"你现在已经准备好了"而不是"你认为我们接下来该做什么"。

不过，在指导孩子朝某个方向前进时，酌情提供选择是对的。例如，可以说"你现在准备让朋友加入，有没有你想选择的人"或"你希望他是 [X] 还是 [Y]"。如有必要，让他们从名册或照片里进行选择。

e）设定适当的目标

一个成功的方案一次只能处理一个目标（或小步骤），无论是关键工作者在治疗时间中设置的目标还是给孩子布置的作业。一旦完成这一目标，就继续推进到下一个目标，这样孩子每次看到的目标都不会太远。

通过一次只更改一个变量来创建小步骤进度，例如：

- 在场的人选
- 在场人员的接近程度或就座位置
- 在场的人数，无论是执行任务的人，还是在背景中来回走动的人
- 轮流的方向（孩子对熟人还是新人说话）
- 身体参与的程度（发音的努力、目光接触、手势、动作或触摸）
- 完成任务的时长（任务要简短、具体而不要是开放式的，例如"读五个字"或"读一分钟"，而不是"读给我听"）
- 任务本身的性质和"风险等级"（参见本节末尾的表 10-4，将活动分为低、中、高风险）

在一次治疗时间内对实现目标的数量没有要求，除非时间到了或需要休息，孩子可以一直继续下去。附录 C 中有小步骤方案目标的具体示例。

f）以"热身"开始每次治疗

在一次治疗中，通过一系列小步骤实现了特定目标之后，不能指望孩子立即开始迈向下一个治疗目标。我们建议回溯并重复两个步骤后再继续向前。从长远来看，这样获得的信心会节省治疗的时间。

如果孩子正在努力完成新目标，例如与不同的人或在不同的地方交谈，就不可能回溯和重复以前的目标。这时就要进行热身活动，与关键工作者单独或者在平常环境中预演一遍事先选好的活动。这样孩子可以为即将到来的事情做好准备。

一旦孩子能够主动和某人交谈，即使几周或几个月之后，他们也不需要热身活动就能再次与该人交谈。

g）对已取得的成就做记录

让孩子清楚地记录他们所取得的成就以鼓励他们，而不是列出令人生畏的"待办事宜"清单。幼童可以用勾、星号或贴纸标记每个目标，而大龄孩子可以在个人的储物盒中加入索引卡。给孩子同时设立多个目标的唯一情况，是他们熟悉一种技巧，并正在重复并推广到其他人。孩子也可以用电脑打印出计划来提醒自己。附录 C 中提供了儿童记录系统的例子。

请注意，使用有吸引力的贴纸来记录进度与奖励系统不同，贴纸只用来增加乐趣，让治疗更有意思。

h）使用奖励作为激励

如果已经解释了方案的基本原理，并让孩子明白其中的好处，那么当孩子达到目标时，成功本身就是一种奖励。如果孩子与关键工作者建立了良好的关系，那么只是花时间在一起就已经是愉快而有效的奖励了。因此，没有必要通过奖励提供外部激励。实际上，引入奖励会增加不必要的压力，强调成年人是多么希望孩子取得成功。不过，奖励孩子的努力和尝试是件好事，但不要奖励谈话本身。我们建议使用奖励来庆祝成就，而不是增加刺激或吸引孩子以某种方式行事。例如：

- "你一直在努力完成任务，今天我们可以去享受一下！"
- "我昨天和你玩得很开心，想对你说'谢谢'。"
- "你做得很好，当你填满另一张贴纸表时，我们一起庆祝怎么样？"

i）在合适的时间引入合适的人

必须注意要在适当的时候引入新人。例如，如果孩子与某个特定工作人员没有什么关系、认为他们是权威人物、害怕失败或特别想成功，他们的焦虑程度就可能过高，以至于在最初任何技术都不能成功。如果他们在有帮助的情况下第一次与"威胁"较小的成人或儿童交谈，他们就会获得更多信心。在学校，孩子可能与当前的老师有很强的失败联结，曾多次尝试说话却失败了。在这种情况下，最好首先与助教进行沟通，并努力把谈话推广，使孩子能与下一年级的教师谈话。

j）检查孩子在治疗期间的焦虑情绪

使用快速检查来密切注意孩子在治疗期间的焦虑或放松程度，例如使用焦虑评定系统、标号的刻度尺、一组"高兴到闷闷不乐"的脸，或 1～5 根手指（参见图 8-3）。这是关于孩子管理情况的重要反馈，它向孩子表明你将他们的焦虑情况纳入你的方案规划中。一旦成人更深入地了解孩子的焦虑触发因素，就能更好地调整与孩子的互动，并计划适当的支持。

k）确保孩子使用可听见的声音

在塑形方案中，低声耳语只被设定为发出非嗓音声音的目标，例如"s"和"t"。无论声音多么小，孩子必须使用可听见的声音来实现谈话目标。偶尔提醒"用你勇敢的声音"或"发出你的声音"可能是必要的，但一般来说，方案的设置应确保焦虑程度低到孩子足以能够发声。然后，随着短暂的可掌控任务的实现，孩子的焦虑消失，他们放松并且呼吸更深，音量通常会自然增大。如果有必要，发出搞笑的声音和嗡嗡声可以提供帮助，也可以一起玩蒙上眼睛的障碍游戏，游戏中关键工作者无法读唇语，当听不清时可以对孩子说："对不起，你说什么？"

1) 妥善处理未实现的目标

绝不能让孩子感到他们很失败，告诉他们只是因为他们的焦虑太大，他们才无法成功。关键工作者的工作就是让具有挑战性的目标步骤变得更小，让孩子更容易应对。关键工作者可以立即把任务变得更短或更简单，或者通过非常随意的话提前结束治疗，比如"让我们今天就到这里，我知道很难，没关系，我们下次再试"。经验丰富的关键工作者可以使用这两种方案中对孩子最有利的一种，但建议经验较少的关键工作者选择提前终止干预活动。这可以提供喘息的空间和做计划的时间。这也意味着孩子会对会面的终止感到失望（假设他们与他们的关键工作者有良好的关系），而不是对压力消失松了一口气。

有时不可能使目标变得更小，阻止孩子成功的全部原因是他们对未知领域的恐慌。孩子需要额外的力量和决心来消除恐惧障碍。这时，提前终止干预活动的经历可以带来重新尝试和实现目标所需的驱动力，从而确保治疗继续进行。

 因此，当目标变得太困难时，用于实施干预方案的时间不被无挑战性的有趣活动填满是非常重要的。当知道无论他们是否达到目标，他们与关键工作者相处的时间都是固定的时，很多孩子自然会越来越少地尝试。

根据我们的经验，为实现一个目标，最多终止干预活动两次就能成功。但是，我们必须强调，只有在确定目标不能划分得更小时才能终止干预活动。即使提前终止，也要确保孩子感觉良好，重点关注他们做得好的事情（例如以极快的速度完成热身活动）。

表 10-4　活动的风险等级（焦虑负荷）

风险	用单词回应的活动	用句子回应的活动
低	固定顺序说话：计数、一周中的星期几、一年中的月份、字母表的字母（在轮流进行的活动中，最初每个人依序一次说一个项目，然后一次说两个或多个项目） 事实陈述：用"是"或"否"回答问题（例如"婴儿可以飞吗"）；回答"X 或 Y"的问题（例如"草是绿色还是紫色"）	固定顺序说话：计数、一周中的星期几、一年中的月份、字母表的字母（在轮流进行的活动中，最初每个人一次依序说一个项目，然后一次说两个或多个项目，到后来，孩子单独朗读序列内容）、一起唱歌或说话、在故事或儿歌中说重复的"主题句"、事前排练过的演讲（例如戏剧表演中的一句话） 事实陈述：完成简单句子或词对（例如"鱼和薯条"） 朗读：熟悉的材料（适用于自信的阅读者）；参与朗读一部戏剧 顺序固定的轮流游戏：玩"战舰"或"猜猜是谁"等游戏
中等偏低	事实陈述：命名简单的图片（例如玩"配对"游戏）；用单个词完成惯用短语或句子（例如"你坐在___""热和___""桌子和___"） 朗读：简单的词；通过在文章中找到答案来回答问题（自信的阅读者）；玩"词语的多米诺"游戏	事实陈述：提供定义或描述图片，以便其他人可以猜到该词；用简单的短语或句子回答问题 顺序不固定的轮流活动：玩需要提出简单请求的游戏（例如"鱼""快乐家庭"） 朗读：将卡片配对来组成句子、儿歌或问题／答案；读一句话并补充遗漏的单词；读出填字游戏的线索并解出答案 个人信息：提供详细信息，如姓名、年龄、出生日期、地址、电话号码、学校、教师姓名
中等偏上	事实陈述：回答简单的问题，没有图片参考（例如"你几岁了"）；举出一个类别的物品的例子（如颜色、食物、动物） 朗读：在句子中识别缺失的词；重组词来表达句子（适用于自信的阅读者） 表达好恶：提供某一类别中最喜欢的项目（例如颜色、饮料、汽车、音乐人）；说出最不喜欢或"最糟糕"的项目	顺序不固定的轮流活动：玩需要提问和推理的游戏（例如"Hedbanz"猜猜游戏、"20 个问题"），给出完成活动的规则说明；遵循游戏规则，如果不清楚该怎么做，寻求澄清 社交惯例：说"谢谢""是这样的""不，我没有""我不确定""我不知道"等，而不是点头、摇头、耸耸肩或只是说"是"或"否" 连贯的说话：详细说明"如何……"（例如制作三明治、抓鱼、放风筝、准备睡觉、为幻灯演讲文稿添加声音） 无准备的说话：回答意想不到的问题

（续）

风险	用单词回应的活动	用句子回应的活动
高	思考技巧：例如玩"字词串"、脑筋急转弯 猜一猜游戏：例如"我发现""吊死鬼"等猜词游戏 朗读：难的词（对于不自信的阅读者）、读出并混合单词 启动：呼叫，例如"拍""好""停止" 社交惯例：说"再见""嗨"或"你好""请"	会话：发起联系或请求、请求帮忙、更正错误、谈判 口头推理：推理和演绎、替代解决方案、解释说明 个人贡献：讲笑话，分享意见、恐惧、挫折、愿望 无顺序的轮流游戏：玩"不要说！""给我们一个线索""抱怨！"等游戏 连贯的说话：就一个话题谈论30秒，话题可以是最喜欢的电影、电视节目或爱好，或者以"我的家庭"为主题

注：1. 在设计一个引出和发展说话的方案时，从左上角开始向右下进行，绝不要以相反方向进行。

2. 根据孩子的年龄、能力和兴趣从每个框中选择一个或多个活动，无须完成所有活动。

3. 加入额外的人、背景观众或时间压力将增加焦虑负担。

4. 在引入另一个人或更改地点时，返回更容易的活动，将高风险活动留到最后。

有关个人、小组和全班活动的详细信息，请参阅附录A（在线资源）。

自信的谈话模型：人群范围

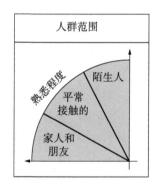

我们希望患有 SM 的孩子最终能和学校里的每个人交谈，但现实地说，首先确定关键工作人员和几个同学是很重要的。进度图表 1（线上资源）可用于记录总体进度，在最上面一行填入他们的名称。如第 9 章所述，本图表仅供工作人员参考，不应分享给儿童。家长们也可能希望在校外做一份单独的联系记录。

非正式策略

除了后面的小步骤方案，还有三种非正式策略，所有工作人员都需要了解和谨慎使用，详情如下。

　　a）以父母或朋友为中间人

　　b）分级提问

　　c）三角战术

　　这些策略必须对孩子私下使用，不能在整个班级面前使用。例如可以用在家长—教师咨询会议中、在图书馆一角的小组讨论中，或者在运动场边进行的一对一互动中。第一个策略可以让孩子感到足够舒适，能在工作人员面前与他人交谈。如果处理得当，这一步骤往往会让孩子直接交流。第二个策略是与孩子建立良好的关系，密切注意他们的焦虑水平，并在他们的焦虑减少时逐渐引入一系列问题提示。一旦孩子可以与特定的工作人员交谈，第三个策略就可以用来帮助他们与另一个成人或同伴交谈。

　　成功取决于孩子知道他们的谈话困难是被人理解的，并且相信只要他们需要，他们可以在更舒适时以其他方式进行交流，例如通过其他人传话或写字条。如果他们担心与一个人说话会导致被期望在其他情况下与其他人交谈，那么他们很可能会保持沉默。

　　我们不一定会立即看到这些非正式策略的成效，使用这些策略需要耐心和一致性。它们在长时间的一对一互动中特别有效。例如：

- 一位老师每天到年幼的 SM 儿童家里接她上学，直到她安顿下来。几个月后，孩子在学校开始自由交谈。
- 暑假期间，一名助教在当地公园与一位 10 岁的女孩建立了融洽的关系，最初女孩的母亲在场。当孩子回到学校时，和助教间的轻松谈话有助于逐渐将谈话扩展到其他人。
- 与校园场地管理员一起工作的经历，使一名青少年第一次在学校说话。
- 一名大学生在图书管理员的带领下对存档产生了兴趣，并建立了他对谈话的信心。

a）以父母或朋友为中间人

表 9-1 中阶段 0 ~ 4 和本章前面的"通过其他孩子交谈"中详细介绍了此方法。

通过孩子的父母或与孩子交谈的朋友提出问题，最好避免目光接触。例如，对父母说"也许你现在可以问彼得他更喜欢哪门课程"，然后目光向下，看起来在忙于记笔记。确保父母也了解该策略并简单向孩子询问，而不是让孩子直接回复你。一旦孩子在你面前能自在地说话，下一个策略就有更大的成功机会。

b）分级提问

定期和孩子见面的工作人员应该逐渐与孩子建立融洽关系，将它作为日常互动的一部分，并系统地改变他们的提问方式，如表 9-1 和图 9-2 所示。虽然每一个工作人员都可以使用这种策略，但要注意不要给孩子过多的关注。必须以孩子的速度进行，只有当孩子在每个阶段能用放松的肢体语言和稳定的声音回应时，才能进入更高阶段。

例如，当孩子在你面前轻松地与朋友交谈，或者对诸如"好吧，我能说艺术不是我最擅长的科目吗？"这样的修辞问题可以愉快地回答时，你可以尝试问"X 或 Y"这样的问题，比如："答案更接近 20 还是 200 ？"在别人听不见的情况下才采用这种方法非常重要。毕竟，孩子已经得到保证，除非他们自愿，否则不会在现阶段被选中回答课堂上的问题。至少在最初阶段，孩子可以轻松回答提出的问题。

在你提出问题后，请看向别处并慢慢数到 5。如果孩子回答，请冷静地继续谈话，好像说话是世界上最自然的事情。如果他们不回答，请不带任何不满或失望地开启对话。例如："一旦你决定了，就将答案写在这里。"无论哪种方式，返回评论式谈话一段时间并确保孩子完全放松，然后再次尝试。如果你确信孩子即将发言，请再次重复原来的问题，再次数到 5，给他们另一个回应的机会，例如："你认为答案是什么，20 还是 200 ？"

密切注意孩子对提问的反应非常重要。如果有迹象表明孩子的焦虑或回避增加（例如没有目光接触或错过课程），应该终止策略，审查整体计划并考虑替代方案。

c）三角战术

三角战术可以帮助孩子在课堂外第一次相互交谈，而无须采取正式的干预策略。该技巧需要谨慎使用，让 SM 儿童及其感到舒适的同伴在远离公众的地方（如图书馆一角或学校的运动场）进行。

三角战术还有以下优点。

- 有助于打破 SM 儿童由其他孩子代替说话的习惯；
- 当孩子在结构化活动中相互交谈后，三角战术促进了交谈的推广；
- 这是一个促进小组讨论的好方法，包括与儿童、青少年和成年人交谈。

有关详细信息，参见图 9-4（工作人员担任父母的角色）。

使用小步骤方案与关键工作者交谈

如果 SM 儿童在几次建立融洽关系的干预活动后，或者在新学校的前几周没有说话，等待并希望突破发生是不明智的，因为这种突破可能永远不会发生。使用特定技术的小步骤方案将快速跟踪进度并使 SM 儿童能够与关键工作者进行交流，而关键工作者可以帮助他们进一步与他人交谈，参见"将谈话推广至其他成人和儿童"和"参与团体活动"。

专业人士可以培训教学环境中的员工使用以下技术，或者他们可以亲自使用这些技术进入孩子的舒适区，然后再与学校的关键工作者交接，还可以使用这些技术支持过渡到新环境的学生。

a）渐入技术

b）朗读途径

c）单独说话

d）电话方案

e）塑形（从手势到声音再到说话）

技巧的选择取决于工作人员和父母是否能够参与以及他们对干预方案的承诺，还有孩子进入学校的可能性、年龄和焦虑程度。我们通常不为 15 岁以下的孩子提供选择。相反，我们引入最可行的方法，并解释这些方法如何能够帮助他们不焦虑地说话，以及我们何时开始使用这些技巧。但是，随着孩子逐渐长大，一旦他们明白自己正在面对的是谈话恐惧症，我们就会给他们解释各种选择并帮助他们权衡利弊。

a）渐入技术

渐入技术在本手册第一版中首次记录。当孩子在试图说话时持续僵住、耳语或产生非常不自然的声音时，它仍然是我们通常选择的方法。因为对大多数孩子来说，它产生的焦虑最少（见本章开头的"分级暴露"）。它依赖于父母或孩子舒适区内的其他谈话伙伴能定期与关键工作者一起工作，并且孩子可以自在地与父母一起工作。然而，情况并非总是如此。例如，大龄孩子可能对父母出现在学校感到尴尬。另一种方法是在家中或通过电话实施该技术，如下所述。

无论在何处使用渐入技术，重要的是找到一个不被打扰的安静房间（必要时在门上放置"请勿打扰"标志）。另一个考虑因素是时间。如果房间位于繁忙的走廊，可以听到其他过路学生的声音，那么孩子就会意识到同学的存在而无法放松。在没有其他孩子的情况下，例如在上学前后，可以使用教室。

可能需要 1 ~ 2 个小时的目标设定时间，来帮助孩子与新人一起到达阶段 7（在结构化情境中使用句子），因此可能需要至多六次 30 分钟的诊所或家庭干预活动，或者在学校进行六至十次 10 ~ 15 分钟的干预活动，为时两到三周。如本章后文所述，可能还需要后续干预活动才能转向自发说话。经验丰富或自信的关键工作者可以在单次延长的干预活动中成功将自己渐入到孩子的舒适区。

我们对年龄较大的孩子（9 岁以上）推荐这种方法，他们完全理解渐入技术的原理并能与新成人保持融洽的关系。对幼儿来说，如果他们感到舒适并且没有显示出身体的紧张，单次干预活动也可适用于他们（参见附录 C，例 1，其中一名 6 岁的男孩在 30 分钟内第一次与两个人交谈）。

 如果无法找到不被打扰的房间，请考虑在学校没人的时候（例如学校放假期间）进行单次干预活动。这对很难反复请假的父母来说也可能更容易。

详细说明请参考讲义 16 的"渐入技术"（在线资源），以及进度图表 3 和 4，用以做干预活动笔记和总体进度记录。在父母或其他谈话伙伴"渐出"之前，确保孩子可以独立与新人交谈，否则渐入过程是没有完成的。

b）朗读途径

朗读通常是语言活动中最不让人害怕的形式，因为孩子不必担心说错话或被期望进入不可预测的个人对话世界。这是一种无论父母或其他谈话伙伴在与不在都可以使用的方法。对有阅读能力的孩子来说，当他们独自与关键工作者在一起时，能够用自然、哪怕很小的声音朗读，那也是一个很好的起点。因此，朗读是一种建立谈话的快捷途径，适用于许多大龄儿童或青少年，以及患有"轻度"SM 的儿童。再次强调，方法的成功取决于孩子知道他们的困难被理解，并相信在朗读中，不会突然被期望说过多的话。

低龄儿童可以通过阅读小组进行朗读，在小组中孩子们一起阅读相同的内容，用手指文字并读出能读的词。或者，一开始

泰的第一个任务是在我的演示文稿中嵌入动态图像说明。我采用了他写得很棒的指令，他在一旁观看并做出非言语反馈。

他的第二个任务是准备安装免费软件的说明，并读出说明以便我能专注于电脑屏幕。这是他第一次在干预期间说话。

在他的第三个任务中，我打电话给他以寻求类似的说明，随着我问他问题并试图在屏幕上找到正确的部分，我们进行了更自然的双向交流。在那之后，泰在干预期间能够轻松说话了。

他们可能愿意对父母朗读，让老师和关键工作者在学校或通过电话聆听（请参阅下面的"电话方案"）。

大孩子在完成表格 8a 或 8b 后，如果他们评价朗读比其他活动引发更少的焦虑，你就可以要求他们大声朗读。对于一些孩子来说，采用一对一的朗读方式来取代课堂演讲会让他们感到更加轻松。有些学生在经过一段时间与工作者建立了融洽的关系，并且他们的困难得到解释后，开始愿意尝试朗读。介绍该任务时需要说明，你理解有些事情是很困难的，比如被问到意想不到的问题，但是朗读通常会更容易，这是因为孩子不需要组织语言来表达自己。可以给他们一个短段落让他们朗读，告诉他们读到哪里停止，此外，最好坐在他们身边而不是对面，这样孩子在朗读时就不会觉得被人审视。

在一对一的互动阶段中，朗读是一个"声音"目标（阶段 5），因为它不涉及实际的沟通。如讲义 18 所述，从孩子熟悉的段落或事先看过的作品开始，活动可以在几次干预活动中转向真正的沟通。如果孩子声音很低或紧张，可以先独自在相邻的房间朗读（参见下面的"单独说话"）。

c）单独说话

如果没有谈话伙伴且孩子不能在与关键工作者或专业人士在同一个房间里时朗读，可以采用单独说话的方式。在孩子确信不会被听到的地方，让孩子独自一人用正常声音计数或朗读。附录 B 中有完整的细节和建议目标。孩子可以对着治疗犬或特别喜爱的宠物朗读。

基本上，一旦孩子能够容忍被听到的可能性，就要进行讲义 18 的"阅读途径"步骤 1 ~ 3，孩子在相邻房间朗读时把门稍微打开。然后当成人慢慢进入房间加入孩子时重复步骤 3，最后进行步骤 4 和 5 来完成该过程。

d）电话方案

· 远程通话途径

这种方法可以帮助孩子习惯与父母或其他合适的谈话伙伴交谈，被选中的人通过电话进行收听。例如，在转换学校之前，一些教师已经成功使用这种方法听到孩子在家阅读。有关详细信息，请参阅附录 B（在线资源）。

• 语音邮件途径

这种方法不依赖额外谈话伙伴的参与，从电话留言到面对面互动的进展如下：

- 短信、电子邮件或书面文字；
- 语音信息（录制和发送录音）；
- 语音信箱（呼叫和留言）；
- 电话交谈；
- 面对面交谈。

语音信箱比语音信息更接近实际交谈，因为它需要现场拨通电话，孩子因此更加焦虑。使用语音信箱需要确保接收者不会无意中接听电话，因此事先发送短信提醒一下可能会有所帮助。详细信息请参见附录 B。

• 使用手机的渐入技术

这与渐入技术的工作方式相同，即使用低风险的轮流活动（计数）继续谈话，同时新人逐渐接近，但可以在没有谈话伙伴的情况下完成。对于在与他人相邻的房间内无法独自说话或在学校内无法找到私人区域的儿童，使用手机的渐入技术也是一种替代方式。

菲力克斯（9岁）能用非言语的方式与我顺畅交流，但一旦我走进他家，他就不说话了。他告诉妈妈他想跟我说话，为此我们使用了渐入技术。我把车停在他家车道一侧后下车，他和妈妈交替数到20，然后妈妈打电话给我并把手机扬声器打开，我听见他们重复交替计数。之后我开始数“1”，妈妈数“2”，菲力克斯数“3”，依次类推，直到数到10。我们重复着这个步骤，同时我渐渐走到他家的前门。我每次都告诉菲力克斯我的起点位置，他在我们绘制的地图上用贴纸标记他的进步。不久当我在他家的走廊里时，在知道我在家里的情况下，菲力克斯第一次对我发出了声音。

幼童可能会受益于父母的支持，但主要的需要是孩子或青少年与新成人之间建立良好的关系。有关详细信息，请参见讲义 17（在线资源）。在活动结束时，孩子将能够在同一房间内和新成人一起计数。然后，他们可以继续使用标准的渐入技巧（讲义 16）或阅读途径（讲义 18）。

e）塑形（从手势到声音再到说话）

从手势到声音再到说话的非正式渐进式塑形方法适用于 5 ~ 6 岁的儿童，对年龄较大、更焦虑的孩子而言，我们通常不建议采用这种小步骤方案。使用这种方法，需要比上述方法更长的时间来让孩子说出单个的词。但是如果父母不能参与，孩子在独处时不能朗读或出声说话的情况下，这种方法可能会很有用。长期患有 SM 的青少年也可能会选择塑形，因为先发出单个声音可能是他们最需要考虑的问题。

脱敏是塑形方案的重要组成部分。孩子给自己录音，并逐渐习惯让关键工作者或专业人士听到他们的声音。因此，可以在初始阶段通过电子邮件管理整个塑形方案。青少年在笔记本电脑、智能手机或平板电脑上录下声音、音节和文字，将文件通过电子邮件发送给关键工作者。这需要很大的信任，关键工作者可能需要向青少年保证他们听完录音就会立刻删除。当难以进行定期会面时，这可以作为面对面干预的替代方案。

有关塑形方法的详细信息请参阅附录 B，以及附录 C 中的目标示例。

将谈话推广到其他成人和儿童

在进展到句子水平（阶段 7）后，可以使用或重复使用阅读途径、电话目标或渐入技巧，来引入其他关键的成人和儿童。理想情况下，在学校工作的关键工作者，将作为孩子的谈话伙伴引导该推广过程，但如果没有工作人员可以作为关键工作者时，父母可以担任此角色。

在推广阶段，频繁使用贴纸或打钩来确认进度的方法很快就淡出了历史舞台。尽管在将谈话推广到老师这样的关键成人时，重复小步骤方法和眼见为实的认可也许会有所帮助，但这对同龄人来说既不必要也不可取，除非孩子和同龄人在干预活动结束时都得到贴纸。孩子熟悉这种技巧，因此推广目标是在活动中纳入新人。干预活动结束时以一对一的方式确认进展情况。

在孩子与每个新人交谈之后，关键工作者离开干预活动一段时间是非常重要的，可以在房间的另一边找一些事情做或者出去几分钟，让孩子自己完成与新人的活动。此外，安排一个孩子和新人可以在关键工作者不在场的时候开始的活动也很有用。如果父母扮演关键工作者的角色，这一点尤其重要，否则孩子将只能在父母在学校的时候说话。如有可能，现在应该在干预时间之外拨出时间，让孩子在低风险活动中以一对一的方式与新人交谈。例如，大声朗读给老师听，或与同伴一起游戏（参见表 10-4 以了解低风险活动）。

虽然在这个阶段干预活动仍然没有进入到孩子的主要课堂，但是与每个新人交谈所花费的时间，会随着孩子越来越自信而减少，并且不久之后该方案就会进入课堂（参见"参与团体活动"）。

快捷方式

在连续使用两三次小步骤技术后，就可以用更少的步骤来非正式地引入新人。

步骤简化为：

a）新人不在场时的热身活动；

b）新人加入；

c）低风险活动；

d）后续活动；

e）在没有成人支持的情况下重复活动。

第 9 章"热身程序"中有一些使用"快捷方式"的例子。附录 C 中的示例 7 显示了如何使用电话帮助孩子快速把说话推广到他很少接触的工作人员。

可以询问儿童他们希望如何开始快捷程序或从各种活动选项中进行选择。例如，新人的起始位置可以在房间的另一

14 岁的嘉莉决心在没有关键工作者支持的情况下与学校辅导员交谈。她写了一份简短的解释来说明她面临的困难。她建议辅导员离开房间，一分钟后再慢慢进入。当嘉莉独自一人时，她开始出声朗读，并在辅导员进入房间时继续朗读。辅导员对她读的段落提出一些简单问题，然后嘉莉谈论她在交友时遇到的困难。嘉莉知道，一旦她突破心理障碍，让辅导员第一次听到自己的声音，她就能自由地说话了。

侧而不是在房间外面，或者在一个轮流报数的圈子中面朝外坐，几轮之后再转身面对孩子。可以从报数过渡到另一种低风险活动，例如朗读或喜欢的游戏。

三角战术

这种非正式策略有助于确保孩子与其他孩子在特定的干预活动之外继续互相交谈。不要忘记，结构化的活动提供了明确的谈话角色和商定的轮流顺序。在这些结构化活动中取得的成功，并不能保证孩子能够自发进行一般性对话。在经历了数年的沉默和极少的社交互动之后，刚开始说话时孩子可能会感到奇怪或尴尬。孩子和另一个孩子在正式干预期间相互交谈之后，如果与两个孩子能单独说话的成年人能找到更安静的时间与两个孩子一起聊天并支持他们互相交谈，那么这将帮助他们自发地进行一般性对话。

和陌生人谈话

在准备过渡到另一所学校或大学时，孩子除了接受教育工作人员或专业人士的帮助外，最好能够专注于在校外公共场所和陌生人交谈（参见第 9 章）。

在为孩子设定特定目标时，将重点放在在学校说话**或**在社区中说话，但不要两者同时进行。但可以同时关注帮助孩子更容易与陌生人交谈的父母目标。这些已在第 9 章 "消除需求，不给回避策略可乘之机" 和 "与陌生人交谈：家庭支持" 中讨论。

自信的谈话模型：小组参与

在课堂上谈话需要在两个方面进行推广：作为大群体的一部分进行交谈的能力，以及在被几个旁观者注视或听到时与身旁的人或老师交谈的勇气。因此，需要使用小步骤方案将 "小组参与" 与 "在公共场所说话" 相联结进行推广。

在以下情况，孩子更有可能在课堂上交谈：

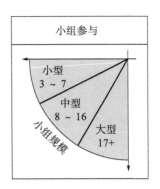

- 人们普遍理解和期望孩子在准备好时会说话。
- 孩子有在 5 ～ 7 人的小组中谈话的经验，小组中包括关键工作者和老师。
- 至少有一半的班级同学听过孩子的声音（没有必要使用"重新开始"）。可能是通过小组活动、听孩子的录音，或者当孩子与关键工作者交谈时，同学从旁边走过或在一旁做事。
- 关键工作者在教室外时，孩子能单独与老师交谈，或孩子能在同龄人小组中与老师交谈。
- 孩子并不关心同龄人的反应（参见下一节"在公共场所说话"）。

增大小组的规模

到目前为止，在与新成人或同龄人以及关键工作者交谈时，孩子进行了三人一组形式的练习。必须逐步增大小组规模，让孩子轻松进入全班活动，如下文和后续的 c）和 e）所述。理想情况下，最初这将在课堂外进行，使孩子的焦虑维持在尽可能低的水平。如果不能在课程时间进行，则可在休息时间或在 SENCo 慎重决定的全校集会活动期间，举行固定时段的干预活动。重点在于快速让同龄人听到孩子说单词或句子，并通过精心计划，使大多数同龄人只需加入该组一两次即可达到目的。同龄人会注意到孩子很少说话，所以在听到你安排了一些活动以帮助孩子习惯在小组里讲话时不会觉得奇怪，他们善解人意，会很乐意参与这项活动。

进度图表 5（在线资源）的 A 部分提供了成就的总体记录，并为将讲话转移到课堂铺平了道路。

a）快捷方式

通过在每个活动中添加一个新孩子，将团体规模增大到 4 ～ 6 个孩子。使用"将谈话推广到其他成人和儿童"中描述的快捷方式。

b）谈话圈（延伸的渐入技术）

一旦孩子熟悉渐入技术，并确信可以依赖该技术，就可以一次引入多人。在一个圆圈中增加两三把椅子，孩子和关键工作者开始交替计数。在发出约定信号后，一个新人进入房间，慢慢坐到圆圈中的位置上并加入计数（例如，关键工作者可以打开门，让每个新人进入，同时继续按顺序计数）。这样一直重复，直到在外面等待的所有人都加入圆圈，然后关键工作者结束计数。

然后，活动从单个词过渡到句子，轮流时沿着不同方向进行。最后关键工作者渐出，不再提供支持，留下孩子与新人继续活动。之后再使用渐入时，可以让新人面朝圈外坐在椅子上，而不是从房间外面开始，这样可以加快这个过程，每次让一个新人站起来，调转椅子的朝向并加入计数。

> 午餐时间，凯利和朋友与她的辅导员一起玩桌游，另外四个女孩在房间的另一端等待，在学校组织旅行时凯利曾在她们面前交谈过。游戏包括掷骰子，并按骰子所示的颜色拿起一张对应的单词挑战卡。有些游戏要求每个人说出最喜欢的动物或电视节目，这些活动可以练习与小组里的每个人进行交谈。
>
> 每轮游戏完成后，四名等待的女孩中就有一人加入其中。在此之后，凯利开始在课堂上与她们交谈，从背景音乐能盖过她们声音的课程开始。

谈话圈技术可用于在同一干预活动中渐入几个新同伴或老师，如附录 B 示例 5 所示。

c）低风险活动

当孩子与更多孩子交谈时，使用小组来排练可以转移到课堂的活动，可以从报数、朗读等低风险活动开始进行。例如，孩子可以：

- 单独对着关键工作者练习默读，然后在小组和整个班级中默读，最后在班级集会中出声朗读
- 回答小组点名，然后回答个人点名
- 与同伴轮流做点名者（经过老师的批准！）
- 练习一项轮流活动，例如 1 ~ 5 报数，然后把该活动作为一项全班活动

更多信息请参阅附录 A（在线资源，第 5 阶段包括可以纳入课堂的阅读活动）。另请参阅"在教室里说话"。

自信的谈话模型：在公共场所说话

当孩子开始在学校与一些个体交谈时，他们最初很难在旁观者面前这样做。旁观者指不是孩子所在小组或进行的活动中的一员，但可能会听到或看到孩子说话的人。孩子会担心旁观者会期望孩子也与他们交谈，担心如果不这样做，他们就会觉得被冒犯或生气。

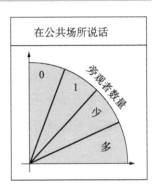

支持孩子在公共场所交谈

你可以通过协调计划、向孩子保证，以及对学校各处逐渐暴露，以帮助孩子对可能被无意听到的地方脱敏等方式来帮助孩子。进度图表 2（在线资源）可能对计划和记录进度都有所帮助。当孩子在学校中各处自发与朋友或成人说话时，该表还为其他工作人员的"目击"提供了主要记录。

a）父母参与

如第 9 章所述，父母可以帮助孩子提高对在校外公开谈话容忍度，要和他们保持联络。

b）提供保证

作为鼓舞士气的谈话或持续支持的一部分，让孩子放心，告诉他们在学校中和家人及朋友交谈是"安全的"：所有工作人员都了解（确保他们确实如此！）孩子正在努力习惯和别人说话；他们也很高兴看到孩子能放松并说话；在孩子准备好之前，他们不会评论或期望孩子在课堂上讲话。

允许孩子和朋友尽可能多地在室外学习和玩耍，以此来兑现你的保证。这为在教室中的被监视感提供了间歇。出于同样的原因，鼓励他们参加学校旅行、住校和积累工作经历。参加上述活动常常帮助孩子取得突破，无论表现在整体的自信提升还是能够更公开的谈话上。

c）变换计划活动的场所

把孩子的谈话方案扩展到学校内的公共场所，如教室、餐厅、走廊和操场。首先在新环境中，在没有旁观者的情况下重复活动，然后逐渐增加孩子被其他人听到的可能性。在表 10-5 中你可以看到更多好主意。与往常一样，关键工作者应该有信心地介绍任务，例如"今天你已准备好在学校其他地方进行活动"，同时邀请孩子选择活动项目。让孩子保留一定的控制权是明智的。

表 10-5　在公共场所谈话：教育环境

	可能听到或看到孩子说话的旁观者人数			
	0	1	少	多
公共场所的例子	午餐时间，放学后或学校放假期间空荡荡的教室 隐秘的工作室，关着窗户，门上挂着"请勿打扰"的标牌 自行车棚后面 拐角处看不到的地方	隐秘的工作室，与另一个孩子或与工作人员在不同的桌子上做事 空荡荡的接待区（只有接待员在场） 空荡荡的餐厅，只有一位铺桌子的工作人员	隐秘的工作室，窗户和门都开着 图书馆 厕所 操场/停车场/运动场的角落 接待区 课堂时间，在教室外的走廊或区域	课堂，例如圈坐时间、点名、课堂讨论 操场 食堂 礼堂 休息时间的走廊 更衣室 放学后的俱乐部

当孩子习惯进行按顺序轮流计数的活动时，可以在校园活动或放学时使用报数来快速计数人数。最初以小组形式进行，最后可以在全班进行，孩子可以

喊出自己在班级登记簿上的号码，而不是在老师叫出他们的名字时回应，或者让他们记住一个数字，然后上校车时喊出来，等等。

d）散步技术

孩子一旦可以在小组交谈，就可以尝试使用散步技术。以一对一的形式开始，然后以小组活动进行。刚开始时，让孩子在其他人无法听到的"安全"区域与关键工作者交谈。对孩子的挑战是保持一边说话，一边步行到另一个安全区域或回到原来的位置，例如从一个房间沿走廊走到另一个房间，或者午餐时间绕操场走。

最初选择一个简单的轮流活动，将注意放在轮流进行而不是活动内容上，例如出声

> 拉杰在三个不同的地方讲话：资源室、空荡荡的教室和学前托儿所。我们制作了学校地图，让他在那些他说过话的区域贴上笑脸。
>
> 他喜欢由于在学校各处讲话而可以多贴上一些贴纸，如果讲话时附近有其他人，他可以额外加一贴！

计数、背诵字母表、词语接龙等。活动的选择很重要，特别是对大孩子来说尤其如此。

不过，散步技术背后的基本原理比活动本身更重要。实际上，人们可能会看见孩子在说话，但不太可能听他们说话的内容，因为他们说的是私人"聊天"。该活动能让孩子发现，他们被人看见说话了，但是不会有什么后果，并向孩子确保看见他们谈话的人不会对他们以后在课堂上讲话感到惊讶。这就是为什么在第一次参观新学校或大学校园时，散步也是一项很好的活动。

e）非正式策略

一旦孩子能私下与关键工作者自由交谈，在校园里走动时，关键工作者就可以开始在计划的干预活动以外与孩子交谈。这必须逐步引入，以免突然增加孩子的焦虑。最初，可以偶尔问"X 或 Y"的问题，例如"今天下午不能来的是丹尼还是李"。讲义 14"在公共场所说话"（在线资源）提供了更详细的建议，来帮助孩子最终在教室中同龄人面前回应关键工作者。

在指定的干预活动期间，关键工作者还可以让其他儿童或成人在另一张桌子上活动，以便在 SM 儿童与关键工作者进行结构化活动期间，让孩子逐渐习惯被听到谈话。仔细挑选从旁协助的孩子，最初每次一个，并私下告诉他们，第一次听到同学说话时不得发表评论。将你的注意力分散在两张桌子之间，直到他们自然地在一起共同做活动。

和孩子谈论其他人的反应

要在同学不期待孩子讲话的教室里讲话，孩子需要的不仅仅是练习面对大群体讲话，许多孩子还需要处理他们的恐惧，担心他们说话会招致不好的反应。这对幼儿来说通常不是问题，但是在与相同的同学群体长期相处后，可能会使进展停滞不前。

当孩子进展到能在课堂外与人交谈后，重要的是要明确他们对第一次在课堂上讲话的感受。大多数 SM 儿童学会回避不必要的评论和问题，因此第一次讲话代表了他们行为的一次巨大改变。关键工作者或家长应该问孩子：

- 他们是否已经考虑过何时能在课堂上说话？
- 在课堂上说话会有什么样的感受？
- 如果他们开始说话，他们认为其他孩子会怎么想？

如果孩子没有回答以上问题，他们最多可能会感到矛盾，这是一个值得关注的问题。表格 9 和 10（在线资源）可以全部或部分采用，供大龄孩子更清楚地了解要处理的问题。

下一步是讨论如何打消顾虑，基本上有两种选择：

- 承担风险——毕竟谈话可能会在第一时间引起一些诧异，但很快就会成为旧闻。
- 控制情境并让同学知道该怎么做。

这最终是孩子和家庭的选择，但如果孩子似乎不相信第一种选择，为了最快取得效果，我们建议采用第二种选择，如下一节所述。

 该方法不适用于"重新开始"（第 11 章）。孩子的新同伴可能会认为他们只是生性安静，但孩子可能更关心在课堂上确立自己的角色。当然，在这种情况下，在课堂上讲话仍然是一项重大挑战，因为孩子以前从未这样做过。他们可能需要帮助才能确信同伴没有理由感到惊讶，并且最好尽早采取行动。我们推荐《寻找我们的声音》第 4 期中的文章"如果你突然说话，人们对此大惊小怪怎么办"（参见附录 F）。

让孩子的同学参与

重要的是要确保当孩子最终说话时，同学的反应不会使他们退缩，正如罗比的故事（见第 14 章）所示。孩子本人、同龄人和工作人员都应该领会的重要信息是，孩子说话只是时间问题，当孩子说话时不应该感到惊讶。没有必要欢呼或评论，他们应该继续谈话，就像孩子一直能说话一样。有三种方法来传达此信息，如下所示。

a）像谈论其他童年恐惧一样，开诚布公地谈论 SM

通过在课堂上开诚布公地、支持性地讨论孩子的 SM 来回应其他孩子自然产生的好奇心（参见第 8 章"处理无益的评论"）。

还可以在课堂上留出时间，以孩子所在年龄段适宜的方式对缺乏自信进行讨论，通过小步骤和大量练习把"我不能"变成"我能"。让孩子分享他们正在学习的技能（例如游泳、潜水、阅读、烹饪、谈话）并达成一致：不是"我不能"，而是"我现在还不能，但我将来能"。

b）通过课堂讨论争取支持

在家人同意并且孩子具备一定能力的情况下，可以给孩子读书，比如《我的朋友丹尼尔不说话》（*My Friend Daniel Doesn't Talk*），该书针对 4 ~ 8 岁的孩子。或者简单地在班上聊聊，如何成为一个好朋友并给同学最大的支持，就像

《我能向你介绍选择性缄默症吗》(*Can I Tell You About Selective Mutism?*)一书所述。

例如，当有人对 7 岁的玛利亚说进行课堂讨论是为了缓解同龄人给她带来的压力时，她松了一口气并选择参加讨论。讨论在玛利亚的小组方案实施之前进行，她在第 15 章谈到了讨论带来的积极影响。结果，全班同学都参与到精心策划的团队活动中，玛利亚很自豪地接受了表扬，这是那些对情况控制得较差的孩子往往无法做到的。

c) 通过个人信息获得支持

对 9 岁以上的大孩子来说，向同龄人发送个人信息能非常有效地获得支持。BBC 纪录片《我的孩子不说话》(参见附录 F)中一个班级的 10 岁儿童使用了本手册第一版并采用了这一方法。专栏 10-3 中的脚本可以用作信件的样本，邀请孩子保留、更改或删除其中的话语。通过共同努力，可以准确知道孩子希望同伴如何对待他们。然后，该信件可以由成人读出，或者更好的方式是由儿童录制成音频或视频信息。孩子可能更喜欢先把信息发给最喜欢的老师、支持的员工或小组同学。在首次播放这些信息时，孩子可以选择缺席。勇敢地让班级以这种方式听到你的声音，需要有巨大的信念飞跃，但我们从未发现这种方法产生过不好的结果。同龄人对此都很感兴趣和支持，使得孩子能够勇敢地进行下一步，在课堂讲话。

专栏 10-3　"我的故事"脚本

我的名字是 ___，我 ___ 岁了。我从很小的时候开始，变得害怕在公共场合说话。这始于我第一次去幼儿园。与完全陌生的人在一起，我感到非常惊慌失措，无法与任何人说话。在那之后，我害怕再去幼儿园。每次遇到一个陌生人，我都会再次僵住而说不出话来。这是一种可怕的感觉，但我没有办法阻止它。和我的家人一起，我很好——在家里说话从来都不是问题！只是当我出门的时候，我无法说话。

> 这些年来，我的焦虑越来越严重——我知道我说话总会卡壳，所以我尽量避免说话。我试图回避派对等事情，看起来一定像是我不想要任何朋友。但我只是害怕人们会跟我说话，我却无法回答。我真的很想说话，但每次尝试的时候，我都会感受到那些年前我在幼儿园所感受到的焦虑。
>
> 这种焦虑有一个名字，它被称为选择性缄默症，应对它的方法是逐渐习惯一次说一点点，直到焦虑消失并且说话不再让自己不适。我知道这很有效，因为在过去的 __ 个月里，我第一次开始和几个人说话。对了解我的人来说，这要困难得多。如果我说话，我觉得他们就会感到震惊，这让人很难放松。
>
> 现在你知道我的感受，我对你有一些请求。我真的想解决这个问题，然而我需要你的帮助。我会继续练习，直到我可以多说话，但是当我说话时，请不要表现得太惊讶。如果你在我发言时不凝视我或评论我，就会对我有所帮助。只要像对别人一样对待我，就像我一直都说话一样。这可能需要一些时间，如果在一开始的时候说话是你来主导，这对我来说会更容易些。如果我一开始说得不多，请不要放弃。像对待朋友一样对待我，事情就会变得越来越容易。
>
> 感谢你的倾听，也感谢你尝试了解我的情况。

为了告知员工和同伴，年龄较大的学生可能希望制作演示文稿，还可以选择添加声音在文稿上。你也可以在 YouTube 上找到关于个人信息的灵感，通过这个平台，许多年轻人书写或说出了他们的 SM 经历。

d）是否有必要让同伴参与

有些孩子会在课堂上讲一点话，比如能对一两个朋友说话或者回答点名，对这些孩子来说，不需要做同样的让同伴参与的准备工作。然而，这些孩子会经常抗拒个人或团体活动，因为他们不希望同伴发现他们的谈话困难。处理这种焦虑很重要，平静地告诉孩子，同学其实已经知道了你的困难，因为同学看到你在课堂上不怎么说话。同学不评论这件事，是因为这对他们来说并不重要，诺亚（12岁）可以在一个小房间里和一些成年人以及两三个孩子说话，但害怕在课堂上说话。这种恐惧可以追溯到他上小班时，当他终于说了一句话后，每个人都为他鼓掌。然后他被带到整个学校的每一个班级，每个人都向他祝贺。他从来没有忘记这一经历。在接受温和的劝说之后，诺亚用自己的声音录了这封信放给他的班级听。他要求在他不在场的时候播放。他的老师说孩子们非常仔细地听着，并提出了很多有趣的问题。他们也谈到了自己的恐惧。

诺亚似乎立即摆脱了沉重的负担。全班同学都听到了他的声音，这并不是世界末日！他感到放心，其他孩子至少部分了解他的情况。也许他需要一些时间来检查后续的情况，但不到三个星期后，诺亚在教室里开口说话了，不是用他之前偶尔勉强发出的低语，而是用他平常的声音说话。

如果你说话，他们会很高兴，如果你不说话，他们仍然很高兴。就像 SM 儿童会很乐意帮助朋友练习接球一样，所有孩子都有自己乐于做的事情，而有很多孩子乐于帮助 SM 儿童说话。

在教室里说话

进度图表 5（在线资源）概述了在推广阶段的干预计划，并显示了孩子何时进展到足以在课堂上开始讲话。该图表也可以适用于支持学生"重新开始"。对"重新开始"的学生而言，A 部分和 B 部分不适用，但 C ~ E 部分为保证适当的安慰和通过"低风险"活动逐步适应课堂活动提供了指导。

例如，首先可以要求学生以非语言方式参加活动，比如记录成绩、举起作业或在演示时切换幻灯片。谈话将仅在他们自愿回答或有机会在课堂上进行一对一或小组讨论的时候进行。然后，在事先预告的情况下引入低风险的言语活动，如报数（例如每个学生在点名时报出自己的学号）、齐声回答、出声朗读和排练台词。课堂展示是一个很好的推进方式，因为学生可以按照准备好的文本出声朗读，也许可以从在座位上展示开始，然后变为面对全班（参见附录 A 阶段 5 以获得更多点子）。最好在告诉了整个班级的学生在不知道答案时该做什么或说什么后，再逐渐选择学生来回答一般性问题。例如，为了模仿一个受欢迎的电视节目，可以允许学生求助朋友、询问"观众"或请求"50：50"（二选一的答案），或者解释说他们可以说"我不知道"或"我不确定"，但鼓励他们猜答案，对所有的答案都表示欢迎，视答案为"好想法"、为其他人提供了有价值的参考。

一些教师在孩子还没有逐步适应的情况下给学生突如其来的意外，虽然他们为在全班面前得到孩子的口头回应而高兴，但成功往往是短暂的。在对在同龄人面前表现得很愚蠢的恐惧之下，学生可以聚集所有的力量说出话。令人遗憾的是，惊恐会导致他们退出进一步的课程，或者出现严重的焦虑症状，例如恶心和呕吐，这会抑制进步。

用低风险活动的方式继续轻推学生前进是绝对正确的，但要注意坚持一次只改变一件事的小步骤方法。例如，在课堂上非正式地与几个朋友聊天到向全班做展示，这是一个很大的飞跃，不能一蹴而就。如有疑问，请确保学生和家长有机会为新任务的准备提供更轻松的步骤建议。学生经常隐藏自己在学校的真实感受，因为他们害怕说话被人看见，另外不能假定他们没有反对意见就等于默认。

在课堂讨论上主动发言对大多数 SM 儿童来说是干预的最后一步，这一步不能被强迫迈出。相信班上也会有其他安静的孩子倾向于听而多过主动发言。请参见第 14 章中桑德的故事，这是一个很好的谨慎过度的例子。通过专注于课堂中的低风险活动，当时机成熟时，桑德能够迈出下一步，并能定期参与课堂讨论。如果孩子不采取这一步骤，只在别人对他说话时才做出回应，或者当他们认为说话是避免压力更大的情况的唯一方法时（轻度 SM），需要向他们继续提供支持，这将在下一节讨论。

自信的谈话模型：社交功能

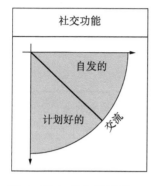

对 SM 儿童来说，在内容是计划好的和有提示的时交谈是一回事，而说出他们想要什么、什么时候想要则是另一回事。在他们以后者这种方式主动进行交流之前，他们的言论将具有有限的社交目的或社交功能。如果社交目的实现不了，就会对 SM 儿童产生极大的影响，这一问题如果不解决，将会导致更严重的心理健康问题以及失去认同感（参见第 15 章中成人描述的 SM 对他们生活的影响）。

表 10-6 对社交功能的几个领域以及从计划向主动讲话的转变过程进行了分解。从本质上讲，这张表让你看到从低风险口头活动（其中重点仅限于设法讲话）到具有社交价值但引起更大焦虑的高风险活动的进展。之所以会引起更大焦虑，主要是因为个人对其他人的行为缺乏控制，以及由此导致的结果不确定性。

进度图表 6（在线资源）是对表 10-6 的补充。它强调了保证轻度 SM 儿童超越其脆弱、低姿态阶段的重要性，在这一阶段他们在别人对他们说话时才回应。进度图表 6 可以用来考量社交功能的哪些方面可以纳入有计划的活动和角色扮演；可以用来监测在学习和社交需求下主动说话的出现；还可以用来提醒同事在哪些方面有持续的问题。所有工作人员都需要切实了解他们与每个孩子在一起的时间里能做什么。但他们永远不应忽视大局和对正在进行的工作的建议，以便继续帮助孩子获得充分有效的社交功能。

有计划的活动

一旦孩子在阶段 6 和阶段 7（单个词和句子）的结构化活动中表现良好，关键工作者需要在两个方向上推进方案：

1）在重复相同的活动时，向新人和新环境推广；

2）通过一对一的方式引入新的、风险更高的活动，向更高水平的社交功能迈进。这将包括阶段 8 的活动。

表 10-6　自信的谈话：努力实现有效的社交功能

社交功能			
努力实现自发对话以满足孩子的需求			
低风险 ────────────────────▶ 高风险			
有计划的		自发的	
需要提示的	儿童发起的	需要提示的	儿童发起的
事实内容	情感内容	事实内容	情感内容
结构化的	非结构化的	结构化的	非结构化的

在小步骤方案中，活动逐渐变化，从：

有计划的 ────────▶	**自发的**
在指定的干预方案期间进行，或演习过的已知内容和固定终点的活动	作为日常生活的一部分，即涉及其他人和 / 或时间压力，或在没有事先警告的情况下引入
有提示的 ────────▶	**儿童发起的**
孩子对问题、暗示或提示做出回答	孩子通过提问、发表指示或获得某人的注意力来启动互动
事实内容 ────────▶	**情感内容**
孩子的回答不会受到挑战，并且被认为是正确的。没有其他可能的答案	孩子的回答可能会受到质疑或需要澄清，内容涉及个人信息、意见、解释或疑问（例如存在不止一个答案）

结构化的 ─────▶	**半结构化的** ─────▶	**非结构化的**
约定轮换的序列，设置语言，明确活动和任务完成规则，除了轮流之外，不需要主动发起活动	结构化的轮流活动，但有时轮到的时间可能比其他时候更长；语言可能会有变化；有规则，但持续时间不可预测；可能需要一些启动，例如提示下一个人，提出要求（例如"拍""好"），纠正其他人或给予 / 寻求澄清	说话不是按固定的轮流顺序进行，可能需要"抢答"；参与者需要在头脑中组织形成语言；活动本身可能是结构化的，但互动遵循日常的会话和社交规则，可能涉及协商或即兴发挥；为确保均衡参与，参与者需要主动发起互动

注：交互的每个阶段可以进行一些活动，请参见附录 A。

因此，在一次干预中，孩子和关键工作者可以通过热身活动开始干预活动，然后与一个新来的孩子玩熟悉的低风险游戏，最后以一对一地进行一段非结构化的、连贯的发言结束。随着时间的推移，可以在小组工作中重复风险较高的活动，帮助孩子在课堂上和其他无事先计划的情况下更舒服地说话。

努力实现自发说话

大多数孩子在以下情况开始自发地向他们经常看到的关键工作者或专业人士讲话：

- 他们已经建立了良好的关系，并努力在不感到压力的情况下以句子进行交流（阶段 7）；
- 他们不会因父母在场而感到拘束（拘束的原因包括他们可能习惯父母替他们回答，或者担心对他们尚未与之交谈的家庭成员"不忠"）；
- 他们有理由说话，例如他们对某个东西感兴趣并想要分享；
- 他们确信没有其他人可以听到；
- 关键工作者主要分享信息，而不是寻求信息。

对于其他孩子，在阶段 7 之后可以促进自发说话的发展，如下所述。

a）逐渐适应谈话

以平静、友好的方式回应孩子自发的讲话，而不是热烈洋溢地赞美或奖励贴纸。这是一个特殊的时刻，你对孩子所说的内容感兴趣就是他们所需要的一切。

在每次干预快要结束时，逐渐引入计划外的问题。参见图 9-2 "向患有 SM 的人提问"。

b）遵循从低风险活动到高风险活动的进展方式

从说句子努力进展到连贯的一段话（阶段 8），从结构化的到半结构化的和非结构化的活动。对于活动的建议，请参见附录 A（在线资源）；对于适当进展的指导，请参见本章表 10-4 和表 10-6。你可能会有更多有创意的想法，可以填充进这个框架。

c）帮助孩子适应启动互动

丢掉在轮流游戏中提示孩子（例如"现在轮到萨米""你去吧"）的习惯，帮助孩子适应启动交流。看着孩子，微笑，看别处，等待。如果有必要，通过目光接触和轻微点头暗示，但是随着时间的推移逐渐减少暗示，以便孩子学会他们在行动之前不需要等待批准。

当孩子可以在结构化的活动中提出问题并给出指令时，可以给他们安排任务，要求他们在没有提示的情况下启动互动。例如：传递信息、做调查并交报告给你、负责计时，或在到了干预结束的时间时给你一个提醒。特别是，设定孩子可以决定具体什么时候实现的目标。例如：

- 今天在课堂上举手并回答一次问题；
- 为你正在制作的手套木偶选择两种颜色，在下周二之前告诉老师你的选择；
- 放学后给我打电话，推荐一台今天晚上可以收看的好节目；
- 在我们下次见面前，问某人是在哪里买到运动鞋的。

这种类型的目标可能对患有 SM 多年的孩子构成极大挑战。他们担心努力会被嘲笑或拒绝，而且这种担心可能会非常强烈。对于大龄孩子，在他们适应口头任务之前，可能需要先帮助他们练习通过电邮或短信启动联系。

d）排练问候

连续玩三次"快速问候"游戏（参见附录 A，阶段 7）。在第三次之后，对他们说，从现在开始，你希望在本次干预结束时，当你说"再见"后孩子尽力做出回应。如果他们成功，可以在下一次干预开始时给予认可，以便在纯粹的社交层面享受实际的交流。话虽如此，微笑和竖起大拇指永远不会出错！我们不将"你好"作为目标，相信如果孩子能在他们准备好时再说出第一个词，他们会更多地享受干预活动，但我们确实发现，在实现"再见"目标之后，主动的告别和其他仪式性社交语言开始出现了。

e）练习反驳

通过进行具体的反驳和纠正他人的练习来建立自信，例如：

- 在活动期间故意犯错，例如"现在我们把糕点盒放进了果酱"，并继续装傻，直到孩子纠正你。
- 读出句子，让孩子说是"荒唐的"还是"合理的"。如果是荒唐的，例如"国王坐在他的王冠上并把他的宝座放在头上"，那么孩子必须改写它。
- 做一些计算，让孩子来打钩或打叉。如果错了，由孩子告诉你正确答案。
- 在暗示孩子这段话会有一些刻意的错误之后，读出这段话。让孩子在发现错误时阻止你继续，并纠正他们发现的每个错误。

f）培养自助技能

通过进行具体的寻求澄清的练习来培养自助技能，如：

- 故意向孩子给出含糊不清或过于复杂的对于画一幅画或制作一个物品的说明。为了完成任务，孩子必须寻求更多信息（例如"垂直是什么意思"）。
- 采用全班方法鼓励孩子在不理解的时候说出来并在适当的时候提出适当的问题。（《积极倾听主动学习》(Active Listening for Active Learning)，见附录 F）。

g）支持对话

使用手套木偶、纸板剪贴画、计算机头像画或社交场合的简单插图来进行和排练适当的对话，例如朋友留宿、为另一个孩子呼叫急救、报告欺凌或退回不正确或不需要的东西。许多孩子发现，当赋予一个角色声音或想象其他人可能会说的话时，角色扮演更容易实现。

纳入涉及与其他孩子更长时间互动的目标，例如：

- 带领他们参观学校并回答他们的所有问题。
- 和他们在操场上散步，轮流提问和回答问题。
- 向他们解释游戏规则，并确保他们能正确玩游戏。
- 阅读你的诗歌或故事，或向咨询小组进行展示，然后回答他们的问题。

h）团队活动

探索有益于社交和会话技能、增强自尊和自信的可持续团队活动。可以采用多种结构化的方案，或者孩子可以与辅助的成年人进行非正式午餐会。这可能包括一起吃饭和交谈、互相分享和传授游戏技巧，以及解决问题的活动。

最终，使孩子起初感到不可能做到的事情完全被掌握的是练习、练习，还是练习。其他学生（不一定也患有 SM，但缺乏表达自己的信心）提供的支持可以帮助孩子验证和重新评估个人的感受和感知。

青少年和青年人的其他考虑因素

随着孩子进入青春期，他们在思维能力和抽象推理方面经历了一次突飞猛进，但与此同时，荷尔蒙的变化也引发强烈的自我意识和非理性。这是一个非常以自我为中心的时期：他们过度思考其他人如何看待他们，却无法充分考虑他们的行为对其他人的影响。这同样是一个充满巨大冲突的时期：他们对更大的独立性的渴望伴随着对自给自足的恐惧和对情感帮助的持续需求。

父母首当其冲地见证着青春期孩子的挫折感、不安全感和不屑一顾的行为，并且经常觉得他们所说的话都被拒绝了。因此，这是外部专业人士和导师发挥重要作用的时期。他们合理的解释、不同的观点和认可更有可能被青少年采纳，部分原因是他们不带任何偏见（不同于父母之言），部分原因是彬彬有礼的青少年（都归功于他们所受的教育）可以控制自己的冲动，去倾听和思考。这也是他们将要成为的有思想年轻人的第一次显现！

本手册中涉及的内容都适用于青少年和成年人。本节介绍了特别适合该年龄组的补充干预措施，包括针对同时还患有高功能自闭症的患者的干预措施。我们建议考虑所有可能满足某一特殊需要的干预措施，与青少年和成年人的小册子《当说不出话时》（在线资源）相结合，其中包含我们想传达给年轻人的主要信息。

肢体语言、眼神接触和姿势

即使可以说话，身体紧张和眼神躲避仍可能成为某些人与他人相处时的习惯，青年人也很难改变交流时身体方面的这些习惯。他们可能不会意识到他们无意中传达给他人的信息，或者意识到他们为避免引起注意而做的事情实际上暴露了他们。他们也没有意识到放松的身体状态和总体上的幸福感之间的直接联系。

以下策略旨在增强自我意识，并帮助年轻人采用更自然的姿势。

a）融入

帮助年轻人了解到融入的最佳方式是与其他人看上去一样，鼓励他们观察照片、同龄人或普通大众，以适当的姿势来模仿。他们可能认为低头和避免目光接触是一种避免被问到问题的方法，实际上是因为他们的老师或亲属意识到他们的困难才减少了提问。如果没有这种意识，同样的姿势通常会导致老师或亲属发出一个正式提问来让他们参与活动或询问他们是否感觉良好。

在大多数情况下，人们相比于注意眼神接触，更容易考虑保持背部挺直和抬起下巴。一个直立的姿势传达了"我很好"的信息，同时不会引起注意。如下所述，直立的姿势对于放松的呼吸模式而言也是必要的。

b）眼神接触

可以使用附录 A 中标记的活动来练习眼神接触。目的是使眼神交流变得必要和舒适。如果青少年能使用句子进行交流，但即使在这些活动之后，也很难与人进行眼神交流，请引入以下一些规则。

• 没有眼神接触会让你看起来无聊或冷漠，因此显得很粗鲁。

- 在别人说话时要注视对方，这是礼貌，显示你在倾听。患有高功能自闭症谱系障碍的大龄孩子可以向说话者做出解释，他们并不想显得粗鲁，只是如果他们把目光移开，他们就可以集中注意力来更好地倾听。
- 只需要一点点眼神接触就可以了，如果你在交谈时一直看着对方，会显得咄咄逼人或令人生畏。
- 在你说话的时候把目光移开是可以的（每个人都会这么做，尤其是在他们思考要说的话时），只是一定要抬起下巴——字面上的意思！如果你低着头，你会看起来状态不佳或很沮丧。
- 与人交谈时，请在说完话后看向对方。这让对方知道你已经说完了，该他们说了。
- 与人交谈时，目标是间歇性的目光接触，否则你看起来像在跟自己说话。如果无法做到自然地目光接触，尝试并使用以下两种方法中你感觉更容易的方法：

  （a）建立目光接触但偶尔降低你的视线几秒钟；

  （b）移开视线，但不时目光接触两秒钟。
- 如果在一个小组中你看着不同的人轮流说话，请移动你的头，而不仅仅是你的眼睛，以免看起来很狡猾！

c）放松

全身紧张会妨碍呼吸，并导致整个人感觉被压迫或困住。然而，试图让年轻人在你面前放松通常会让他们感到极度难为情，所以我们建议采用更间接的方法。尽可能鼓励通过活动身体放松紧张的肌肉。体育活动并不适合每个人，可以想一想家里是否有需要拆除的墙壁或橱柜，或者是否需要建造篝火呢？年轻人应该能够将身体在放松时以及从事愉快活动时的感受和感到焦虑时所经历的紧张感进行比较，并练习有意识地释放紧张情绪。

当年轻人出现身体上的困难时，请他们通过以下简单动作来检查他们的身体是否有紧张感。对于这些动作，你可以展示能自由运动和运动受限的特征。

- 将手臂举过头顶，然后让手臂自由落到两侧（不是有控制地放下）。
- 尽可能高地耸起肩膀直到无法再高，然后让它们自由落回原位（不是有控制地放下）。
- 站起来，从一侧到另一侧扭动你的腰部，让你的手臂随着身体的扭动自然地在你身前和身后摆动。
- 当你坐下时，做同样的动作（扭动腰部），背部挺直，双手放在膝盖上。我们称之为"摆动你的肩膀"，但只有在脊柱松弛、直立的情况下才能实现。目标是放松、直立的姿势，肩膀向后而不要驼背。请注意，"肩膀向后"的指令往往导致紧张而不是自由运动。

略微抬起下巴，沉下并摆动肩膀，在干预期间以放松的上身姿势为目标，这可以打开胸腔，使呼吸不受限制。

同样重要的是检查嘴唇和下颚是否紧张并放松面部，保持上下牙齿分开，上下嘴唇几乎不接触。温和地吹气可能有助于松开下巴。

呼吸

呼吸对于 SM 的管理在控制焦虑和产生声音方面都非常重要。

a）使用稳定、有控制的呼吸来降低心率和焦虑

通过缓慢地吸气和呼气，可以降低心率，从而自动减少焦虑。每当需要平静时，我们建议进行 5 秒慢速吸气和 5 秒慢速呼气。这在完成任务时尤其有用。不过如上所述，首先要有好的姿势，因为只有当胸腔可以自由运动时，肺部才能吸入足够的空气以允许缓慢的呼吸。

向青年人展示驼背姿势是如何束缚肋骨，从而不能向外摆动并吸入空气的。当这种情况发生时，人们通过短暂、快速的呼吸来补偿不足的氧气，吸入的空气只能填充到肺部的顶部（因而这被称为"浅呼吸"），这会产生一种焦虑的感

觉。他们呼吸的速度越快，越会感到呼吸困难，这是由他们血液中过量的二氧化碳造成的。缓慢的深呼吸则能平衡氧气与二氧化碳的比例，恢复平静感。

b）使用稳定、受控制的呼吸来产生和保持声音

当遇到语音输出的任何干扰时，理解语音产生的机制非常有用。通过理解焦虑对身体的影响，患有 SM 年轻人可以开始克服他们对情境的情绪反应，并学习有意识地控制他们的发声机制。例如，许多人在试图说话时屏住呼吸，这使说话在生理上变得不可能，如图 10-1 所示。

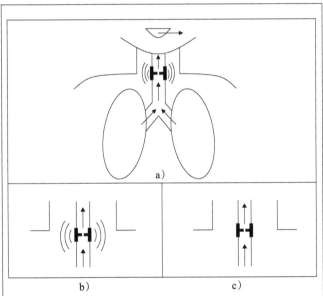

a）空气从肺部通过气管途经喉部（发声器）流出口腔。只有当呼气时激活喉部发声器才能说话。

b）如果声带松弛，当空气经过时，它们会相互振动来制造声音。少量的空气会产生轻微的声音，而更多的空气使声音更响亮。当你深呼吸时，空气会自然而然地充满你的肺部，这样当你呼气时，就有足够的空气通过喉部发声器释放。

c）如果声带僵硬而紧张，不能移动并振动，就不能产生声音。你所能产生的只是一种低低的耳语，这是你呼出的气，通过嘴唇和舌头的发声运动而形成了不同的声音。

图 10-1 发音的原理

能够将语音的生成视觉化对于理解这一过程是有帮助的，因此，除了使用图 10-1 之类的简单图解之外，你可以为书面解释附以手势：

1. 将手放在胸腔上并向外、向内移动，显示肺部像风箱一样通过肋骨的移动吸进和呼出气体。使用一个小的受限运动来发出低语，一个大的运动来进行充分放松的呼吸，并发出更响亮的声音。

2. 通过动作来演示声带的振动：将伸出的双手放在一起，手心向下，相隔几厘米，然后迅速地反复合上和分开。

3. 现在握紧拳头，表明焦虑是如何引起声带收紧和收缩的。在这个僵住的位置，声带不再振动，你最多可以耳语。为了证明呼气、耳语和可听见的声音之间的联系，你首先只用气流轻轻呼出"呵"，不发出嗓音。在呼吸结束时，将嘴唇移到一起并分开展示一个低声的"啪 – 啪"（你的嘴唇在运动但声带没有运动，所以要紧握拳头）。

> 我曾经认为声音是在身体外面产生的。我很清楚它是如何填满房间里的空间的。我现在知道声音是在喉部产生的，可以在整个身体中产生回响。
>
> （来自一个从SM中恢复的成年人）

重复动作，加入嗓音"呵呵呵呵啊 – 啪 – 啪"，每当你发"啊"时，你的手就从放松的姿态振动起来（图 10-1b）。

在为说话做准备的过程中专注于呼吸，并特别关注呼气，作为他们说出第一个词的预备阶段，这可以帮助他们防止喉咙"被锁住"。可以通过语音留言进行安全的练习，因为他们可以选择随时结束通话！（参见附录 B "语音信箱"和"机器人路线"，以及附录 C 中的例 8）

声音的产生

a）轻松的喉部肌肉对声音的产生至关重要

参见图 10-1，它还可以帮助个体在发出声音时熟悉喉咙的感觉，无论音量多么低。当指尖放在喉咙时（靠近男性的喉结或者女性较小的喉咙突起），就可以通过指尖感觉到发声所产生的振动。经过一些练习后，可以感觉到在上胸部或仅在喉部有振动。可以鼓励年轻人练习哼唱来体验这种感觉。如果他们担心被听到，可以在他们卧室里的背景音乐中进行此操作。

- 确保肩部和下颚松弛以及使呼吸不受限制的姿势。
- 嘴唇闭住用鼻子呼气，并且在呼气时轻轻地、尽可能低声地哼"嗯嗯嗯"，检查指尖的振动。振动告诉你，你的喉咙松弛，你的声带正在移动。在一个安静的房间里，你可以轻松地听到你所发出的声音，因为它会在你的头部回响（共鸣）并被放大。但是，其他人几乎听不见。即使距离你很近的人在有其他人说话或有背景音乐的情况下，也是听不到你的声音的。
- 当你外出、遛狗、等公共汽车、洗碗时，练习短暂的哼鸣（"嗯嗯"）。当你哼它们时，调整到无限制、开放、放松的呼吸道感觉。每当你注意到自己喉部肌肉的紧张和收紧时，通过缓慢地吸气和呼气来释放它们，然后再次尝试哼一个短声"嗯嗯"。
- 如果你准备出声朗读或说话，你可以先检查一下你的喉咙是否放松，注意你的呼气，并用声带哼短的"嗯嗯"。这相当于许多人在说话之前所做的喉咙清理，但只有你自己知道。
- 如果你喜欢私人语音辅导，我们推荐使用视频，比如杰伊·米勒（Jay Miller）在 YouTube 上的视频"脊柱滚动"（Spinal Roll），其中包括放松、呼吸和共鸣三个方面。

b）每日练习发声能够熟能生巧

即使持续多年的沉默也不会使声带退化，但对于长期患有 SM 的人来说，他们不说话的时间越长，就越不熟悉他们的声音，这可能会给干预增加额外的障碍。虽然人们长期以来一直争论说"与自己说话是发疯的第一个迹象"，但我们强烈建议每天练习与自己说话！人们应该尽可能多做所有适合自己的事情，以适应自己的声音。例如：与宠物交谈、出声朗读报纸、录制在线视频、运动时大声计数、随着音乐或在淋浴时唱歌，或在驾驶时与卫星导航交谈。

谈论感受

许多患有 SM 的年轻人不表达自己的感受或不解释什么让他们感到焦虑。通常这是因为他们尚未学会交流复杂的信息。他们需要确保他们的沟通不会产生不良后果，例如不赞成、公众的关注或需要更高水平的一对一互动的持续对话，这种对话不是他们目前可以应对的。此外，他们可能需要非言语的表达方式，例如第 5 章中的问卷和第 8 章中的策略。

a）识别和管理焦虑触发因素

在确定了一个年轻人感到焦虑之后，重要的是要了解触发焦虑的原因，这样你可以尝试通过以下方式之一处理焦虑：

- 通过预先排练或准备提供帮助；
- 改变他人的行为或特定做法；
- 帮助年轻人明白他们过分担心的只是一个想象，而不是可能的场景（见"挑战无益的思维方式"）。

请记住，要求焦虑的人谈论令他们担忧的情况，可能会诱发与在这些情况中相同的恶心感和心跳感。因此，他们不愿意谈论它，这并不奇怪。实际上，恐慌反应会妨碍分析思维，因此很难理智地思考问题和提出合理的解决方案。我们发现给学生书面陈述更容易成功。这是许多评估的基础，如表格 7 ~ 10 和表格 15（在线资源）所示。

例如，学生可能因为不愿面对他们的 SM 而找一些理由逃避，如以"讨厌人群"为借口拒绝外出。拆分这些借口可以用"我讨厌人群是因为……"

我感到恐慌，无法呼吸。

我会被"压扁"的。

我不喜欢在其他人附近说话。

人们挡路了，让我慢了下来。

很可能有人会跟我说话。

感觉就像每个人都在看着我。

如果上面最后一条被选为关键因素，那么可以进一步对它进行拆解分析。学生是否觉得别人看着他们会给他们带来被接近和说话的风险，或者他们是否认为人们正在评判他们？以假想的第三方视角来考虑问题，看看哪些陈述构成最可能的焦虑的原因，这可能更容易转移注意力。例如，"有些 SM 学生不喜欢在学校食堂吃饭，因为……"

他们觉得太恶心了吃不下。

他们发现社交谈话很困难。

他们无法选择与谁坐在一起。

他们不喜欢食堂的食物。

……

同样，如果学生无法与某一位教师相处，或选择退出特定活动，那么将课程或活动分解为组成部分，并要求学生评估他们在每个部分的舒适度可能会有帮助，如图 10-2 所示。将他们喜欢的课程或教师与导致焦虑的课程或教师进行对比。通过这种方式，可以识别管理风格的差异并解决问题。

b）难以承认焦虑

有时候，学生的焦虑很明显（他们可能会出现身体上的症状，例如呕吐、睡眠中断或无法进食等），但他们不承认焦虑或不愿尝试找出原因。他们可能真的不知道焦虑的确切原因，似乎焦虑在某些特定的环境中本来就存在。当与工作人员一起努力，做了能做的一切以提供一个无焦虑的环境，但还是无法消除焦虑，也许值得考虑以下解释，这两种解释都会导致他们终日的冲突：一方面想要融入，另一方面又感觉 SM 让他们与众不同。

这位老师……	这样做√	不这样做×	我觉得 这很好 ☺	我觉得 这可以	这让我 感到烦恼	这让我感到 非常烦恼
在课程开始时点名						
在课前或课后与我交谈						
当我没想到的时候，在别人面前问我问题						
只有当我先举手时，才在别人面前问我问题						
对待我与对待其他学生不同						
走过来，问我是否理解课程内容						
忽略我						
问我问题并等待答案						
对其他学生上课堂感到恼火						
要求学生在课堂上大声朗读						
课程非常清晰，进度正好						
和我聊过天，说我可以不说太多话						
让我觉得我应该说更多						
在课上看我很多次						

图 10-2 解析情况以确定焦虑来源的示例

- 学生对自己的 SM 感到羞耻并将 SM 视为周围人看不起他们的原因。因此，他们希望人们尽可能地忽略它，对教师为帮助他们所做的努力会同时出现赞同和不满两种矛盾的态度。他们担心工作人员的干预会使他们的困难在同龄人面前更明显。
- 学生愿意尝试去融入（他们甚至能够说一些话），但不想过多地吸引注意。被注意到会带来被期望说话的风险，他们觉得这一风险超出了他们的承受范围。

学生或多或少都同意这些解释中的一个或两个，可以毫不夸张地说，它们都能使孩子陷入长期高度紧张的痛苦境遇，就像德克兰·沙利（Declan Sharry）的自传《美杜莎：焦虑的化身》（*Persona Medusa: An Embodied Tale of Axiety*）中所描述的时刻保持警惕的痛苦处境。没有简单的答案，不过一旦工作人员向学生保证未经他们同意不采取任何行动，学生将有如下选择。

- 什么都不做，继续处于高度焦虑状态。
- 接受帮助以在当前环境中克服 SM，按照自己的节奏接受适当的任务，直到他们不再害怕说话。
- 在社区环境中努力面对他们的恐惧，使他们有信心将技巧转移到教学环境或其他不同的环境（见第 9 章 "与陌生人交谈" 和第 11 章 "重新开始"。）
- 尽一切可能确保没有人发现他们患有 SM（例如参加课堂上的低风险活动），因为得到了保证：

　　（a）他们和其他安静的学生没什么不一样

　　（b）他们的同伴习惯于某些学生比其他学生更安静，并毫无疑问地接受这一点。他们更感兴趣的是他们自己的表现而不是 SM 学生在做什么

　　（c）他们的 SM 将得到所有工作人员的谨慎处理，且他们无须参与已协商好的结构化活动以外的活动（参见表 10-4 和 "在教室里说话"）。
- 通过调查同龄人的观点或让同龄人有机会理解并提供支持帮助，来改变

他们的信念：同龄人只会消极看待他们和他们的 SM（见"让孩子的同学参与"）。

在某一个时间点，与学生保持良好关系的成年人可以提供这些选项供学生评估。不过，可以基于成人对学生的了解更早地引入可能的解决方案。最后一个选择通常是一个关键因素，因为进步缓慢的学生往往是那些坚决不把他们的困难与他人分享的学生。

我们知道一个关键工作者给一个 11 岁女孩提供了一系列问题，让她去问与她交谈的几个朋友。在得知他们也有各种各样的恐惧、困难和应对策略后，她变得更加外向。她意识到自己并没有那么不同，而且人们对她的挣扎的关注远远少于她以前所认为的。另一位关键工作者要求一名青少年写下三个词来描述他们喜欢或钦佩的同伴和工作人员。完成后，她向青少年展示了她选择的工作人员和同伴写的描述她的词。他们没有被要求只写正面的描述，但他们这样做了，这提升了女孩的自我形象。

c）和其他患有 SM 的人见面

并非所有年轻人都难以公开 SM 对他们生活的影响、他们的希望和梦想，以及他们的挫折和成就。对于在迈向成年的路上寻找自我意识的青少年来说，取得同一处境的其他人的认同特别重要。第 9 章讨论了团队活动的好处。如果无法进行面对面会见和活动，附录 F 中列出的在线论坛可以为年轻人提供接纳、支持和激励。

采择不同的观点

我们已经实践活动 1 很多年了，遗憾的是我们不知道它的原始来源。向年轻人表明其他人不会因为他们说了多少而评判他们，这对减少他们给自己的谈话压力很有帮助。对其他人重要的是他们的互动质量，更具体地说是他们的反应。我们倾向于将活动 1 用作和朋友或家人一起做的团体活动。

活动 1：探索沟通方式

使用图 10-3a 中所示的四个空象限，参与者（包括协助的成人）提供用于描述以下类型的人的词（从右上角开始沿顺时针方向）：

a）倾听别人的意见并回答别人的问题，或表明他们对别人所说的感兴趣，并发表评论或提出自己的问题（好社交）；

b）说很多话，忽略别人说的话，并经常打断别人以阐述自己的观点（自顾自）；

c）当人们与他们说话时不做回应，并且不主动说话（被动）；

d）说得很少，但是当人们与他们交谈时，他们会通过倾听、微笑、点头或有兴趣地注视来做回应（害羞）。

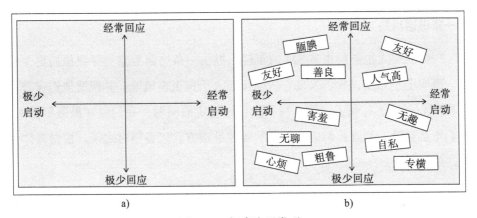

图 10-3　探索沟通类型

将词添加到象限中，然后进行讨论。很快就会发现上部两个象限中的人格类型最可爱，主宰对话的人（右下象限）最不受欢迎。有些词可能会重复，如图 10-3b 所示，其中"友好"的双重用法强调了人们更喜欢听众，无论他们是否说话。因此，最好是专注于回应，无论是言语还是非言语回应，允许自发评论稍后再出现并发展。

有时需要挑战所生成的词，例如当参与者将"害羞"置于"被动"象限时。

害羞的人可能不会发起交流，但他们会在其他人接近他们时做出回应。患有 SM 的人经常认为自己看起来"害羞"，因为他们感到害羞。可以温和地指出，其他人无法看到他们内心的感受，只能以他们的外在肢体语言和面部表情为依据。除非其他人知道这个年轻人很害羞并希望和他人交朋友，否则很容易将他的行为解释为冷漠。同样，患有 SM 的人无法知道其他人的感受。他们不该假设其他人对他们的看法很糟糕。从这个练习中生成的词语来判断，其他人更可能认为他们很安静，但同时平静、耐心、善良。

这一练习以与学生达成共识结束。学生要认识到他们需要做什么来确保他们不被视为"被动"（如果人们不了解的话，"被动"可能被解释为粗鲁、冷漠、闷闷不乐或沮丧）。

有一条逃避后路

一些成年人担心给患有 SM 的年轻人提供一条逃避后路会导致他们更少说话。事实上正相反，我们发现它激励年轻人承担更多风险，并帮助他们保持更轻松的心态，这有利于说话。在采用目标设定的同时，我们经常提醒年轻人，他们不必说话，并且我们向他们展示各种逃避方式以备不时之需。根据具体情况，他们可以：

- 微笑和耸肩；
- 递交书面请求；
- 用手指出他们想要的东西（非英语使用者经常这样做），并且让其他人说话而他们点头或摇头；
- 提供对 SM 的简要说明；
- 抱歉地拿出电话并假装接听电话；
- 摇头，指向他们的喉咙（人们会把这一动作解释为喉咙痛或喉炎）；
- 指向他们的手表并离开；

- 微笑或挥手，继续走路；
- 排队时向旁跨一步，让队列中的下一个人上前。

同样，根据具体情况，我们提醒他们，公众习惯了那些不会说当地语言、有听力障碍、忙得停不下来或根本不想说话的人。

对 SM 患者来说，无法说话是无法忍受的，所以他们给自己施加了很大的压力。这可能进一步提高他们的压力水平并导致对某种情境的完全回避。逃避后路使他们能够面对这种情境并取得成功。

使用角色扮演来练习对某些场景中同龄人或陌生人可能说的话进行非言语反应：指点、耸肩、点头、微笑和其他面部表情都可以起到很好的效果。目的是远离对被人接近的恐惧，对接近之后可能需要说话的恐惧。更重要的是，角色扮演可能是良好友谊的开始！

活动 2：练习非言语回应

1. 成年人设定场景，要求年轻人想象，比如坐在咖啡馆、在巴士站等朋友，或参加大学开放日。然后成年人扮演一个陌生人的角色，并接近年轻人问一个问题。

例如：现在几点了？你在哪里得到的番茄酱？

你知道厕所在哪里吗？你能照看一下我的包吗？

这里的汉堡怎么样？你需要帮助吗？

你在哪个小组？可以坐在这里吗？

2. 用不同的声音或口音重复，以代表不同的陌生人。

3. 给年轻人一份问题清单然后反转角色扮演。成年人使用不同类型的肢体语言进行非言语回应。

4. 讨论哪些回应看起来是最友好的，然后再次反转角色扮演，直到年轻人快速而自信地回应。

5. 重复该活动，以言语回应结束练习。

挑战无益的思维方式

与年龄较大又敏感的人工作时，最难以应对的是他们倾向于想象最坏的情况，并将自我怀疑投射在其他人身上。也就是说，他们会思考并相信其他人会以同样的消极方式看待他们。长期患有 SM 的年轻人经常会因为无法说话而感到尴尬、愚蠢、羞愧或能力不足，他们很容易认为其他人也认为他们很奇怪、愚蠢或无能，除非有人告诉他们事实并非如此。

将无益的思维方式重新构建为有益的理性思维方式，基于实际证据而非想象，这是认知行为疗法（CBT）的基本要素。虽然这种方法的一些方面可以纳入干预活动（如下所述），但是，如果没有取得进展或者你觉得这超出了你的能力范围，那么寻求接受过 CBT 培训的专业人士的帮助是至关重要的。对额外诊断为社交焦虑症的人尤其如此（见第 13 章）。

CBT 并不总是必要的。一些年轻人接受这样的解释，即随着年龄的增长，他们理解对谈话的恐惧的尝试导致了扭曲的思维方式。他们不知道他们有说话恐惧症，所以他们寻找其他原因并归咎于他们自己、其他人的反应，或谈话的具体后果。

以下活动被证明是有帮助的。

科学地解释焦虑如何运作

这在第 5 章的活动 5 和给青少年和成人的小册子《当说不出话时》（在线资源）中有所介绍。附录 F 中提供了更多资源。

找出无益的思维方式

无益的思维方式（通常被称为"负面自动化思维"）是焦虑、低自尊和自我怀疑的结果。它们使情况变得很难处理，因为它们不是基于理性或现实的。当青年人完成表格 9 "令人担忧的想法"或回答有关恐惧情境的问题时，无益的思维方式可能会显现。关于恐惧情境的问题包括：

• 这种情境中最让你感到不安的是什么？

- 在这种情境出现之前 / 期间 / 之后你的想法是什么？
- 在这种情境中你害怕发生什么？
- 如果你在这一情境中能说话会怎么样？

大多数年轻人在能够通过书面文字（例如电子邮件、抽认卡、问卷调查）表达自己时更加乐意提供信息，然后有可能根据需要提供口头澄清。

给无益思维分类

向年轻人介绍 SM 中最常见的无益思维类型（参见表 10-7），并让他们在对自己进行分类之前对"你的"负面想法进行分类。别怕注入一些幽默来表现非理性，例如："公交车司机今天看着我——我敢肯定他讨厌我""明天将有一位新厨师开始工作——我预期我们都要食物中毒"。这里传达的信息并不是说像这样的想法是荒谬的。大脑有可能让人们相信没有根据的想法是真实的。每个人都需要承担侦探的角色来检查证据，并从虚构中甄选出事实。

表 10-7　无益思维模式的分类

类　别	定　义	无益思想的例子
读心	相信你知道其他人在想什么	每个人都避开我 他们认为我很奇怪
算命（灾难性的）	预测未来只有负面结果	全班同学都会嘲笑我 我永远也上不了大学
贴标签	不考虑整体情况就给某人或某事物下结论	那所学校很糟糕 我什么都不擅长
忽视积极的事情	告诉自己好事不会发生	我的老师说我做得好，但她只是为我感到难过
不合理的期望（"应该"或"必须"的想法）	对人们应该如何表现有一个固着的想法（常见于但不是仅见于自闭症患者）	他应该让我和他一起玩 她迟到了——她显然不在乎

重构无益思维

认知重构过程的核心是能够回答："有没有其他看待这个问题的方式？"有时年轻人需要一个他们信任的成年人来告诉他们其他方式是怎样的。表 10-8的 1 ~ 7 点中涉及了其中一些主题。一旦熟悉了"SM 可以扭曲他们的思维模式"的想法，学生就会变得非常擅长以更中立、更实际和更有益的方式重写诸如8～12点这样的想法，这可以由挑战其观念的活动支持，如下所述。问这个问题也可以帮助重构无益思维："如果你关心的人有这些想法，你会对他们说什么？"

在完成了挑战观念的活动并接受更有益的思维方式后，年轻人需要一个视觉提醒，例如把两三个已修正的想法设为屏幕保护，或写成字条贴在卧室门上。每当他们自动的无益思维显露时，就对自己重复那两三个有益思维。

表 10-8　重构无益思维

无益思维	换个角度看待此事
1. 当我走近时，每个人都会盯着我看	我们必须观察周围的人——这让我们确信一切都很好
2. 当他们看着我的时候，我知道我的外表一定有问题	观察别人是很自然的。我也会观察其他人，并经常印证我的想法
3. 没必要问，噪声这么大，他不会听到我说什么的	他可能第一次没有听到我说的话，但是我可以重复一遍，他可以靠近我一点
4. 我不擅长交朋友	我发现很难主动和别人接触，但是当人们走近我的时候，我很擅长表现得友好。我能微笑，倾听，有时还能回答问题
5. 如果我往下看，人们不会注意到我，我也不需要说话	如果我往下看，人们可能会问我是否还好。如果我抬头，我就不会引人注目
6. 人们会和我说话，我将无法回答	有人可能会和我说话，但如果我练习放慢呼吸，我也有可能回答。如果我不能，我可以指着我的喉咙，他们会认为我患有喉炎
7. 我是唯一一个谈话困难的人	我们中有几个人因为各种各样的原因在课堂上说话不多。老师没有意见，我们以其他方式做出贡献
8. 如果我主动回答但答错了，我的老师就会让我出丑	我的老师不会让犯错的人出丑。他喜欢学生发言，并说这给了全班一些线索去思考。出错是安全的
9. 每个人都避开我——他们认为我很奇怪	他们可能不明白我为什么总是一个人，觉得我不想和他们混在一起。我需要想办法使情况好转
10. 全班都会认为我的报告是垃圾	我不知道他们会怎么想。他们也可能会认为它真的很好。我先问问琼斯先生的意见
11. 我永远上不了大学	我今年没有去面试，但是没有年龄限制，我可以再试一次
12. 她迟到了——显然她不在乎	我们不能总是准时，但这并不会让我们成为坏人。很高兴她给我发了条信息，让我知道她正在路上——这表明她不想让我担心

测试理论

将想法按"赞同点"和"反对点"写下来，并列成两栏，可以帮助年轻人获得平衡的观点。在接受一个想法是真实的之前，重要的是他们"把想法放在评判席上"，并收集足够的证据来证明它，问自己："有什么证据表明这个想法（a）是真的，（b）不是真的？"感觉虽然非常真实，但并不构成证据。最初，协助的成年人可能需要提出自己的意见，或提示年轻人，帮助他们回忆他们忽略的事实。如果年轻人在上述练习中担任书写工作，这将有助于他获得平衡的观点。

另一项有帮助的练习是让年轻人接受观察挑战，看看他们预测的情况是否确实发生了。例如，当其他学生在课堂上犯错时，同学们如何对那个学生做出反应，同学们的反应又如何受犯错学生行为的影响？

有时候，关键工作者可以自己接受挑战。例如，一名学生确信如果他不能在麦当劳下订单，他会被忽视或被嘲笑。这位关键工作者安排将自己下单的过程拍摄下来，她表演出这名学生最糟糕的情况——走到队列前面并当场僵住。在盯着服务员后，关键工作者低下头，亲身经历了学生的恐慌：她的心脏狂跳，她也确信服务员会走开。但是，在过了像有一个世纪之久后，她指向显示屏，服务员耐心地看着，做了一个手势"一份？"，随后准备好她的饮料，用友好的"谢谢"完成交易。该视频正是这个学生所需的证明，即服务员接受过培训，将客户放在首位！

最后，我们想要提请注意一种错误的想法，即如果年轻人的"秘密"被同伴发现，同伴将会感到震惊、憎恶、很高兴找到嘲笑的来源，或者将其视为软弱的标志。事实上，当同学无法说出话时，同龄人通常只会感到好奇，而且一般来说，当他们认识到同学面临的真正困难时，他们会给予支持。摘录自第 4 频道的"约克郡教育"系列节目"马什找到他的声音"（*Mushy Finds His Voice*）的 YouTube 视频很好地展示了这一点，并为患有 SM 的年轻人提供了几个谈话要点——甚至帮助他们以积极的眼光看到自己的未来。

有时，可以说服他们去试探，与一个朋友或新工作人员分享他们的困难，看看他们有什么反应，提醒他们恐惧症很常见，没有什么可羞耻的。

例如，一位老师巧妙地围绕恐惧症的主题设计了一场课堂讨论，但没有提到 SM。SM 学生观察到同学们尊重个体面对并克服恐惧所需的勇气。这位学生没有向同学们透露她有 SM。但她说在讨论之后感觉好多了，她知道如果有需要的话，她和老师能做出解释。不久之后，她开始在课堂上主动回答问题。

谈话技巧

经过多年的边缘化，一些年轻人对自己的谈话技巧缺乏信心，他们不知道的是该说什么，而不是如何说出来。其他人可能没有意识到他们的谈话不足。年轻人已经习惯于寡言少语，即使他们放松并且能说话，他们也会说得很少，没有意识到他们听起来粗鲁或不感兴趣。所有这些年轻人都可能受益于一些谈话的指导或持续谈话练习，特别是在面试或社交活动临近时。

以下指南可能有所帮助，最初可以通过即时消息、短信或在电脑上打字来实施，直到回应更加主动。

1. 避免用一个词回答，除非马上添加另一个评论或问题。

2. 用完整的句子来修饰"是"或"否"（例如"是，我做了""不，它不是"），或者提供更多的信息："是，这是我这么久以来看过的最好的电影""不，我希望我没有烦恼"。

3. 使用以下选项之一保持对话继续进行：

- 提供一些信息；
- 问一个问题；
- 做出反应，例如"哦不！""那一定很痛苦""我希望你能找到它"；
- 同意或不同意对方的评论。

4. 在回答一个问题之后，如果跟着提出另一个问题（这不适合在面试中使用）或给出更多信息，会使对话更好地进行。

5. 在说再见之前用简短的解释或客气话来结束对话，例如"我等的车来了""我现在需要继续做我的作业了""很高兴见到你"。

每种类型的回应都可以进行个人的探索，例如，可以给年轻人五种不同的陈述，并要求他以五种反应或五个问题来作为回应。下面介绍的活动有助于将指南付诸实践并加快对话速度。

活动 3：会话练习

目标：在不用单个词作答的情况下以书面形式交谈一段时间。活动发生在同一个房间（例如两人都坐在电脑前）或不同的位置（例如发送即时消息）。

1. 评分系统是一致的：给出一个词以上的答案，得一分；用一个新的问题或评论使对话得以持续，并在长时间停顿后再开始第二轮对话，得两分。

2. 会话伙伴轮流介绍一个主题，使用诸如"我明天上第一堂驾驶课"这样的陈述。

3. 现在轮到另一个人发言，但如果出现长时间的停顿，第一个人可以添加进一步的评论或提问题，例如"你会开车吗"。

4. 如果任何一个人以一个词的答案作答，他的伙伴就可以选择立即回应（这会减少第一个人的得分！），或者给他一点时间来详细阐明答案。

5. 持续约定的时长（例如 10 分钟），然后由发起会话的那个人结束会话（这是对于礼貌逃避的极佳练习）。

6. 当时间到了，如果可能的话，打印出对话并让年轻人打分——这比告诉他们如何提高分数更有效。现在，他们有一个基准线可以在下一次突破。

7. 如果以单个词回答的现象仍然存在，请引入一个提示系统。如果以单个词作答，就会得到一个"啊哦！"表情符号或"＋"作为提示。然后他们应该详细阐述他们的答案（做支持工作的成人应偶尔"忘记"并输入单个词的回答，以查看学生是否发现了这一点并给出了适当的反馈）。最终的目标是在没有提示的情况下完成任务。

随着学生的进步，通过引入他们不了解或他们不感兴趣的主题（比如房间的中央供暖）来拓展他们对话的领域！从写作进展到谈话，从一对一进展到三方对话，在此过程中必须小心管理，以防一些年轻人感到被忽视。好消息是，会话流畅度确实通过练习得到了改善。

放手

只有当儿童或年轻人能够在所有情况下充分和主动地进行交流，包括参加团体活动和在公共场所交谈时，干预才能被视为完全成功。当个体达到这个阶段时，很明显他们不再需要进一步的适应或额外的支持。参与干预的每个人都可以放手和庆祝！

以下几点可以作为表明不需要进一步帮助的有效指标：

- 孩子在教育或社交方面不落后。
- 孩子可以和陌生人交谈。
- 父母和学校不再担心。
- 孩子很高兴不再受困扰。
- 父母和儿童或年轻人可以继续树立对社交情境的信心，了解治疗的基本原理和有效策略。

但是，有时情况并非那么简单：

- 如果个体必须尽快进行过渡——无论是到别的班、另一所学校、青年俱乐部、工作实习或大学，在他们成功融入这一环境之前不要"放手"。在过渡之前，他们需要被引入新环境、介绍给新的人，在换到新环境后，需要监控他们的进展。某些专业人员只关心个体在一个环境中的运作，这可能会使情况变得复杂。然而，仍然需要做出安排以找到合适的其他人来确保个体能够在新环境中交流自如（参见第11章）。

- 一些专业人士可能需要"放手",因为他们已经在其职权范围内尽其所能。这可能是对的,但是,如果个体的 SM 没有得到完全解决,我们建议他们仔细寻找其他人以提供适当的干预或支持。

- 如果一个年轻人在经过短暂的接触后不得不离开专业人士的工作范围,那么应该优先考虑的是让他们充分了解他们的 SM 及其维持因素,并为他们准备将来可能有帮助的东西(参见第 11 章的"进入成年期")。

- 在一些情境下,一些个体继续表现出缄默。未来与儿童或年轻人密切相关的人可能需要意识到这一点并相应地调整他们的互动方式。例如,几个小时候患有 SM 的成年人告诉我们,直到他们离开学校并感到摆脱权威、自己更有控制力,以及能够为自己创造新形象的时候,他们的 SM 才完全消解。出人意料的是,他们中的许多人现在从事"说话"的职业,例如从事教学、法律和事件管理方面的职业。

进度图表 1 与一系列人员的一对一互动（已完成的学校示例）

姓名: TS

关键工作者: 助教 (TA)　　　　　　开课日期: 2016 年 1 月 20 日

说话阶段①	二年级 TA	二年级老师	SENCo	三年级老师	班主任	同学 1（姓名）Donna	同学 2 Zara	同学 3 Chelsea	同学 4 Tyrone
1	√ 9 月 15 日	√ 9 月 15 日	√ 9 月 15 日		√ 12 月 15 日		√		
2	√ 10 月 15 日	√ 10 月 15 日	√ 12/2/16			√	√	√	√
3	√ 12 月 15 日	√ 2/2/16	√ 16/2/16			√	√ 12 月 15 日	√ 12 月 15 日	√ 7/3/16
4	√ 1/2/16	√ 3/4/16				√	√ 5/3/16	√ 7/3/16	
5		√ 3/4/16				√	√		
6	√ 1/2/16　√ 10/2/16	√ 4/4/16				√ 20/2/16　√ 7/3/16	√		
7	√ 2/2/16　√ 12/2/16					√ 20/2/16　√	√		
8						√ 1 月 16 日			

① 完成每个阶段后，在对应方框打钩并注明日期。

注：格子分开的地方，☑ 有成人的支持，☐ =没有成人的支持。

第11章

成功过渡

引言

无论是孩子换学校、换班级或换老师，或是进入幼儿园、学校或大学开始新的生活，还是加入新的社交俱乐部或课外课程，过渡期是所有儿童和年轻人迈出的人生一大步。可以理解，这种转变对 SM 患者及其家人来说尤为关键。通常他们比其他人更害怕变化，特别是目前表现良好的孩子，父母害怕他们在新环境中失去动力。然而，新生活的开始也可能成为孩子的新起点，他们可以把旧记忆抛在脑后，在新环境中获得自信和独立。如果没有得到相关的支持，SM 患者最困难的过渡期可能是从青少年过渡到成人的这段时期。

本章重点是为 SM 儿童或年轻人顺利过渡提供建议：

- 过渡计划的一般准则
- 进入学前班、学校、社交俱乐部，或换学校、换班级、换老师
- 升入初中或高中
- 进入大学和工作环境
- 重新开始
- 进入成年期

一些内容需要你参考本手册的其他部分，以获得更多详细信息。

过渡计划的一般准则

以下建议总结了良好过渡计划中需要涵盖的领域。

帮孩子做好准备

在过渡之前的几周帮孩子做好准备，对孩子即将经历的改变做出积极评价，并酌情让他们熟悉新环境、工作人员和教室。例如：

- 和孩子、父母一起参加社交活动，如夏季交易会、音乐会或游戏活动；
- 当学校大楼无人（例如假期或放学后）或很安静时，父母和孩子在学校交谈；
- 鼓励孩子拍照并制作"我的新班级或新学校"小册子，展示给朋友和亲戚。

在尽可能非正式的情况下与主要工作人员会面。如果可以，带上孩子的弟弟妹妹更好。如果孩子开口说话，提醒工作人员不要感到惊讶。要认识到，每个人都需要不断注意谨慎处理孩子的问题，而不是突然"治愈"或夸大孩子的困难。

对工作人员进行教育

在孩子入校之前，向新环境中的所有工作人员介绍 SM，以确保孩子在准备好之前不会有开口说话的压力。父母和主要工作人员都应该向孩子保证这一点，并向孩子保证你有信心他终有一天能说话。如果其他工作人员了解 SM 的原理以及如何更好地管理 SM，他们接近孩子的方式会有所不同。他们无须对孩子提出与 SM 相关的问题。在孩子不在场的情况下，校方可以与你进行讨论，交换对 SM 相关问题的看法。此外，我们建议你提供一份关于孩子 SM 的情况简介，附上 SM 说明和孩子的管理需求。请负责人更新孩子的情况资料，并酌情转交给新员工或临时员工。

图 11-1 中的示例是由一名家长编写的，是她根据本手册中的建议，以她对

孩子的照片

你好！

我是
[孩子的名字]

你好！

我叫[孩子的名字]。我是一个快乐、充满活力、好奇又聪明的[年龄]岁女孩。

我有选择性缄默症，一种焦虑症。这意味着我在某些社交环境中，一想到说话就感到非常紧张和焦虑，从而导致我真的无法说话。我经常无法微笑或看着你的眼睛。当我害怕我可能做错事时，回应可能需要很长时间，但有时我可以点头回答“是或否”的问题，或用手指出正确答案。

请理解我并不是顽固、有控制欲、任性或故意无视你。有时我一动不动或毫无表情，有时我会用一个“固定”的微笑来掩饰我的尴尬。如果我想让妈妈问你问题，通常我会对她说悄悄话。有时我们外出时我可以轻松说话，有时我根本不说话。好消息是我在家里能很好地说话。我可以像同龄女孩一样活泼、淘气，只要我感到舒适、安全和放松。

请继续阅读，了解如何帮助我。

你可以给我的最好的帮助是……

- 经常和我说话，即使我不是每次都回应，要让我觉得被人接纳。
- 当第一次尝试与我交往时，请把注意力放在活动和材料上，而不是放在我身上。直接关注我会让我感到不安。
- 接纳我的非言语交流方式，如点头、指点或打手势。
- 避免直接和开放式问题，**“是或否”这类问题是最好的问题**。
- 如果孩子们问我为什么不说话，请向他们解释我在家里说很多话，但是有时候发现其他人在附近时我很难说话。如果他们让我安静地加入并耐心等待，我在准备好后就会说话。
- 当我设法说话时，请不要大惊小怪，请继续正常交谈，我只是希望和别人一样，而不是被区别对待。
- 由于我非常担心做错事情，请表扬我能做的事情，这样可以增强我的自尊心。
- 不要用强迫、收买的形式让我说话，或让我成为关注的焦点。
- 理解日常生活改变、进入新环境、结识新朋友、犯错误、从一项活动换到另一项活动都会让我更加焦虑。请使用简单的语言并和缓地向我解释。
- 我很难忍受大声的噪声、突然的变化和意外的身体接触。请记住！
- 要有耐心，明白我真的想说话。我会努力勇敢，也许当大家一起说话或唱歌时我会慢慢加入。回到家，我喜欢告诉父母我学到了什么。

图 11-1 介绍一个有选择性缄默症的孩子

孩子的独特认知，为孩子量身定制的。可将它对折成日记本大小并覆膜，作为一份非常实用的提示资料，供班主任和音乐老师查阅。此外，在学校办公室留有一份副本供教师参考。

注册

孩子进校的第一天很重要，如果成功度过，往往可以让之后的整个学期更加顺利。如果孩子没有关于注册点名的经验，或者以前课堂点名不回答，老师如何处理点名的问题是很重要的，可以根据不同年龄灵活处理，而不是将孩子排除在外。老师可以采取自行登记点名、收集姓名徽章（然后第二天点名时用集体回答的方式问"××来了吗"），或者请学生举手或说"到"（孩子可以回应点名，如果不回答也不会觉得丢脸）。

确定一名能提供支持的成年人

工作人员必须明白，大多数患有 SM 的人在各方面都很难主动，不仅仅是难以开启对话，在提问、报告自己的困难、寻求帮助或澄清、接近他人、维护自己的权益、纠正或反驳他人上都可能有障碍。即使允许孩子不用说话，可以采用电子邮件或短信的方式与工作人员沟通，主动交流对他们来说也不是一件容易的事情。

因此，需要在新环境中确定一名能够提供支持的成年人，以便：

- 定期接触、会见或发送电子邮件给孩子或年轻人，检查他们的情况；
- 确保他们快乐，不被戏弄或受欺负；
- 确保他们获得接纳并参与活动；
- 与家庭联络；
- 根据需要安排其他策略，以培养孩子或年轻人的独立性。

> 在就过渡计划达成一致和实施过渡计划方面投入的时间，
>
> 将确保儿童快速适应新环境，不断取得进展，
>
> 建立和发展信心与独立性。

新环境中指定的成年人尽早与孩子见面将有所帮助。在一对一的基础上，执行以下行为中父母（或年轻人）和工作人员一致认为适当的行为。具体选择很大程度上取决于孩子的年龄和他们在之前的课程或类似活动中所达到的阶段。这也是一个建立融洽关系的机会，可使用评论式技巧为孩子提供发言机会。

- 让孩子放心，学校工作人员会查看他们是否被安排妥当、和朋友坐在一起、理解功课、在需要时去厕所等。
- 让年幼的孩子通过玩游戏自信地做出回应，这些游戏最初只需要非言语反应，如指点、点头或摇头。
- 让孩子帮助完成日常任务，然后赞扬他们完成的工作。
- 解释成年人有时可能需要大声说话，只是为了确保孩子正在倾听，所以不必惊慌。
- 向孩子保证，除非自愿，他们不会被选中在其他人面前做展示或回答问题。
- 让大龄孩子放心，他们可以书面回应讨论或提问，直到他们感到能轻松自在地说话为止。
- 确定工作人员如何及何时会见或联系孩子。
- 当孩子需要休息时，提供一个地方或告知程序。

与其他孩子建立联系

尽可能积极地与其他孩子建立友谊，特别是在校外，邀请同龄人回家玩耍或喝茶。尽量提前了解附近是否有孩子可以参加并与其父母联系。如果孩子的父母在第一步行动中遇到困难，那么教师可以建议哪些孩子可能会和 SM 儿童成为好朋友，并帮家长做引见。

监控进度

继续监控过渡情况，由于受到热烈的欢迎和谨慎的处理，许多孩子在新环境中克服了他们的 SM，通常从一开始就会看到小的进步。如果几周内没有变化，学校和家庭需要积极发挥作用，设计一个帮助孩子或年轻人前进的计划。因此，应该在过渡后六周左右对情况进行审查，或者一旦出现明显的退步或困扰则应尽快审查。

放松

尽量放松，不要向孩子表达自己的焦虑！每个人都对这重大的一步持积极态度，或许正是孩子需要的新起点。请记住，许多孩子在新环境中的第一个月不会发言，所以现在是缓解焦虑和确保积极体验的时刻，而不是专注于谈话。

进入学前班、学校、社交俱乐部或活动班

与父母分开

在孩子进入学前班环境时，父母应该留下陪伴孩子，直到孩子开始与工作人员、其他孩子接触或参与活动，并且很乐意父母离开。但是，不要过分延迟初次分离的时间，因为孩子只有通过自己成功地应对，才能学会不再害怕。不要预期孩子会感到焦虑，因为这种预期会传达给孩子。家长可以通过微笑和积极陈述来帮助孩子树立信心，这往往比提问更好。提问通常伴随着抬起眉毛，因此传达了担忧和不确定性。例如，请试着说"你可以像在家一样给我建一座塔"而不要说"你想玩积木吗"。

可以在干预活动期间演练离开孩子（例如父母去厕所或去喝水）。表扬孩子的勇敢以及每天能自己待更长时间，并让他们听到你向其他人描述他们的"冒险行为"。

家访

工作人员安排家访、非正式地与孩子见面通常会有所帮助，这样孩子在新环境中将能看到熟悉的面孔（参见第 5 章"第一次会见儿童"和专栏 10-1）。

家长参与

如果孩子难以融入新环境，父母可以在接孩子时提前到达并与孩子一起参加最后几项活动，以便他们带着积极的体验离开。或者父母可以在上学后的前半个小时留下，参加活动并帮助孩子融入，结交朋友或与指定的成年人建立融洽的关系。如果父母被视为一般帮助者，这将鼓励孩子独立。通过与其他孩子和成人互动，父母示范社交行为并充当孩子融入的中介。

> 在开学前的暑假里，尼尔的助教老师曾多次拜访我们，并与尼尔建立了良好的关系。我们使用非正式的渐入和渐出技巧，取得了良好效果。
>
> 助教老师还准备了一本小书，上面有她自己、老师和学校的照片，我们每天都可以看到。
>
> 尼尔现在能自由地跟她说话，我们对9月的临近不再感到担心。

换学校、换班级或换老师

安排交接会议

再怎么强调从一个环境到另一个环境的良好交接的重要性都不为过。家长和专业人员可以帮助确保学校履行其义务，在学校、教师或班级发生变化时，传递和分享关于有额外需求的孩子的信息。工作人员不要因为疏忽或过度劳累而冒不进行交接的风险，检查是否安排了交接会议，或者复印有用的材料分发给相关的新员工没有任何害处。在儿童文档中，附上介绍性或更新的报告或信函总是很有用，其内容应包括新环境中的人需要知道的关键背景信息，以及关于如何与儿童或年轻人接触、合作的要点。

确保连续性

在可能的情况下，安排孩子在他们升学之前与下一年级的工作人员会面。例如：

- 即使当前班级会在学年结束时例行访问下一年的教室，也要让孩子与熟悉的成人或朋友一起额外访问新教室一两次；
- 邀请新老师或助教到当前班级或家中探望孩子。在学期的最后几周内渐入新老师或助教（请参见第 10 章）。

如果无法提前与新员工会面，请尽量通过以下一项或多项措施确保连续性：

- 让孩子和最好的朋友在一起；
- 安排以前的老师或助教在开学第一周花一些时间和孩子在一起；
- 在学期前两周进行几次会议，"借用"前一个关键工作者，与新关键工作者进行交接；
- 保持当前的关键工作者（但要避免孩子在很长一段时间内过于依赖一个成年人，目标是每 12 ~ 18 个月更换一次关键工作者，并且当主要关键工作者不在时，总是有一名备用关键工作者可以提供帮助）。

思考一个新的开始

当孩子明白他们的 SM 是一种已经建立并长期习惯的恐惧，但得到不催促他们的工作人员的支持，相信他们可以采取一些小步骤来克服 SM 时，换班级总是重新开始的机会。可以提前了解新老师如何进行考勤，让孩子事先了解要求并练习回答。通过在第一天的顺利发言，他们将开始扭转局面。

升入初中或高中

做出明智的选择

大多数教育系统要求儿童在 11 ~ 14 岁升学，新学校通常更大。家长们想要确保新学校有良好的教牧关怀记录，主要工作人员在支持焦虑和弱势学生方面具有丰富的知识和经验。虽然父母对最终决定负责，但他们必须倾听并考虑孩子的意愿。孩子可能：

- 想和朋友去同一所学校；
- 正在寻求一个新的开始，想去一个他们说话时没人会做出异常反应的地方；
- 感受到某所学校开放日特别热情的氛围；
- 被音乐或体育等特定方面的设施所吸引。

一旦学生找到了自己的动力，他们就会经常让父母大吃一惊，因为他们能够从容应对学校面积很大（学生不容易获得安全感）等挑战。

找到一所符合父母需求的学校后，就要考虑孩子被学校录取的可能性。通过平静地陈述事实，证明孩子的需求无法在其他地方得到适当的满足，父母可以在孩子目前学校的支持下提出恳求。

专栏 11-1 是由专业人士撰写的样本信函，该信函构成了一所小学 SENCo 为此类恳求编辑的证明的一部分。

专栏 11-1　专业人士写给小学 SENCo 的关于中学升学的样本信

背景概述

由于在某些情况下的说话恐惧症（SM），B 在 2011 年被转介到言语和语言治疗部门。在过去的四年中，我们看到她的巨大变化。她以前是一个过度焦虑、自我意识过强的孩子，在家之外有各种形式的互动困难，现在她乐于参与非言语活动，并开始与信任的朋友和成年人交谈。自从去年给她在学校指派一对一的关键工作者以来，她在口语交流上取得了很大的进展。所以，无论对于保持她已取得的成绩，还是现在继续取得成功而言，很明显现在都是 B 的关键时刻。随着她信心的增长，我们开始看到一个外向、健谈的孩子，以前只有家人和朋友见过这样的 B。至关重要的是，她放松和"僵住"

的人格之间的差距继续缩小，能让她在心理健康不受长期影响的情况下发挥其学业和社会潜力。

建议

与任何焦虑的孩子一样，通过以下方式确保持续的自信和自尊至关重要：

- 让孩子有价值感；
- 让孩子有成就感而不是失败感；
- 提供结构化支持，让孩子逐渐面对他们的恐惧，而不是维持现状，寻求安慰（回避会强化恐惧）。

这意味着需要对所有变化进行规划和谨慎管理，以使 B 不会承受过多的压力而难以应对。最佳方法是向前迈出一小步，一次只改变一件事，让焦虑维持在可控的水平。

在初中取得成功取决于四个因素。

1. 每次给 B 带来最少的变化。因此，新学校在规模、结构和校风方面需要尽可能地接近她之前的学校。

2. 来自学生支持机构或特殊需求部门的导师支持——理想情况下，他们是有 SM 工作训练和 / 或经验的人，认识到说话困难与羞怯、创伤、情感困难或缺乏教养所引起的问题非常不同。

3. 所有员工都充分了解 SM 的性质以及每天如何应对它，以确保 B 上课时不会受到影响。这将需要持续有效的沟通和合作；任何不理解 SM 的本质是恐惧症和焦虑症的人都会在不知不觉中破坏其他人所做的努力，并让 SM 儿童害怕上学。在公共考试和口语测试中，可能需要考虑到 B 的焦虑和 SM。

4. 一个富有同情心的同伴群体，应该对戏弄、欺凌、破坏性行为和粗鲁对待采取零容忍，因为所有这些都让焦虑的孩子全天处于紧张状态。

我希望这些信息有用；如有需要，请随时与我联系。

树立信心

虽然有些孩子期待换学校，但也有些孩子不那么自信。许多焦虑或弱势儿童受益于在最后一个学期参加过渡小组，为进入中学做好准备。这通常由小学组织进行，并得到中学的配合。典型的主题包括学习中学生活的新词汇、练习阅读时间表、在入学考察前查看新学校的照片和地图，甚至学习如何打校服的领带。

暑假是与即将进入同所学校的朋友一起活动和旅行的好时机。练习与朋友或兄弟姐妹一起乘火车或公共汽车前往学校，并结识对孩子的困难一无所知的新人。提醒孩子，如果他们能够与陌生人交谈，他们就也将能够在新学校与首次见面的人交谈（参见"重新开始"）。

确保采取统一的方法

有些孩子非常确信升学是他们需要的改变，他们已经向自己证明，当他们与陌生人在一起时，他们能毫无困难地说话。他们深信在新学校自己会很好，坚持认为他们不希望工作人员知道他们的困难，并且不想再回头看。另一些孩子则需要更多的帮助，确保工作人员会照顾他们，同时又不引起其他孩子对他们的注意。在换学校之前，就要协商好简单策略以取得最佳成效。

专栏 11-2 是一个计划样例，在小学最后一个学期的交接会议后，由中学 SENCo 编写。在一次简短的信息会议和一次播放了关于 SM 的 DVD 的员工会议之后，它被分发给了中学的所有员工。

进入大学和工作环境

制订一项前进计划

与学生共同编写并以他们的名义发送的前进计划非常有效，它不仅帮助新环境中的工作人员，也帮助学生更好地理解 SM。专栏 11-3 是一个有用的模板，可以在任何类似的情况下进行调整——工作经验、会见职业顾问、访问工作中心和新雇主。另请参见"重新开始"。

准备面试

当大学面试即将来临时，请联系学生支持部门并索取问题的副本，以便年轻人可以与父母或导师一起练习。工作人员可能无法保证问题的顺序，但是如果年轻人的学校或校外专业人员提供相关证明，大学应该能够包容年轻人的社交焦虑和 SM 历史。

专栏 11-2　向中学过渡的教育计划示例

姓名：C

信息

C 被诊断为 SM 和严重的社交焦虑症。她有时会在被迫说话或者被其他人密切关注时"僵住"，并经常在面对一些人特别是权威人物时，说话的声音几乎自己都听不见。如果在某些情况下不堪重负，C 可能会变得非常痛苦。C 害怕做错任何事情。

目标

- 让 C 对她重返主流教育感到乐观。
- 让 C 完全参与课程，根据需要使用非言语参与。

策略

不要施压让 C 说话。重点应放在欢迎 C 进入课堂，让她感到快乐、安全、投入，并且强调她可以为课程做出有价值的贡献上。

不要对 C 直接提问，例如："你是怎么做到的？！"让提问具有修辞性，例如："我真不知道你是怎么做到的。"这消除了 C 必须回答的压力。

尽可能确保 C 与朋友坐在一起（在学期前两天我们会更多地了解她的朋友）。C 与其他孩子沟通往往有困难。

当给出指示时，悄悄地询问 C 是否理解任务或作业，并接受 C 以点头或摇头作为回答。C 无法发起对话，在有问题时需要写下来提问。

在开始任何书面任务时，由于害怕错误，C 将比其他人花费更长的时间。给他们一些关于如何开启话题或第一句话的建议会让 C 更好过一些，但重点是不让她感到被催促，并明白谁都会犯错误。

C 必须与一名工作人员定期联系，这一点很重要。除了与 CB 每两周一次的导师会面外，她最初每周至少要与 AF 见一次面。

说了这么多，并不是要你在 C 旁边时小心翼翼。她会像其他学生一样做出耐心、善解人意、幽默的回应。

以下是 SM 儿童对如何帮助他们给出的一些提示：

- 只要没有压力，他们确实想谈谈，并会在他们的焦虑水平下降时说话；
- 不要在公共场合点孩子的名，来表扬他们说话或斥责他们不说话；
- 要鼓励孩子，耐心且积极；
- 要为"治愈"之前长久的拉锯做好充分准备；
- 家庭和学校之间需要密切合作。

有关 SM 的更多信息，请参见培训说明，其副本由_____存放于_____。

专栏 11-3　在成年人帮助下，由青少年撰写的继续教育计划示例，在过渡期间提供给大学

教育背景和现状

我总是觉得在学校说话很困难，当老师问我一个问题时，我通常会僵住。我在 11 年级时离开了_____学校，当时我非常惊慌和焦虑，以至于无法上学。我不能参加英国普通中学教育证书考试（GCSE），但在那之前，我很好地完成了课程作业，并且在我的基础科目中至少达到了 C。我特别喜欢英语和信息通信技术，并希望有机会再学习这些课程，还有数学。

帮助者为我计划了为聋儿和动物工作以积累一些工作经验，我真的很期待，但由于某种原因未能成功组织。我希望有另一个机会来积累工作经验，因为我喜欢忙碌和做一些实际的事情。我喜欢的其他事情包括照顾年幼的侄子和侄女、照顾动物、帮朋友遛狗、去健身房、与朋友共度时光（我轻松地与他们交谈）和计算。

离开学校后，我开始重建自信，现在我能更多地出门了，能使用电话、独立购物，并能与之前从未交谈过的人交流。我觉得我已经准备好重新开始学习了，即使紧张，也期待在大学里重新出发。如果我能够顺利度过第一天，我知道我会没事的！

预期的发展方向

我喜欢从事与动物相关的职业，所以我在＿＿＿＿＿＿学院申请了动物护理课程。＿＿＿＿＿＿学院里到处都是我以前在学校里认识的人，这让我更容易适应，他们不会质疑我为什么错过这么多学业，不会询问我离开学校后做了什么。

我还想参加 GCSE 课程，如果课程时间能契合我的时间表，花部分时间获取 GCSE 证书对我来说也很适合。我也希望上大学能帮助我结交新朋友并巩固我今年所取得的进步，这样我就有信心独自旅行，变得更加独立。

我需要的支持以及为实现目标所做的工作

我曾经接受过 [具体服务]，但在一年多以前终止了，因为它对我没有帮助。从那时起，[工作者 / 咨询师 /SLT/ 志愿者] 帮助我沟通、降低我的焦虑，让我取得了很好的进展。

我已经明白自己对大学的主要担忧是开学的第一天。本周早些时候与＿＿＿＿＿＿交谈并浏览大学网站对我非常有帮助。对于一个地方，我会多去参观几次以熟悉建筑，并去习惯再次与其他学生相处。我不希望被大家视为与其他学生"不同"，也希望他们尽可能少地关注我。

具体帮助我的事

- 知道我可以联系＿＿＿＿＿＿＿＿，如果我需要谈话的话（他已经给了我电子邮件地址）。

- 如果我的朋友也申请到这所学校，和 TA 同一天入学（我告诉 [学习支持负责人]TA 的名字，以便进行安排）。
- 在第一天和团队建设活动中，有人把我介绍给其他学生，这样我就不会靠自己或依靠其他人来迈出第一步。
- 关于时间表的安排和变更，有非常明确的指示，因为我讨厌犯任何错误，如果我不能确定某件事情，就会变得恐慌。
- 友好的工作人员正常和我聊天，不介意我一开始说话少。
- 如果有任何疑虑或问题，工作人员允许学生给他们发电子邮件。不过，我发现回复电子邮件比发电子邮件要容易得多。
- 如果我想不出任何话要说，工作人员不催促我提供更多信息。
- 按照我自己的节奏安顿下来。
- 房间有足够的座位，所以我不必去另一个房间拿椅子。
- 被告知哪些座位是可以随便坐的，让我不担心会占用别人的位置。
- 与其他想要交朋友的安静学生组成一对。
- 和朋友坐在一起。
- 在同组的小群体中交谈，而不是在全班同学面前交谈。
- 把事情写下来帮助我理清思路。
- 知道我不需要做演示。当我准备好时，可以私下告诉导师。
- 在全班面前与导师交谈之前，我先要习惯在小组或者在我的座位上和导师交谈。
- 如果面对的事情太多，我有地方可去，我只需要静静地坐着让焦虑得到控制。我不认为我会真的去那里，但知道有一个地方可以去，会让我放心，我的导师会理解并知道在哪里找到我。
- 和我的朋友或父母一起去大学或回家。

> - 工作人员理解，当我焦虑时很难主动沟通。所以，如果你没有得到我的回复，请给我发电子邮件或发短信，不要以为我故意缺勤。
>
> 有些事对我没有帮助，因为我希望和其他人一样，比如：
> - 与学习支持者或导师进行个人会议（除了所有学生都参与的例行会议）；
> - 在其他学生面前被单独挑出或被区别对待，例如有人说："克莱尔，如果你觉得写下来更容易，那就写下来吧。"

支持独立性

永远不要忽视帮助那些不在课堂上讲话的学生积累工作经验。由一名善解人意的工作人员监督，他们往往能在实际的工作环境中蓬勃发展。

学生支持部门可以实施或分享旅行培训计划，以支持不独立旅行的青年人。

重新开始

时机

当孩子的 SM 干预计划开始时，如果正值当前教育阶段的最后一个学期，我们建议到下一个环境去扩大他们的谈话圈。在目前的环境中，在孩子说话和改变环境方面，需要做的工作是减少孩子的一般焦虑（参见第 8 章）。如果时间可以用于准备下一个环境设置，那么可能不值得在现有环境中建立帮助孩子讲话的程序。

同样，一个在中学多年沉默不语的年轻人，可能更容易在大学取得突破。

在适当的时候提醒孩子或年轻人，新环境对每个人来说都是全新的。不仅仅是他们，每个人都会紧张，每个人都需要寻找朋友，这些都是可以预料的。

把恐惧症抛之脑后

准备过渡到中学或大学的年轻人需要深刻理解 SM 是可以克服的恐惧症，

而不是把 SM 视为他们个性的一部分（参见第 5 章）。通过这种方式，他们可以将重新开始视为把恐惧留在旧环境的机会。

重要的是，他们要知道他们会受到欢迎，没有任何令人不舒服的压力，同时需要明白，即使只说一个字，如"嗨"或"是"，或点名时进行回答，也是他们在新环境中重塑自我、把恐惧症抛在脑后的突破方法。

> BBC 的纪录片《我的孩子不说话》讲述了一名转学到新中学的 14 岁孩子，如何能够从第一天开始讲话的故事。
>
> 她知道只要能说出一个字，就不会被贴上"不说话的孩子"的标签。尽管她的心脏在狂跳，但她还是说出了"你好"来回应负责人的问候。终于，她第一次感到了"自由"。

和陌生人说话

为了在中学或大学重新出发，能做的最佳准备是专注于培养孩子校外的独立性和与他人共同的兴趣，以及与陌生人交谈的信心（参见第 9 章）。陌生人不会期待持续的谈话，青年人对发起和结束对话有更多控制权，例如可以说"你有时间吗？谢谢"。

鼓励青年人以尽可能多的方式挑战自己，相信如果持之以恒，最初的恐慌

罗薇娜从未在托儿所讲过话。复活节后不久我们开始以下干预，以配合其入学。

- 来自罗薇娜的新学校的助教珍妮特，在罗薇娜在托儿所的最后一个学期对她进行了几次家访。
- 罗薇娜开始在珍妮特面前和妈妈说话，然后直接和珍妮特说话。
- 一天晚上，罗薇娜去了她的新学校，在教室和空荡荡的操场上和珍妮特聊天。
- 珍妮特带着罗薇娜访问了接待班，并参加手工课。她在桌旁和老师说话，在操场上与另一位助教讲话（建议工作人员不要直接提问）。
- 在暑假期间，罗薇娜的妈妈邀请将来的同学们喝茶。
- 罗薇娜 9 月顺利过渡到她的新学校。

就会消失。例如：

- 拨打电话
- 订购比萨饼
- 购买糖果、杂志或电影票
- 跑腿做事
- 遛狗
- 洗车和当保姆赚钱
- 去游泳、加入健身房或自行车俱乐部
- 参加晚间课程培养兴趣爱好
- 加入志愿者项目

每一次出门旅行和说出的每一句话都是克服 SM 的一步。提醒青年人，没有人喜欢在每次谈话中都占主导地位的健谈者，同样，没有人会讨厌一个不主动讲话的安静的人。刚开始他们需要的只是简单的回应，如做手势和微笑！

课堂管理

选择重新开始的年轻人不希望他们的同龄人知道他们的 SM 历史。他们只是希望得到公平对待，并像其他人一样被接纳（除了他们可能不会说话），不要对他们大惊小怪。他们希望老师能接受一些班级成员比其他人更安静，并找到让他们参与活动但不会使他们难堪的方法。

对安静学生的积极态度将大大提升他们的体验。例如："有些学生喜欢说话，有些学生喜欢思考——只要你以某种方式做出贡献，我一点也不介意你是哪一类。""我希望每个小组决定演示文稿中包含哪些幻灯片、谁将切换幻灯片、谁将宣读要点，以及谁将在最后提问。"

谨慎决定转校

最后，尽管根据我们的经验，重新开始通常会对孩子产生积极影响，尤其在按照我们描述的方式进行管理时。但是在不自然的时机给孩子换学校是需要慎重考虑的。我们不能假设每个孩子都需要转校，或认为转校就自然意味着他们的 SM 得到治愈。如果孩子在某个学校很难适应，重要的是要明确知道问题究竟是什么，以确保新环境中的这个因素不一样。

进入成年期

显而易见，有些人进入成年期尚未解决 SM。我们是儿科治疗师，但在教学和指导过程中，我们遇到了大量刚刚恢复或仍然患有 SM 的成年人。第 15 章中会讲述他们的故事。这里我们简要讨论一下成年期 SM 的一些问题，并提出帮助患者取得进展的建议。

成人期 SM 的一般问题

- 目前尚不清楚成人中 SM 究竟有多普遍。因为相关文章集中在个案研究和回忆上，而不是发病率。萨顿和弗雷斯特（Sutton & Forrester，2015）引用了卡尔·萨顿（Carl Sutton）的一项调查，这项调查也在《寻找我们的声音》（*Finding Our Voices*）第 4 期（2015 年）中得到了总结（参见附录 F）。该调查针对 83 名 18 岁以上的 SM 患者进行。他们来自 11 个不同的国家，女性人数是男性的 4 倍。根据目前对儿童的统计和康复率的记录，萨顿认为 SM 在年轻人身上的发病率至少是每 2400 人中就有一人，如果计入轻度 SM，这个比例可能更高。

- 关于如何管理成人的 SM 或由谁管理，目前没有明确的模式。由于其性质和隐蔽性，成人 SM 不容易被识别。高等教育中的医疗专业人员、治疗师或工作人员相对较少遇到患有 SM 的成人，他们接受的培训内容可能不会提到成人这种情况。

- 在成人服务中提高 SM 意识至关重要。因为当专业人员确实遇到患有 SM

的成人（可能有合并症）时，SM 的识别会对治疗过程和治疗效果产生影响。

成人 SM 的具体问题

- 缺乏 SM 公众意识意味着成年人可能甚至不知道他们有 SM。在没有理性解释的情况下，许多人感到羞愧并试图掩饰他们说话的困难，而不是考虑寻求帮助。那些怀疑自己有 SM 的人很难主动传达他们的需求，这也是符合 SM 表现的特征，因此寻求帮助或支持并不总是那么容易。

- 可能在孩童期没有得到诊断（萨顿的研究中只有 25% 的成人在儿童时期接受了 SM 的诊断）。所以重要的是澄清缄默是符合 SM 的标准（参见第 3 章），还是更符合其他问题的症状。有关青少年和成人 SM 的在线小册子《当说不出话时》是与 SM 成人一起撰写的。这可能有助于个体和专业人士判断成人是否"符合"SM 诊断标准。

- 可能存在其他共存（有时称为合并症）病情。这些病情可能是从童年出现并被忽视、被误诊的，或者是后来出现的。事实上，正如第 13 章所讨论的那样，在 15 岁以上的 SM 青少年和成人身上出现共存病情的可能性更大。

- 长期 SM 可能会对自信和自尊造成破坏性影响。正如一位四十多岁时从 SM 中康复过来的女性所说的那样，"它对于沉默背后、被囚禁的真实自我 / 身份的发展产生了巨大影响"。

- 除了 SM 之外，可能还存在一些未解决的情绪或心理问题，这些问题与早期事件或维持因素、多年来对 SM 的误解和管理不善的影响，或长期剥夺言论自由有关。

建议和资源

SM 对成年人的生活造成的影响严重程度不同，评估和治疗的整体性和以人为本的方法至关重要。建议单一治疗途径是不恰当的：对于许多人来说问题是复杂的，需要一套协调的治疗方案来解决 SM 的核心问题。我们呼吁成人治疗服务和多学科心理健康团队的专业人士和政策制定者，扩大其护理计划和规定的范围，将 SM 纳入其中。他们应该寻求 SM 成人的意见，并与拥有 SM 专业知识的儿童服务人员联络。同样，我们呼吁儿科医生培训他们的成人服务人员同事，共同努力改善 16 ～ 25 岁青年人的过渡性护理。

我们希望患有 SM 的成人接受以下建议。

- 考虑寻求诊断、排除或突出相关问题，在需要时获得服务和权利以为独立生活助力。SLT 或心理学部门可能会提供帮助。

- 志愿者可以提供长期支持，包括英国的 Mind、Together 或 Rethink Mental Illness 等交友服务或心理健康慈善机构。

- 为避免孤立感、以为你是唯一患有 SM 的人，我们推荐网站"寻找我们的声音"，以及它面向青年人和成人的杂志和聊天论坛，还有 iSpeak 网站和 SM Space Café Facebook 小组（参见附录 F）。在英国，各地和全国范围正在筹备成人 SM 同伴支持小组。这些团体旨在为成人提供面对面的支持，作为被接受和康复的一步。有关详细信息，请参见附录 F。

- 你可以为自己制订康复计划，就像我们在第 15 章和 BBC 电台 4 的节目"寻找我们的声音"（2015 年）中的一些分享者所指出的那样。这涉及了解焦虑在 SM 中所扮演的角色，以及坚信通过把自己推出舒适区，是可以克服 SM 的。如果你考虑采用恐惧症管理技术，那么青少年和成人的在线小册子《当说不出话时》结合附录 B 和讲义 16 ～ 18 中的程序可能会对你有用。第 10 章提供了有关呼吸和声音产生的补充信息。

- 当你寻求帮助或在自己的康复之路上设定分级目标时，可以找到一名支持者或导师来帮助自己。他们应该是相信你、理解你的 SM、善于倾听并鼓励你的人。

- 长期存在的 SM 可能会让你感觉不适合进行一般性对话，你可能会对与需要帮助以提高语言技能的人交谈更有信心。像 Couchsurfing 这样的组织将来自世界各地的人聚集在一起，或者你可以自愿为移民提供对话练习。

- 你可能正在寻找特定类型的治疗方法。由于 SM 是公认的与社交焦虑相关的焦虑症，推荐的传统治疗方法是认知行为疗法（CBT）（参见第 13 章）。要使用 CBT 克服 SM，你需要理解并面对谈话的恐惧，挑战那些阻碍进步和阻碍建立自尊的无益思维模式，并制定出可以按照分级方式处理的情况等级。一位经验丰富的治疗师能够从一系列治疗技术中汲取经验，尽管他们通常期望在治疗中进行交谈，应该也能够与你合作。

- CBT 通常作为短期课程，更多是为解决 SM 提供工具，而不是治愈它。然而，CBT 关注的是当前的思维模式和行为，而不关注塑造你的观念、态度和行为的过去经验。其他形式的咨询或心理治疗可能更有助于处理阻碍进展的根深蒂固的感受和冲突。

- 同样，你可能想尝试一种所谓的"替代"疗法。成功的替代疗法的一个共同特点是被治疗师接受的感觉、SM 外化成可以克服的问题，以及一种物理释放的形式。但是，我们强烈反对某些治疗方案，这些方案鼓励成人把 SM 作为自己的生活选择，让他们自己为 SM 负责。

- 与许多 SM 孩子的父母一样，你需要准备好教育你要接触的专业人士或从业者。也许你可以使用针对 SM 青少年和成人的在线小册子作为教育材料。很重要的是，要解释如何在最初与 SM 患者进行最容易的沟通。无论你选择哪种方法，康复计划中最重要的元素将是：

  - 治疗师对 SM 的理解，认同在任何治疗中，社交舒适优先于言语；
  - 与治疗师取得共识，理解你的 SM 与其他情感或心理问题的相关性，可能需要与 SM 一起解决；
  - 你与治疗师的关系，他应该是可以信任的人，理解并且只想让你能够更充分、更自由地沟通。

第四部分

反思实践：从经验中学习

第12章

解决问题：为什么干预方法无效

引言

你翻阅此章可能是因为小步骤方案没有成效，你感到停滞不前，沮丧或者灰心丧气。那么，首先给你一个积极的信息：我们必须强调，虽然很多因素会阻碍干预进展，但它们都是可以得到解决的！亡羊补牢，为时未晚，在所有参与者之间进行开诚布公的讨论，以识别造成问题的相关因素并对其加以修正。

如果你正监督经验不足的同事，或者你正亲身经历或管理 SM，本章对你应该会有帮助。本章还可以用于研讨会或培训，以促进个体对 SM 管理原则的理解或给需要复习课程的人以提醒。

具体来说，本章着眼于：

- 阻止或阻碍干预方案取得进展的常见做法，以及可能的解决方法；
- 孩子看起来退步的情况；
- 识别并处理导致挫折的因素。

本章附带的各种资料都可以从在线资源中获取。

影响小步骤方案进展的做法

在以下两种情况下，干预方案难以取得进展：

- 孩子未能达到设定的目标，导致学校或孩子选择退出该方案；
- 孩子在每次干预治疗时重复相同或类似的目标，使得方案止步不前。

无论在哪种情况下，我们都找到了一种或多种与本手册中提供的建议相矛盾的做法。

1. 方案实施前对孩子的评估不充分

评估不充分可能导致不恰当的诊断和/或不恰当的干预方案。

a）在家或在学校可能加剧儿童的缄默症状或焦虑的因素尚未得到充分的探索和解决；

b）孩子可能还有其他问题，如自闭症谱系障碍或语言困难，这些问题需要与缄默症一起解决；

c）孩子不愿说话可能是由于文化或个人的抑制，这是首先要解决的问题。

回顾（或首次使用）全方位家长访谈表格、学校报告表格、说话习惯记录表、可能的 SM 维持因素清单或者是家人/朋友/工作人员的反应清单，这些表格可能会帮助你获取更多信息或发现其他问题（见在线资源）。另外，表格 16（教师问卷）可能会反映教学方式或教学态度的不一致，这可能导致进展缓慢或者孩子不愿意上学。

2. 缺乏团队合作和信息共享

家庭与学校持续的相互合作是至关重要的。必须在信息共享、联合规划和跟踪监督方面投入足够的时间，以避免失去动力或放弃干预方案。任何未解决的焦虑或是对待孩子方式的前后不一致都会破坏相关人员与孩子直接工作时的有效性。例如，如果一个人提供金钱、电脑游戏时间或是外出用餐的机会作为孩子说话的奖励，那么其他人奖励的"星星"贴图或图章就会显得不那么令人兴奋，甚至引起孩子的讨价还价，这不足为奇。另外，用奖励收买孩子本身就与承认和庆祝取得的成就相冲突，这导致孩子接受了相矛盾的信息，增加了孩子的焦虑（更多有关奖励和激励的信息，请参见第 10 章）。即使家长不能直接为干预方案做出贡献，也要尽一切努力建立家庭 – 学校间的联系，以确保家庭和学校尽可能采取统一的方法。

同样，应该有一个定期让新员工进入教学岗位的程序。理想情况下，该程序应该在新员工与孩子接触之前完成。拟定好的管理策略信息应该随时可以获取（有关示例，请参见第 11 章，图 11-1 和专栏 11-2）。为确保管理的一致性，可能需要检查和提醒员工。

3. 家庭无意中支持了一种回避模式

为帮助儿童克服他们在家庭和在社区与新人交谈的恐惧，家庭干预需要与学校的干预方案一起运作。如果家庭保持旧的交流模式，例如父母替孩子回答问题，允许他们悄悄低语或用手势交流，这可能会增加孩子对父母的依赖，还会加强回避模式，从而阻碍孩子在学校的进步。父母和近亲可能没有足够的信息和支持让孩子逐渐与他们舒适区以外的人交谈。

请参阅第 9 章和在线资源以获取合适的策略和讲义，特别是讲义 12、讲义 13 和讲义 14。

4. 关键工作者的支持与审查不足

与 SM 儿童一起工作很容易使人身心疲惫，关键工作者需要持续的支持和定期的机会，与学校的 SENCo、班主任或者访问专家一起审查进展情况并征询他们的意见。必须考虑划出时间开审查会议，而不仅仅是花时间与孩子面对面接触。外部机构应该注意到，在没有建立这种支持的情况下，只将干预方案留在学校进行是很少会成功的。经验不足的关键工作者需要帮助、鼓励以及安慰来设定干预目标和保持干预势头。不要将责任推给关键工作者，让他们只在出问题时才联系你，毕竟出了问题可能意味着失败，承认问题需要勇气。审查进展的小结会议必须足够频繁，以便关键工作者能够得到良好的支持，方案中的任何困难都应充分讨论并且得到解决（有关审查会议频繁程度的更多信息，请参见第7章）。

5. 关于干预和每次最佳治疗时长的讨论不够充分

有些学校可能还没意识到成功处理 SM 问题所需要的时间承诺。如果他们对投入时间有所顾虑，他们可能还没领会现在相对较少的时间投入将会消除将来长期的干预需要和焦虑。其他学校可能已准备好与 SM 长期斗争，也已经为孩子分配了一名关键工作者，但是每周只有一到两次过长的干预活动。

刚开始引导说话时，每周需要至少三次干预活动，每次干预活动需要10 ～ 15分钟。然后在推广阶段，每次干预活动可以增加到20 ～ 30分钟时，可逐渐减少干预频率。学校最初渐入关键工作者并渐出父母的过程应该不超过一个学期。随后将说话推广至其他人和情境，以及孩子在新班级和新学校的过渡，都必须作为干预计划的一部分进行管理。

6. 在孩子还没有准备好之前，过早地开始干预

正如"鼓舞士气的谈话"中所述，在与孩子讨论他们困难的性质之前，没必要开始实施干预方案。孩子需要这样的保证，即干预的进展是按照他们的步伐，一次一小步来进行的。孩子还需要知道每项活动的前进方向，以避免警惕和焦虑增加、产生被诱骗说话的感觉，以及产生对说话所带来的进一步后果的担心。许多孩子担心，如果他们与一个人交谈，他们会立即被要求与其他所有人交谈——他们的秘密就会被公开！他们需要听到所有参与者的保证——至少得到父母、关键工作者和老师的保证，相信他们不必急于求成，可以先习惯一次只与一个新人交谈。

即使在很小的方面，如果征询他们的意见并允许他们做出选择，孩子们也可以得到更强的控制感和自信。例如，允许他们选择接下来哪个小朋友加入谈话圈，或者要不要用读书或数数来进行热身活动。

7. 和指定的关键工作者在一起，孩子感到不自在

年幼的孩子需要在熟悉的地方与关键工作者经常接触，才能在有他们的陪伴时逐渐感到舒适和自信。因此，对年幼的孩子而言，刚开始的干预活动需要在家或者在学校进行，由与孩子一起生活的成年人陪伴。如果关键工作者是孩子班上的老师，而不是只在一对一干预活动时见面的成年人，那么通常会有更好的效果。

在尝试渐入技巧之前，关键工作者可能没有足够的时间来和孩子建立融洽的关系，或者关键工作者可能对孩子的情况了解不多，并且表现出不耐烦或者不敏感。有时，关键工作者过去并没有特别同情孩子，孩子对此有着清晰的记忆。这时，一个真诚的道歉和一个崭新的开始可以创造奇迹。

8. 关键工作者与孩子之间的信任不足，或信任破裂

只有当孩子相信关键工作者说的事确实会发生时，他们才会放松并承担新的风险。例如，当孩子已经确信学校里的每个人都了解他们的困难，并且他们此时只需要与关键工作者交谈时，如果其他工作人员试图诱导他们说话，关键工作者就可能失去他和孩子之间的宝贵信任。对此，我们需要更多的员工教育。同样，如果孩子被告知他们将独自活动，他们需要看到在门上挂着"请勿打扰"的标牌，而不用担心随时可能有人进来。只要有人在干预活动期间进入房间几次，孩子就不再说话了。

9. 没有与孩子分享干预计划

a）干预活动的频率
关于干预活动进行的频率，孩子可能没有得到明确的指示。在干预活动之

前，他们可能也没有收到提醒，或者错过了干预也不会得到任何解释。有些 SM 儿童需要确切地知道当前发生的情况，否则他们会担心，而担心会阻碍他们去尝试和承担风险。许多人有很强的"被抛弃"的感觉，所以至关重要的一点是让他们相信关键工作者不会不给任何通知而让他们失望，至少在干预活动被取消时，要给他们一个很好的解释和道歉。

b）干预活动的时间

对于干预活动将持续多久，孩子可能没有得到明确指示。

开放式的干预活动增加了他们的不确定感和焦虑。如果孩子不知道他们需要继续努力多久，他们就不愿意承担风险。固定时长的干预活动确保孩子知道何时会结束，从而可以激励孩子充分利用和关键工作者在一起的时间。我们通常建议在每次干预活动中，每个目标项花 10 ~ 15 分钟的时间。

c）干预活动的内容

孩子可能不清楚干预活动的内容。你可以在开始时提供干预活动大纲来减少他们的疑问（例如，花 10 分钟做目标活动、填写关于霸凌的问卷、检查干预功课的完成进度），并让学生选择所做活动的顺序（他们可能更倾向于让你来选择）。年幼的孩子可以只做目标活动。

10. 不适当的策略

有时候关键工作者会根据他们对没有 SM 孩子的经验，尝试使干预活动更有趣、更个性化或者更适合所有人。例如，一些对害羞的孩子或者患有自闭症或语言障碍的孩子很有效的策略，对患有 SM 的孩子来说就很有压力。做以下事情是没有帮助的：

- 尝试在干预活动开始或结束时，通过像询问孩子周末过得如何这样的普通聊天来建立融洽的关系。对于 SM 儿童来说，日常对话和分享个人信息是非常困难的。

- 专注于社交技能培训（例如进行目光接触、问候和发起对话），而不是专注于焦虑管理尤其是针对 SM 的干预措施。

- 采用"激励"活动而没有考虑到他们在自信的谈话模型中，在"社交功能"象限中的位置（参见第 10 章）。SM 儿童需要极少引起焦虑的活动。有时这些活动对关键工作者或父母来说似乎很无聊，但它们的设计考虑到对恐惧症的管理，而不是侧重于语言的发展或促进。

11. 父母或关键工作者没有渐出

如果孩子依赖父母在场，他们可能养成只有父母在的时候才说话的习惯。因此，父母在治疗方案中仅作为过渡人是非常重要的。例如，一旦孩子可以和学校的关键工作者成句地说话，父母就应该渐出。这能够让孩子习惯无论父母是否在场，都可以与关键工作者交谈。

同样，孩子会变得依赖关键工作者在场，只在计划的干预活动中说话，这延迟了谈话的进一步推广和语言的自发使用。在介绍每个新人之后，关键工作者离开房间或离开孩子视线是很重要的，在这个时候，孩子可以和新人做一个或多个活动。当父母担任关键工作者的角色给孩子介绍新人时，情况也同样如此。

有关渐出的详细信息，请参阅第 10 章和讲义 16（在线资源）的步骤 17。

12. 关键工作者喜欢与孩子建立独特的关系

成为孩子在学校唯一可以交谈的人，感觉非常特别。潜意识里，关键工作者可能会为了保持这个特权地位而推迟进入谈话的推广阶段。他们真的相信孩子会从干预活动中受益，相信孩子会从中间人受益，但他们将 SM 的管理与一般的培育和鼓励混为一谈。孩子只有通过完成更高的目标来面对他们的恐惧，才能克服他们的困难。当他们支持的孩子已不再需要他们时，关键工作者就知道他们已经成功了。

13. 关键工作者跟随孩子的领导，而不是领导孩子

要求或允许孩子设定自己的目标，将干预方案的控制权交给孩子是不合适

的，因为这传达了不确定性并会引起焦虑。当处于"领导"位置时，大多数孩子选择重复"简单"的活动而不是冒险，也可能根本不予回应。他们需要成人强有力的领导，并说"现在你已经准备好去做……"

正如第8章所讨论的那样，为孩子提供选择非常重要，但仅限于在关键工作者设定的总体进展中选择。关键工作者可能需要提醒孩子，他们是来帮助孩子消除焦虑（讨厌的感觉）的，以便孩子可以拥有朋友、拥有乐趣，在功课上得到帮助，等等。准备好说这句话很有用："我不能那样做，因为那样我就帮助不到你！"用孩子最喜欢的活动作为奖励而不是凑满时间，如果孩子没有准备好尝试新东西，就应尽早结束干预活动。

14. 关键工作者缺乏信心

关键工作者可能会由于缺乏让孩子前进到下一个步骤的信心，因而在每次干预活动时一直重复相同或类似的活动。通常关键工作者因为怕孩子完成不了而害怕给他们设计更具挑战性的任务。也许在过去发生过孩子完成不了任务的情况，而关键工作者不知道如何处理它。实际上，关键工作者自己对失败的恐惧阻碍了孩子的进步。

重复上一次干预中的两三项很短的活动是必要的。然后，重要的是每次都向前推进，每次都为下几次干预活动确定一个明确的目标，例如渐出父母、增加小组人数或将干预活动过渡到教室。有关孩子未达到目标该怎么办的信息，请参见第10章。

15. 目标难度过高

a）设定一个新目标时，更改了多个变量

关键工作者可能不了解某些变量有多微妙，因此他们可能无意中一次改变了多个变量，使目标难度过高。第10章列出了可能的变量，并给出了如何向前推进的示例。另请参阅本章末尾的方案。

b）虽然只改变了一个变量，但对孩子来说改变还是太大了

当孩子未能实现目标时，通常与同事就如何将步骤分解为更小的步骤交换意见会有所帮助。例如，如果孩子在老师进入房间后就不说话了，请考虑：

- 之前是否建立了良好的关系，孩子可以在不说话的情况下与老师轻松沟通吗？
- 他们可以在老师进门之前将门打开更大一点时说话吗？
- 老师可以在进门之前参与讨论吗？
- 老师可以背对着孩子进入教室，避免眼神交流吗？
- 孩子可以制作录音给老师听吗？
- 在老师之前渐入另一个孩子或者更熟悉的成年人会更好一些吗？

16. 干预活动缺乏热身，或两次干预的间隔太长，而难以很好地利用每次干预所取得的进步

当孩子克服了对说话的恐惧，并且能够毫不犹豫地自发与关键工作者交谈时，即使在数周甚至数月的长时间间隔之后，他们仍能够继续他们前一次中断的干预活动。在此之前，有必要通过孩子以前容易应对的热身活动来帮助孩子融入每次的干预活动，例如朗读或背诵字母表中的字母。

在朝目标努力时，始终需要通过重复前一次干预活动中的最后几个目标来热身，然后再继续新目标。当干预活动间隔超过几天时，可能有必要回溯得更远一些，逐渐到达孩子以前到达的程度。

17. 任务太模糊或太长

应保持任务简短和具体，否则在热身之后可能只能做一两个任务，并且孩子会对太过开放性的任务感到不堪重负。选择"读 5 个单词""朗读 5 分钟""轮流数到 20""分别给出和解决两个谜题"这样的任务，避免例如"念给我听""互相交谈 5 分钟"或"和我说说你的假期"之类的任务。

18. 孩子未达到目标却得到了奖励

当孩子未能达成目标时，以下做法会适得其反：一是让他们认为他们已成功并给他们小奖励或贴纸；二是放下目标，并在干预活动的剩余时间里做比较容易的事情。这些做法强化了逃避行为。另外，它们导致孩子把关键工作者看成是很好相处的人，而不是通过敦促他们面对一点焦虑和接受新挑战来帮助他们前进的人。如果以相同的方式对待达成目标和未达成目标，孩子将没有动力接受这一挑战。有关如果孩子未达到目标该怎么办的信息，请参见第 10 章。

19. 孩子在整个干预方案中使用耳语

这与上一点有关，但值得特别提及，因为耳语可能成为一种非常难以打破的习惯。在干预方案中，不为耳语或唇语奖励贴纸，或不将耳语或唇语设为目标是非常重要的。孩子们可以非常自如地耳语，就像有些人用手挡在嘴前或闭着嘴唇说话时感觉自如一样。在所有情况下，谈话的恐惧症都仍然存在。他们只不过采用了一种无焦虑的替代方案把他们的声音释放到公共场所。

耳语表明他们的观众意识和他们声带周围的极度紧张。有必要回溯到使用渐入技巧产生可以听见的声音的阶段，无论声音是多么轻。然后再慢慢向前推动，只承认可听见的声音（参见第 10 章）。

请注意，孩子在分配给目标的特定时间之外的其他时间里耳语是完全可以接受的。自然环境中的任何交流都是可以接受的，直到干预方案帮助他们更好地使用更大的声音。

20. 训练结束过早，没有积极地管理过渡事宜

不能假设一旦孩子与一两个人交谈，他们的交谈就将自发地改善并且轻松地过渡到新的班级或年级。变化有时可能是一件好事，正如第 11 章中所讨论的那样，但谈话的推广通常需要密切监控和推进，特别是在同一所学校从一个年级过渡到下一个年级时。

21. 孩子担心下一次干预活动，而不是对前一次干预活动感到高兴

即使孩子没有达到目标，每次干预活动在高潮中结束是很重要的（参见第10章），并且要让他们知道你何时会再次与他们会面。孩子会知道你希望继续以同样的方式努力实现商定的长期目标，但是他们不应该感受到任何时间上的压力，或者被告知你计划的小步骤目标的细节。请记住，当在一次干预活动中引入新目标时，每个目标都建立在前一个目标的基础上，因此孩子只关注下一步的目标。如果他们被提前告知了多个步骤，又没有逐步热身，那么任务就会变得难以招架。

同样，给孩子一份目标清单作为家庭作业是诱人的，但对孩子来说极其令人畏惧。最好在干预活动之间设置一个目标，或者要求孩子在实现目标后向你报告。当然，可以为父母和员工设定其他目标。

22. 孩子担心同龄人的反应

孩子可以在与关键工作者的单独活动中表现良好，但拒绝与其他孩子交谈或在课堂上讲话。重要的是要确定他们对其他孩子的负面反应的恐惧并处理这个问题，如第10章中所述。

当孩子看起来退步时

以下是一些个体报道对孩子退步的担忧的示例。如果不以不同的方式进行剖析和处理，干预方案可能会陷入停顿或者被放弃。每当遇到这种情况时，你需要询问更多细节——究竟发生了什么。更全面的信息通常会显示出干预的不一致性和退步的原因。解决方案在本节末尾给出，因为你可能希望在看到问题是如何被处理的之前，可以使用这些场景来练习解决问题。

情景 1（来自一位母亲的报道）

克里斯蒂娜（4岁9个月）终于在老师面前读书给我听了，她很激动，想第

二天再做一次。然而，她第二天根本没说话。从那以后，她退步了。她现在从不在学校和我说话。我们如何处理这个问题？

究竟发生了什么

第一天

放学后，克里斯蒂娜正在教室的角落给妈妈读书，老师出乎意料地进来了。让妈妈惊喜也让克里斯蒂娜高兴的是，克里斯蒂娜在老师还在教室里时可以继续读书。

第二天

老师坐在教室里，克里斯蒂娜和妈妈走到教室的角落。然而克里斯蒂娜无法读书，她泪流满面地回家了。

情景 2（来自一位母亲的报道）

马迪（7岁）在学校的表现非常好，但在家里退步了。她之前一直能和每周六来的数学辅导员说话，但本周没有和她说话。她只是在辅导员面前和我说了几句话。我简直不明白为什么。

究竟发生了什么

大多数的星期六

在马迪开始上课之前，妈妈欢迎家庭辅导员并和她喝咖啡、聊天，然后妈妈把谈话交给他们。

这个星期六

妈妈需要外出，所以爸爸迎接家庭辅导员。在课程中，马迪一直没有说话。当妈妈回来时，马迪在老师面前跟她说话。

情景 3（来自一位关键工作者的报道）

凯莉对我不理不睬，我无法让她说话。你认为她是因为我不得不取消她的干预活动而对我很生气吗？

究竟发生了什么

大多数的星期五

凯莉在会谈室与她的关键工作者进行了一对一会谈，讨论学校或家庭作业问题。

这个星期五

关键工作者在早上给凯莉发了一条信息，说明她不得不取消他们下午的干预活动。午餐时间，她偶然看到凯莉，在走廊里叫住了她，就取消干预活动的事向她道歉，并询问凯莉是否有任何希望讨论的事情。

解决方案

情景 1

几个变量在第二天发生了改变。活动已从"无计划"变为"计划"事件，老师的起始位置发生了变化，而克里斯蒂娜没有机会通过先和妈妈读书来热身。因此，妈妈向克里斯蒂娜解释说，是这个原因让她没有办法在她的老师面前读书。妈妈和老师应该以完全相同的方式重复这件事情，但他们没有这样做，所以克里斯蒂娜没有说话也就不足为奇了。克里斯蒂娜随后准备再试一次。

第二天，克里斯蒂娜再次像以前一样在教室里给妈妈读书。第三天，克里斯蒂娜读书给妈妈听，几分钟后，她的老师走进教室，坐在他的办公桌前，克里斯蒂娜继续读完一个故事。

情景 2

同样，有几个变量发生了改变。爸爸没有给家庭老师提供咖啡，马迪就与老师直接开始上课，她没有在老师面前与爸爸交谈，也没有在爸爸面前与老师交谈的热身时间。

在接下来的几周内：

- 在马迪上课之前，爸爸加入妈妈和老师一起喝咖啡；
- 马迪的妈妈在上课开始后出去；

- 爸爸在上课结束时加入马迪和老师，一起总结在课上她做了些什么；
- 妈妈不在时，爸爸欢迎老师。

情景3

凯莉只在之前安排好的干预期间与她的关键工作者交谈过，当时她在一间关上门的房间里，并且没有其他人在场。在没有任何提示的情况下，在旁边有其他人经过或者别人能听到他们说话的走廊里与关键工作者交谈，对凯莉来说难度极大。

在他们的下一次干预中，关键工作者向凯莉因为在走廊里与她交谈道歉。她告诉凯莉，她明白这对她来说很难。结果是，他们同意努力在更多的公共场所进行干预活动，首先是让会谈室的门稍微开条缝。

第13章

当它不仅仅是选择性缄默症时

引言

第 6 章着眼于全方位评估，包括全方位的家长访谈以及言语、语言、认知和读写能力的评估方法。这些评估内容最适用于课堂，问题可以在学校或当地诊所进行干预治疗。第 6 章还简短地说明，如果需要，如何有效地转介给专科医生。本章更全面地关注合并症，具体着眼于以下主题：

- 不仅仅是 SM 意味着什么
- 为什么我们需要知道合并症
- 如何了解更多信息并获得帮助
- 除了缄默症之外，最有可能发生的其他困难
- 处理心理健康问题，转介给儿童和青少年心理健康服务（CAMHS）
- 识别和管理并存的焦虑状况
- 药物问题
- 管理与 SM 并存的额外焦虑的技巧
- 识别和管理自闭症谱系障碍（ASD）
- 识别和管理言语、语言及沟通困难
- 双语和英语作为第二语言（EAL）

不仅仅是 SM 意味着什么

作为患有 SM 的孩子的父母或教师，你可能会关注他们在其他方面的发展或表现。你可能会觉得"选择性缄默症"一词并不涵盖所有情况。你可能还想知道他们是否有其他的情绪、行为、发育或学习困难。合并症是患有一种以上疾病的诊断专业术语。但不要被医学或心理学专业人士使用的这个相当令人生畏的名称骗了，它只是意味着共存。孩子有多种困难（或疾病）的情况是很常见的。

为什么我们需要知道合并症

某些专业人员，通常是医生、心理学家或其他专科医生，在评估和诊断孩子可能与 SM 一起出现的其他病症中扮演了特定角色。然而，最接近孩子的人最能识别出其他并发症的迹象，他们应该与临床医生讨论他们的忧虑。贴这样的标签可能无关紧要，但重要的是，每个与 SM 儿童接触的人都要尽可能完整地了解该孩子或年轻人的情况。

一些基本知识和对其他困难的觉察可能有助于解释克服 SM 的进展缓慢，并将确保采用协调的管理方法。可能有必要调整所使用的策略，或将其他方面纳入孩子的 SM 干预策略中。在考虑是否以及何时需要为父母提供更多支持时，基本知识也会有所帮助。

> 一定不要让存在的额外困难分散人们处理 SM 的注意力。

但是，不要忘记研究者普遍认为早期识别和干预对 SM 的良好管理至关重要（参见附录 E）。因此，存在的额外困难或诊断不得分散家庭或专业人员处理 SM 的注意力。可能需要修改方案或采用额外的策略来适应或管理额外的困难，但这些不能取代对 SM 的干预。

如何了解更多信息并获得帮助

对于怀疑孩子可能不仅仅患有 SM 的家长和相关人士，这里有一些实用的建议。

- 写下你注意到的、让你产生顾虑的孩子的行为。
- 从网站查找有关特定情况的更多信息，如 NHSChoices（英国国家卫生服务）的网站。
- 了解信任的家庭成员和朋友是否也有和你同样的顾虑。
- 与孩子已经认识的专业人士交谈（例如老师）。

如果你认为应该做进一步调查，可以考虑转介到能够做进一步评估的专业人士那里。最有可能提供帮助的人如下：

- 学校心理学家可以评估其他学习、情感和行为方面的困难并给出建议。这可以通过学校的特殊教育需求部门安排。
- 语言治疗师可以评估语言发音，理解和使用语言、声音，以及语音流畅性等方面的困难。同样，这可以通过学校的特殊教育需求部门或通过家庭医生安排。但许多言语和语言治疗服务部门都有一个开放的转介政策，家长可以直接联系。
- 儿科医生将更广泛地关注孩子在不同方面的发展，也将评估和诊断更严重的情况，像一般学习困难和自闭症谱系障碍（ASD）。在英国，可能需要医生转介。
- 如果孩子有更严重的情绪或行为困难，特别是如果这些困难严重地干扰孩子的社交和学习能力，或者如果孩子年龄较大，则应咨询临床心理学家、儿童精神病学家或英国儿童和青少年心理健康服务（CAMHS）团队。
- 理疗师或专业治疗师将评估和指导在运动和协调方面的困难。在英国，转介通常需要由医生进行。

- 许多地方也有多学科团队，由儿童精神病学家或儿科医生、心理学家和语言治疗师组成。他们将对社交困难和ASD进行联合评估。

与SM共存的其他困难

研究表明，患有SM的儿童或年轻人经常患有另一种焦虑症、交流障碍、ASD、对立行为或影响其运动协调的发育迟缓（参见附录E）。

根据我们的经验，ASD和以下心理健康状况通常与SM共存：

- 分离焦虑；
- 其他恐惧症，如在公共场所吃东西或在家外使用厕所；
- 广泛性焦虑；
- 大龄儿童有社交焦虑症（SAD）。

我们还遇到了带着未确诊的SM生活多年后变得抑郁或开始自残的年轻人。

处理心理健康问题和转介专科治疗师

在"基层"工作的教师和治疗师每天都会识别和管理轻度到中度的情绪和行为困难。他们描述孩子的需求，制定一些策略来管理他们，并拟定教育计划。为了帮助教师做到上述几点，他们可能需要一些额外的经验和技能方面的培训，或者有专业的老师或学校心理学家的支持。专业人士在缓解焦虑和防止行为问题升级到危机点上做出的贡献越多，对儿童及其家庭越有利。对此，下一节将介绍一些重点。

对儿童的健康、教育、社会或家庭生活产生重大影响的更严重的情绪和行为困难可称为精神疾病。这些困难需要由当地儿童和青少年心理健康服务团队或同类机构进行评估和诊断。严重抑郁或自残的情况也是如此。当家长同意这样的转介时，可能有必要就CAMHS团队做一下解释并消除任何可能令人反感的传言。

令人遗憾的是，"心理健康"一词经常被误解，人们过分强调"心理"。例如，在听到这个词的使用与成人精神疾病有关或作为一种嘲讽形式时，一个孩子可能会说"我不是精神病患者"。下面几条可能有助于消除误解：

- 强调"健康"这个词；
- 强调兼顾我们的身体和心理健康的重要性；
- 将心理健康方面的困难等同于更常用的词语，如压力、忧虑、情绪低落或不能充分享受生活；
- 描述许多人为减轻压力所做的事情，例如冥想、瑜伽、正念或咨询。

寻求转介到 CAMHS

如果你了解当地的心理健康服务如何运作，这种方法效果最佳。事先与其建立联系对转介会有帮助，否则，可以打电话了解转介程序：

- 是否接受可能的转介；
- 需要什么样的转介信息；
- 收到转介信息后可能采取的步骤；
- 大致能够提供给孩子和家庭什么服务。

识别与 SM 共存的焦虑状况

在本节中，我们对焦虑症提出了一些重要的观点，然后描述了与 SM 同时存在的最常见的焦虑症状。

有关焦虑症表现的一般要点

- 只有在症状严重到引起孩子日常生活、家庭和学校功能以及社会关系的严重困扰或损害时，或者症状持续了很久，不能视为过渡期时，才应进行诊断。

- 焦虑症的迹象既可以是身体上的（例如头痛、肚子疼、呕吐），也可以是心理上的（恐惧和担心）。
- 儿童通过情绪表达焦虑，一般表现有哭泣、烦躁、紧张和愤怒（发脾气），以及可能被误解为不服从或蔑视（也称为对立行为）的回避行为。
- 焦虑可能与一般情绪低落或抑郁有关，但通常出现在抑郁之前。

分离焦虑

分离焦虑导致孩子在与父母或照料者分离之前或期间表现出过度的痛苦。这是幼儿最常见的焦虑症，通常持续 6 个月或更长时间。幼儿可能很难独处、独自入睡或独自离开家。他们可能拒绝去学校或参加其他可能需要与父母分开的活动。他们可能会担心失去一个重要的人，或一些伤害会降临到他们身上。他们也会担心像迷路这样的事件会导致分离，或者可能会做关于分离的噩梦。

特定恐惧症

特定恐惧症是对特定物体或情境的存在或预期的过度恐惧。儿童常见的恐惧症触发因素包括狗、独自在黑暗中、雷电、呕吐和位于高处。当面对这些事件时，孩子会变得非常痛苦，会通过哭泣、发脾气或黏着家长的行为来表达，但最常见的应对方式是回避。患有 SM 的儿童通常有对在公共场所吃东西或在家外上厕所的恐惧症，如果对他们的 SM 管理不善，也可能发展成学校恐惧症。

社交焦虑障碍

社交焦虑障碍（SAD）以前被称为"社交恐惧症"，特征是害怕自己看起来很愚蠢，害怕被别人批评或嘲笑。焦虑与实际情况不成比例，并严重干扰个人正常生活的能力。发病通常发生在青春期，并且必须在同龄人和成人在场的情况下发生，才能被诊断为 SAD。

通常情况下，年轻人会回避社交聚会和在课堂上主动回答问题，并且讨厌在工作时被观看，仅仅是日常活动被观看也会觉得厌烦。与 SM 一样，SAD 通常涉及回避被期待说话的情况，但 SAD 患者担心的是他们的言论不被接纳，从而导致羞耻或尴尬。担心的情况与说话的行为无关，而与所涉及的互动类型和被负面评判的风险有关。

广泛性焦虑症

广泛性焦虑症（GAD）会引发对各种情况和问题的焦虑，而不是对某一特定事件的焦虑。虽然孩子经常害怕和担心是正常的，但情况持续至少 6 个月并且难以控制时就可能需要做出 GAD 的诊断。受 GAD 影响的年轻人在大多数日子里感到焦虑，并且经常难以回忆起他们最后一次感到放松的情况。

有效管理焦虑症

本节介绍了我们遇到过的一些在焦虑管理中使用的方法，这些方法在我们自己的实践中或在其他人的报告中都有用。由于 SM 是一种焦虑症，因此我们在本手册中为 SM 推荐的管理策略源于焦虑管理中的一些方法，这不足为奇。你可能会发现这些概要有助于扩展你对术语的理解。或者，一些 SM 年轻人或 SM 成人可能希望借此为自己的情况做进一步探索。

认知行为疗法

认知行为疗法（CBT）是一种谈话疗法，可以通过改变你的思考和行为来帮助你管理你的问题。它基于这样的概念，即思想、情感、身体感觉和行为是相互关联的，而消极的思想和感受可能会使你陷入安全行为模式（回避）和增加焦虑的恶性循环中。CBT 的目的是通过将难以承受的问题分解为更小的部分，挑战消极的想法，并表明可以改变这些负面模式以改善你的心理感受，帮助你破解这个恶性循环。认知行为疗法还涉及分级暴露，以小步骤帮助个体形成对诱发焦虑的刺激因素的耐受性。此方法为本手册中的所有干预方案提供支持。

与其他一些谈话疗法不同，认知行为疗法处理当前的问题，而不是关注过去的问题。认知行为疗法课程通常包括大约 6 ～ 15 次每次一小时的治疗，你可以在治疗中和治疗师一起设置目标并在两次治疗之间完成任务。认知行为疗法是恐惧症、SAD、GAD、惊恐发作和创伤后应激障碍（PTSD）的推荐治疗方法。

问题焦点疗法

使用各种技术（比如期望情境问题、评定等级和奇迹问题等）来专注于与来访者一起创建解决方案，而不是收集关于问题的信息。

外化

帮助孩子将焦虑状况与自己分开——他们自己不是问题所在，问题不在他们内心。这使他们能够控制且更容易克服困难，而不会因为困难而自责（参见第 5 章"鼓舞士气的谈话"）。

神经语言学方案

神经语言学方案（NLP）使用形象化技巧和时间线疗法等技术帮助来访者以更有效的行为和支持性的信念取代无益的习惯和受限制的信念。

教养工作

这个总括性术语涵盖了帮助父母管理难以管教的子女的特定和一般方法。对于许多焦虑的孩子，需要教导父母各种策略，以帮助孩子应对焦虑和获得信心，教导工作也帮助父母认识到他们在无意中强化了孩子的恐惧。这在第 8 章和讲义 6 ～ 8 中有详细描述。

用药问题

在英国，使用药物治疗儿童焦虑症（包括 SM）很少见。英国国家临床医学研究所（NICE）的指南明确指出，"通常不应使用药物干预以治疗儿童和年轻人的焦虑症"（NICE 社交焦虑指南，2013）。然而，在美国使用药物的频率较高。

最常用的药物是选择性血清素再摄取抑制剂（SSRI），尤其是氟西汀——也称为百忧解。SSRI 是一种抗抑郁药物，也用于治疗各种焦虑症状，包括惊恐发作和恐惧症。SSRI 通过增加大脑中一种叫血清素的化学物质的含量来降低儿童的抑制作用。据称，血清素水平的升高可以改善症状并令使用者对其他类型的治疗（例如认知行为疗法）更敏感。

> **不应该将使用药物作为治疗儿童焦虑症的常规方式。**

SSRI 通常作为片剂服用，从最低剂量开始，并根据需要增加。患者必须服用两到四周（成人可能需要更长时间），才会感受到效果。一般不建议 18 岁以下的年轻人使用 SSRI，因为会有更高的出现严重副作用的风险，但如果医生认为治疗的益处超过风险可以作为例外情况处理。药物处方由儿童和青少年精神病医生开具和管理。

另外一种叫作地西泮的药物偶尔会使用。为了更快地缓解严重的焦虑症，这种强效镇静剂可以短期使用。

很难找到使用药物来管理 SM 的充分证据。尽管控制更严格的研究急剧增加，但对于针对 SM 的药物治疗，目前还缺乏大规模对照临床试验。小型或个案研究的结果以及药物治疗 SM 成功的逸事反馈中有很大差异性，从没有明显效果的报告到有显著影响的报告都有。在药物似乎有效的情况下，很难判断效果是否确实是由药物产生的，还是其他因素也起了作用。

以下指南可能有助于决定是否采取药物治疗途径。用药应该在以下情况下才考虑：

- 患者为大龄儿童或青少年；
- 由于严重的焦虑，公认的 SM 干预措施不起作用；
- 额外的减少焦虑的技术，如放松和 CBT 也不成功。

管理与 SM 并存的其他焦虑的技巧

家长可能需要得到支持以：

- 明白焦虑是正常的，应该对焦虑进行管理，而不是消除；
- 弄清楚孩子的焦虑情绪如何运作；
- 了解他们可以做什么，哪些事有帮助，哪些事没有帮助。

在承认困难的同时，建议在有限时间内倾听焦虑。使用焦虑温度计或评定量表（参见第 8 章）测量其大小，也许可以帮助孩子获得更大的控制感（参见"外化"）。它也可以让孩子能够正确看待忧虑。

正如下面的例子里莱拉所示，与孩子谈论他们和父母在焦虑管理中的作用至关重要，因为对孩子的信心或独立性来说，依靠他们的父母来解决所有问题是没有帮助的。从大约 5 岁开始，孩子可以用简单的比喻来表达焦虑，比如焦虑令我们紧紧抓住父母并害怕放手。但是，当我们勇敢地尝试自己做时，我们练习和提高，焦虑就会消失。

选择一些孩子可以直观感受的事物，例如：

- 当你不会游泳或滑冰时，抓住侧面的墙壁 / 扶手；
- 被困在梯子或平台上，很害怕移动或跳下；
- 抓住滑梯或滑水道顶部的边缘并害怕放手。

然后将其与孩子的第一手经验或对征服焦虑后良好感觉的观察联系起来。

使用循序渐进的方法

我们经常看到 SM 儿童有固着的和倾向于严格的行为模式，特别是在以下方面：

- 吃东西；

- 使用厕所（特别是在自己家外）；
- 就寝。

这些可能被认为或被诊断为恐惧症。它们可能与 SM 共存，可以通过小步骤方案（分级曝光）以与管理 SM 相同的方式进行管理。以下示例可能有助于说明如何解决在公共场所吃东西、使用学校厕所或单独睡觉的问题。

例 1. 乔尼

乔尼在学校的午餐时间"拒绝"吃饭。目标包括：

- 与同龄人在分开的房间里吃午餐；
- 在单独的房间吃午餐并引入一名成年人；
- 其他孩子到达前与成人一起前往餐厅吃午餐，在餐厅人多起来之前离开；
- 其他孩子到达前与成人一起前往餐厅，和其他孩子一起离开；
- 引入一名同龄人为伴；
- 与同伴一起去餐厅。

例 2. 理查德

只有母亲带他去上厕所，理查德才会使用学校厕所。目标包括：

- 在家完全独立上厕所（例如，自己关闭厕所门和自己擦屁股）；
- 妈妈把理查德和同伴带到学校厕所，在小隔间外面等；
- 由同伴陪同他使用学校厕所，妈妈在走廊里等；
- 在妈妈不在场的情况下，由同伴陪同使用学校厕所。

例 3. 莱拉

只有母亲在床上陪她，莱拉才能睡着。目标包括：

- 选择一盏床头灯并整晚开着灯。
- 父母采用一致的睡前常规，包括睡前故事和开着床头灯。
- 家长规定晚上 8：30 之后将不再聊天或讲故事，因为这是用来工作或放松的"成人时间"。莱拉由于长大了，能够理解这一点而受到称赞。

- 承认莱拉对独自入睡感到的焦虑不安。一开始，她很自然会感到担心，因为这是她以前从未做过的新事。父母要解释一下，只要莱拉勇敢地尝试去做，很快就不会再担心，就像她在没有戴浮力臂套的情况下练习游泳一样。莱拉得到了保证，父母会帮助她，就像游泳教练帮她游泳一样。

- 妈妈或爸爸在故事之后进入隔壁房间，然后每 10 分钟查看一次，直到莱拉睡着（如果有必要，妈妈或爸爸可以在莱拉房间外面的楼梯上读书或熨衣服，而不是在隔壁房间，但这不是必要的）。在这些检查期间，如果莱拉试图说话，除了回应"你做得非常好，现在是睡觉时间，我会在隔壁"之外，不应该说其他的话。

- 妈妈或爸爸在楼下，每 10 分钟查看一次。

- 妈妈或爸爸查看频率减少。

- 当莱拉睡着时，关掉床头灯，但开着夜视灯。

- 慢慢关门。

对于其他焦虑，可能需要设计相同的步骤，也许在学校心理学家的帮助下，简单的分级方案可以由学校工作人员设计。或者，访问健康专家可以就学龄前的焦虑管理提出建议。

识别和管理特定的焦虑诱发因素

有时，任务或情境中只有一个方面会导致孩子感到痛苦。一旦确定并理解特定的焦虑诱发因素，就可以采取措施来改变环境或克服恐惧，如以下示例所示。可以通过将儿童感到恐惧的情况与认为可管理的类似情况进行比较来识别具体诱发因素，如下面的示例 4 中所示。在其他时候，孩子可能提供线索，在例 5 中，当杰克感到痛苦时，他经常抱胸。但是，孩子们通常不能冷静地分析情况，找出问题所在。将任务分解为非常小的步骤可能会很有帮助，例如使用图片或便利贴上的短句。每个步骤都可以模仿、讨论或与成人一起进行，孩子对每个步骤按难易程度进行评级，或者分类为"喜欢"和"不喜欢"。通过这种方式，你可能会发现触发回避行为的是一个特定的要求，比如锁上厕所门，或在食堂里找个地方坐下。

例 4.维克拉姆

维克拉姆不敢在学校使用厕所，但他在别人家中使用厕所没有任何困难。手动烘干机那突然和意外的噪声惊吓了他。有一段时间，他被允许使用一个单独的员工厕所，同时他和助教一起去公用厕所，只是为了习惯自己打开烘手机。他还在家里练习烘手，伴随着母亲打开和关闭吹风机。

例 5.杰克

在所有涉及跑来跑去的活动之后，杰克都很烦恼，他不想参加学校的任何体育比赛。起初，父母认为他害怕被追逐或受伤。之后，他们发现这是因为他的心跳。杰克之前只经历过与焦虑相关的心率增加。

所以杰克和爸爸十分开心地玩水枪"捉人"游戏，他们轮流摸摸对方的心跳。杰克知道这就是他跑得快时发生的事情，这样他的肌肉就能获得更多的能量，而且他可以跑更久。

例 6.贝唐

每当改上体育课时，贝唐都会哭。这无关于她的 SM 或改变本身，而是她害怕被要求在课堂上做动作。老师承诺，只有她举手要求演示一项活动时才会叫她演示，这样她就不再表现出任何焦虑了。

例 7.普里亚

除了 SM，普里亚还患有发育协调障碍，并且讨厌需要比别人花更长的时间来换衣服。当其他孩子排队等她走到学校大厅时，她觉得每个人都在盯着她。通过比其他人早 10 分钟开始准备，她能和班上其他同学同时准备好参加体育课（由于她的协调困难，她也被允许在学校使用湿巾而不是卫生纸）。

积极解决问题——或者在第一道障碍前不言放弃

对于大龄儿童，可以经常鼓励他们将难以克服的大问题分解成更小的易处理的小问题，从而他们能在解决问题方面发挥更积极主动的作用——这些小问题本身看上去不会那么可怕。然后，孩子可以一次只关注一件事，例如获得招生说明书（在完全放弃上大学的想法之前）。教授他们积极的问题解决方法是一种继续前进的方式，并为未来发生的事情提供有价值的应对技巧。

可视 / 形象化

将循环重复的思想和焦虑从你的头脑里显示到纸上，你可以看到它们，是将问题转化以更好地处理的第一步——或者将它放置一边以便以后处理。如果孩子或年轻人因担心而无法入睡，请先试试这个方法。

视觉总是有助于理解抽象概念，焦虑也不例外。像下面这些简单的图片能说明问题。

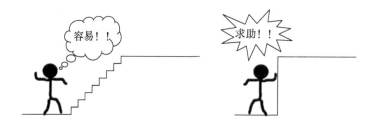

与我们合作的许多父母都报告说，孩子已经发现书籍、工作表和视觉练习等途径可以帮助他们描绘和管理他们的焦虑。有关示例，请参见附录 F。

当孩子过于焦虑或不堪重负而无法处理或记住口头信息时，视觉图像也会触发强大的记忆。将这些内容写下来作为提醒或检查清单，供儿童参考并把它保存在明显的位置，通常会有所帮助。它还可以省去无尽的唠叨！许多孩子养成了提出问题以获得保证的习惯，但他们是从例行询问中获得保证，而不是从答案中获得。当发生这种情况时，尝试打破循环，比如给出书面答案、图画或图片回复，或确保他们可以查找答案，例如查时间表或邀请函。然后，当孩子重复问题时，将他们引导到视觉提示中，以便他们能够自己找到答案。

管理 SM + SAD

所有的 SM 儿童都有社交焦虑，但这并不一定意味着他们患有 SAD。在实践中，特别是当 SM 在发病后的几年内得到处理时，通常 SM 儿童的社交焦虑会随着他们的 SM 得到治疗而消失。然而，在大龄儿童中，社交焦虑可能超出了对无法说话的恐惧，可能需要在处理 SM 时额外地专门解决。第 9 章和表格 15 以及第 10 章讨论了相关问题，提出了合适的方法和技巧。

如果社交焦虑不缓解，可能需要进行 SAD 的诊断并对其进行独立治疗。如果有迹象表明年轻人可能患有 SAD，可以使用在线资源表格 9 进行初步筛查。

管理 SM + GAD

许多 SM 儿童似乎都是"天生的担忧者"。第 8 章附带的讲义 6 ~ 8 是为支持一般焦虑而设计的。一些学校开展了基于 CBT 的优秀循证方案，旨在预防和积极打破儿童的压力和忧虑的恶性循环，使用一套工具或应对策略帮助儿童外化并掌控他们的焦虑。这种群体干预是有益的，因为儿童知道他们并不孤单，并且从彼此身上获得力量。但是，必须小心那些 SM 孩子，要让他们在准备好开口之前感觉没有压力。

在进行 SM 干预之前，我们的一些大龄学生从处理广泛焦虑的短期 CBT 课程中受益。这使他们能够认识到并理解，他们的焦虑是一种让他们感到不舒服但会过去的事，而不是一种逃避的线索。他们了解到，他们为回避察觉到但实际并不存在的危险而采取的步骤增加了他们的焦虑，他们面对恐惧有了更好的准备。其他学生则在 SM 得到解决后再继续接受 GAD 的治疗。

自闭症谱系障碍（ASD）

关于 SM 和 ASD 之间的相似性，以及是否可能诊断出同时患有这两种疾病的儿童，存在很多混淆。2013 年出版的 DSM-5 和 1994 年出版的 DSM-IV 都排除了双重诊断，但在 DSM-5 发表之前，大量儿童和成人得到了 SM 和阿斯伯格综合征的双重诊断。

阿斯伯格综合征现已纳入"自闭症谱系障碍"。值得注意的是，以前接受过阿斯伯格综合征诊断的儿童具有较高的口头表达能力，必须在做出诊断时明确指出（详见 DSM-5）。

我相信我们曾经遇到过几个说话的儿童，他们符合 SM 和 ASD 的有效双重诊断。在所有情况下，他们都符合 DSD-5 中 ASD 的标准。而在某些情况下，他们具有一定的发言能力，但仅限于对某些情况下的某些人说话，因此也符合 SM 的标准。在本节中，我们将讨论所涉及的一些问题，并分享我们在识别、评估和管理方面的经验。

识别 ASD

ASD 是一种影响社交互动、沟通、兴趣和行为的发展性问题。它涵盖了从高功能自闭症到严重学习困难和不说话的整个范围。ASD 患者从小就会有各种各样的症状，分为两大类：

- 社交互动和沟通方面的问题，包括：理解、发展和维持关系的问题，非言语交流的缺陷，无法主动进行或回应社交互动，无法参与轻松的谈话。
- 有限和重复的思维模式、兴趣、活动、行为，包括：重复的身体动作；强烈而有限的兴趣；如果常规被破坏，会变得很沮丧。

患有 ASD 的年轻人和成年人经常难以说话，这不应该与 SM 混淆。他们可能不确定在社交场合该做什么和说些什么，并且发现很难处理激烈的情绪，他们太生气、心烦或不知所措而无法说话。

由于各种原因，评估可能同时患有 SM 和 ASD 的儿童是复杂的。在某些情况下，这两种问题的某些症状可能会重叠，例如不愿意沟通和社交沟通中有缺陷。对不能与不熟悉的人轻松互动的 SM 儿童来说，最常用的评估儿童 ASD 的方法是不完全适用的，例如自闭症诊断观察计划表（ADOS，Lord 等，2000）。而且，令人遗憾的是，评估 ASD 儿童的专业人员可能缺少或完全没有 SM 经验。这些复杂性在"探索 SM 与 ASD 的关系"一文（见 Smith & Sluckin，2015）中有更详细的讨论。

> **对可能同时患有 SM 和 ASD 的儿童**
> **进行评估是很复杂的。**

如果你想知道 SM 儿童是否也患有 ASD，我们建议你在孩子感到舒适的情况下寻找以下指标：

- 严格的行为模式或仪式；
- 对社交聊天不感兴趣，即使是和熟悉的人聊天；
- 缺乏同理心，无法认识其他人的需求（例如谈话主题）；
- 糟糕的"读心技巧"（例如，他们认为参加活动俱乐部的其他孩子已经互相认识，因为他们知道彼此的名字，但其实每个人都戴名牌）；
- 对感官或身体问题的额外恐惧（例如对大声喧哗的恐惧、对剪头发或剪指甲的恐惧）。

如果在与了解孩子的其他人讨论后，你决定对 ASD 进行评估，以下指南有助于确保所做的评估尽可能有效：

- 由多名专业人员组成团队，涉及儿科医生或儿童精神病学家、临床心理学家和语言治疗师；
- 确保专业人员对 SM 有一定的了解或经验（可以询问的问题请参见第 3 章）；

- 询问有关 ASD 的评估内容，以及将对何种内容进行修改以适应可能患有 SM 的儿童或已识别的 SM 儿童的需求；
- 使用单向观察镜观察孩子、观看儿童在家中的记录，或者由儿童能与之自由说话的人完成额外的调查问卷施测。

ASD 的一般管理

目前没有方法"治愈"ASD，但是广泛的教育和行为干预可以提高患这种疾病的人的技能。最常见的方案侧重于社会意识和互动、提高沟通技巧，以及教育和培训家长。网上或支持自闭症患者的组织有很多关于这些干预措施的信息，例如英国的国家自闭症协会。

管理 SM + ASD

在为患有 SM 和 ASD 的儿童规划和实施有效方案时，关键因素是每个人都了解这两种问题的性质和有益的应对策略。一般来说，我们建议以与处理其他孩子完全相同的方式处理孩子的 SM，但是当直接干预孩子的 SM 时，孩子的 ASD 的某些特征可能提示需要对策略进行一些修改。例如，通过为年幼的孩子使用额外的视觉材料（火柴人画、线条画、漫画、表情贴图）或社交故事，可以部分克服孩子在理解抽象语言或情感语言上的困难。

ASD 儿童由于其刻板和对固定生活规则的热爱，将特别需要前后一致的方案和明确的新谈话规则。不过，这也意味着特定的分级项目将吸引孩子并给他们一种成功和自信的感觉。同样，这些观点在"探索 SM 与 ASD 的关系"一文（见 Smith & Sluckin, 2015）中有更详细的讨论。

由于所有 ASD 儿童都有社交互动和沟通问题，社交技能培训是管理 ASD 的核心部分。一旦 SM 得到解决，具有这种双重诊断的儿童将需要持续的社交技能培训。实际上，由于他们可以自由交谈了，社交技能培训这一工作就可以通过早先不可能的方式来进行了。

识别和管理言语、语言与沟通困难

"言语""语言"和"沟通"这些术语每天都在各种环境中被广泛使用。为了避免误解，我们将简要定义它们如何在学术上用于描述一些儿童经历的发育障碍，并介绍一些该领域中使用的其他术语。

- 言语障碍意味着难以发音或在单词或句子中有效使用语音。
- 语言障碍可分为接受性或表达性困难（难以理解或难以形成概念、单词和合乎文法的句子）。
- 交流障碍是一个更广泛的概念，意味着难以使用言语、语言和非语言沟通进行适当、有效的互动。
- 口吃或结巴是一种流畅性紊乱，其中包含词语或部分单词重复，某些语音被延长。说话伴随着紧张，说话者也可能难以开始说某些词，导致说话时的间歇性沉默。

有时我们也会提到言语、语言和沟通需求（SLCN），这是上述所有需求的总称。儿童可以有各种言语、语言和沟通困难的组合。

第 6 章"全方位评估"对言语和语言困难的评估进行了说明。

管理 SM + 言语和语言困难

正如第 3 章"如何做出 SM 的诊断"中所述，重要的是确定孩子对他们在发音、语言表达或流畅性上存在的困难有多了解。不愿意说话可以完全归因于对说话的自我意识或对纠正的恐惧，这排除了 SM 的诊断。然而，有口语困难而不情愿说话的人也将受益于下面列出的策略。

如果孩子有 SM 再加上一些言语和 / 或语言困难，这里有一些管理的普遍技巧：

- 同样，每个与孩子接触的人对孩子的这两种问题都有了解并且有足够的知识是很重要的。

- 家庭和学校必须有一般策略来处理 SM 和言语或语言困难这两个问题。

- 在某些情况下，也许孩子有轻度至中度的言语或语言表达困难，干预应该重点放在孩子的 SM 上。一旦孩子开始轻松说话，就可以采用特定的干预活动解决言语或语言问题。

- 如果言语或语言困难更严重，则需要更早地直接处理这些问题。如下一页示例中的斯蒂芬所示，孩子在言语和语言技能方面的能力提升可能会使他们对说话更有信心。

- 一般策略应该包括安慰孩子说每个人都有难以解释自己的时候，即使人们一开始不理解你，也没有什么可羞愧的。儿童和成人都可以通过手势、绘画、手语、解释等方式提供和要求澄清，也可以通过玩游戏达到让人理解的目的，这些游戏应该适合有选择恰当词汇表达的困难、言语障碍、词汇量有限和患有 SM 的儿童（参见附录 F）。

- 同时牢记管理这两种问题的一般策略，应明确区分处理言语和语言困难的特定工作与引发说话的特定 SM 方案。不要将两种特定的干预措施混合在同一次治疗中。

- 患有 SM 的孩子在一对一的基础上比在强调轮流发言的小组会议上反应更好。因此，只有当小组负责人了解 SM 并且保证孩子可以选择说话或不说话时，才应考虑让他们参与语言发展延迟儿童的小组工作。活动应侧重于接受性语言练习或判断任务（参见下文"有 SM 和其他言语困难的孩子"），孩子可以在不说话的情况下做出回应，并且有机会参与集体表演、齐唱或吟唱。

在处理 SM 儿童（相比于非 SM 儿童）的言语和语言困难时，主要的（也是明显的）区别在于，孩子在治疗过程中缺乏对表达任务的参与。执行课程的言语及语言治疗师（SLT）或助教（TA）须做出适当调整。如果有表达性语言或言语困难，这些课程需要被视为培训课程，将 SLT 的技能传授给家长、护理员或助教，并强调以工作表、游戏和活动的形式激励孩子完成家庭作业。陪伴孩子的成人需要完全理解他们的目标，确保他们有能力将工作融入他们的日常生活，并渴望在孩子感到舒适的家里或其他地方与孩子一起尝试。

在干预活动期间，做一遍推荐的游戏和活动可能会有所帮助，随行的成人将像在家里一样发挥主导作用。在下一次治疗中，要求成人展示或告诉你他和孩子是如何完成家庭作业的，以便有效地规划下一阶段。一些治疗师经常为孩子和家长拍摄新的活动，以便他们在家观看，并要求家长拍摄他们的活动视频给治疗师看。这使治疗师能够看到活动在家中是否按照预期完成。我们发现，当孩子非常清楚这些录像是如何使用的以及谁会看到这些录像时，他们通常不会反对拍摄。应该告诉成人和儿童，如果他们遇到困难，他们应该停止，特别是如果任何一方不享受活动时，或者他们被卡住了无法进行下去时。

有 SM 和其他言语困难的孩子

最初，这些孩子可以在治疗中受益于听力任务，专注于听觉辨别和音韵意识，而不是言语产生。听力任务包括分类、排序和匹配活动，以及判断任务。在这些任务中，成人或合适的玩具或木偶说出一个词或发出一

在斯蒂芬5岁半时，其他人很难理解他说的话，除了管理他的SM，他还与姑姑一起参加了几次针对言语的治疗。他自豪地向老师展示他的说话书，并向她低声说出他改进后的语音。之后，他开始小声与老师和同伴交谈。几个星期后，他继续与学校里的每个人交谈。

个声音，由孩子判断是对还是错。在讨论家庭作业时，可以加一句"当你在家时，你可以看看你是否还记得这些词/声音"。从孩子可以轻松说出的项目开始，帮助孩子建立信心并熟悉活动形式，这可以鼓励孩子在干预活动中说话而不需要任何提示。之后，当孩子努力学习他难以表达的语音或序列时，治疗师应该在自己、让成人或使用诸如大嘴鳄鱼木偶之类的玩具向孩子展示（参见附录 F）。

然后，可以要求孩子在家里进行尝试。通常，当孩子在干预活动中成功完成听力任务，并且随行的成人报告他们在家中表现如何时，孩子会在几周后的干预活动中开始说话。

有 SM 和其他语言困难的孩子

这些孩子需要丰富他们的语言和 / 或改善特定的理解缺陷，并应立即给予这种帮助。由于没有要求孩子说话，这可能会减轻 SM 的压力。如上所述，最初的焦点应该放在孩子能够通过参与和非言语交流进行响应的活动上。理解力任务对这种方法是有益的，而表达性语言可以在干预活动中通过分类、排序和判断任务，以及在干预活动之间与伴随的成人进行口语练习得到支持。

随着口头语言的出现（无论是自发产生的还是通过第 9 章和第 10 章中描述的技术引导的），每个与孩子有关的人都需要意识到孩子的理解困难将如何影响其回应的可能性。通常，当语言水平足够简单并且他们感觉能够正确回答时，孩子会做出回应。一旦他们感到困惑，或者认为任务变得更加困难时，他们就会再次沉默。同样地，当他们谈论一个熟悉的话题并感到有控制感时，他们可能会愉快地主动评论，但是当他们被问到需要更高级别的语言处理的直接问题时，他们会立即闭嘴。表 10-4 按风险等级划分的活动，将帮助教师将他们的期望与孩子的理解和自信水平相匹配。

SM 和口吃

专业人士报告称 SM 和口吃可以同时发生，也确实会同时发生，但目前仍缺乏研究或案例。对在 SM 领域工作的人有帮助的是，这两种病况在促成因素、表现和管理方面存在相似之处。两种病况都有以下特点：

- 可以让孩子缄默不语；
- 与焦虑和自我意识有关；
- 受到他人反应的影响；
- 通过回避可能令人痛苦的说话情境进行管理或维持。

此外，许多针对焦虑症的干预措施也被用于管理口吃和 SM。口吃具有明显的症状和较长的历史，比 SM 更容易识别，因此大多数国家和服务机构对其进行了更彻底和更严格的研究和管理。对口吃干预的重要性的认识水平可以作为呼吁更重视 SM 管理的论据。事实上，在英国，一些专门从事口吃的治疗师也专注于 SM，因为他们有合适的技能。

与其他语言障碍一样，患 SM 和口吃的个体需要采取协调的干预方法，包括两种不同的治疗体系。更多信息，参见珍妮·帕克（Jenny Packer）所撰写的"选择性缄默症与口吃"（见 Smith & Sluckin，2015）。

双语和英语作为第二语言

首先解释一个术语：在本节中，为简单起见，"双语"是指具有多种语言技能的人，"英语作为第二语言"（EAL）是指学习和接触英语并移居到讲英语的国家，并且第一语言不是英语的人。尽管我们关注的是英语，但同样的原则也适用于儿童学习任何其他语言的类似情况。

在所有情况下，重要的是要有明确的关于语言接触、语言能力和语言需求的历史，即：

- 孩子已经（将会）接触哪种语言？
- 在什么年龄接触？
- 在什么情况下接触？
- 他们理解和使用这些语言的水平如何？

"沉默期"

在适应不熟悉的语言和环境时，第二语言学习者有时会经历一个"沉默期"。如果一切顺利，经过一段时间的观看、聆听、参与和学习，他们就将开始使用新语言。他们最初学说单词，然后逐渐与他人交流。沉默期可能持续几天到一年，但通常不超过六个月，最常见于 3 ～ 8 岁的儿童（参见附录 E）。

正如 SM 没有单一的原因一样，也有各种因素可能影响沉默期。当然，孩子需要时间来处理和理解一种新语言，有些孩子比其他孩子更有信心抛开顾忌而勇于尝试。然而，孩子也可能因环境本身和生活中的其他变化而感到困惑、焦虑和不堪重负。例如，他们可能察觉到父母在不同文化中的压力和不确定性，或者感到自己的不同和难为情。他们甚至可能将新语言与戏弄事件联系起来。简而言之，不应将沉默期视为不可避免的，同样也不能认为随着语言能力的提高，孩子自然就会说话。相反，沉默期标志着年幼语言学习者的脆弱时间，双语和移民人口中 SM 的发生率要高得多（参见附录 E）。当孩子已经感到不舒服时，任何谈话的压力都会导致对孩子说话的期望适得其反。

管理 SM + 双语和英语作为第二语言

当双语儿童在进入新环境时保持沉默，并且父母确认孩子在家中或在某些亲属中理解并能说该环境的语言时，这可能是自然的羞怯。如果是这样，孩子几周内就会说话了。但是，如果父母已经注意到在用这两种语言说话上都存在的选择性，并且如果孩子在某些情况下已经说话一个月以上，而在其他情况下没有，我们建议将孩子作为患有 SM 对待。

同样，我们建议，那些不说英语并且表现出焦虑或僵住的孩子应该被视为可能患有 SM。与其接受他们的沉默作为一个自然的言语前阶段，为 SM 儿童创造一个无焦虑的环境的策略将更好地帮助他们在有机会（但没有压力）交谈的情况下放松和享受学校生活（参见讲义 9、10a 和 10b）。

在学校的非正式场合使用孩子的第一语言可能是安顿过程中的一个重要部分，因此应该鼓励与孩子使用同一种语言的家庭或工作人员参与。但是，必须注意确保孩子不要在学校或其他社交场合只使用他们喜欢的语言。我们认识许多双语孩子，在某些情况下他们不一定缄默不语，但他们使用的语言其他人无法理解，就像其他 SM 儿童可以通过低声耳语或使用改变的声音来避免焦虑一样，这是一种安全行为。随着孩子对 SM 干预做出反应，克服他们使用其自然语音或在特定沟通环境中使用某种语言的恐惧，上述安全行为可能会减少。

支持策略

除了本手册中描述的策略之外，我们还发现以下技巧特别适用于接触多种语言且在某些情况下不愿说话的儿童。

a）不完美的英语胜过沉默

对英语缺乏信心的父母可能不会尝试向孩子的老师或其他家长说英语，孩子可以看到父母的行为。与其用这种方式示范回避行为，家长应该打消疑虑，更有帮助的做法是给孩子一个明确的信息，告诉他们最好说出来，即使不总是能说得完全正确也没关系。为了帮助解决问题，家长可以表现出对学习或提高英语水平的兴趣，并要求他们的孩子每天教他们一首歌或一些新单词，也许孩子可以和家长分享他们的作业、有趣的教学应用软件或分享他们阅读的书。如果父母可以让这一过程变得有趣并且对错误大笑置之，他们就会教给孩子学习和参与的宝贵经验；如果他们能够与其他处于相似情况的家长和孩子一起学习，那就更好了。

b）一种社会情境，一种语言

一些父母二人的第一语言不同的双语家庭采用"一人一语"规则，即每个家长都用第一语言说话。这适合大多数孩子。他们同时接触多种语言，并有能力、适应性和社会意识适当地获取和使用它们。相比之下，由于潜在的焦虑、僵化或特定的语言学习困难而难以使用多种语言的孩子，可以通过"一种社会情境，一种语言"规则得到帮助（这也有助于父母想要让孩子充分接触少数民族语言的愿望）。在这里，整个家庭试图在一种特定情况下使用同样的语言。因此，孩子一次只能听到一种语言，并且见证父母双方根据背景顺利地从一种语言转换到另一种语言。对 SM 儿童来说，这一点的特别优势在于，父母在一系列情境中始终使用孩子所抵制的语言。

例如，全家人都在家用餐时使用的语言可能取决于谁烹饪、谁领导说话主题或哪一组祖父母在场。如果邀请一位学校的朋友来参加，则会选择学校使用的语言。在协助孩子完成家庭作业时，也尽可能使用学校语言。在带孩子上学时，父母会用他们的母语与孩子交谈，但是当车上或操场上有其他孩子加入时，或者在孩子的老师面前对孩子说话时，他们会改用学校语言。

当父母突然用"错误的"语言和他们说话时，SM 儿童会感觉非常震惊，并且他们可能不希望其他人发现他们也会说这种语言。这时他们可能会用不同的语言回答，或者根本不回答。这都没关系。你只要问一个更简单的问题，他们可以点头或摇头回应（参见讲义 14）。不过，如果父母没有表现出焦虑并且坚持这个规则，在有必要时平静地解释当时使用不同语言是礼貌或明智的，那么孩子将逐渐觉得更容易做出同样的过渡。

c）当心欺凌或嘲笑

最后，很重要的一点是要注意欺凌或嘲笑的可能性。孩子可能已经对父母就此发表了评论，或者如果他们已经意识到其他孩子的负面评论，认为他们听起来"滑稽"，他们可能会试图阻止父母陪同上学。由于他们浓重的口音或在发出母语之外的某些声音上存在困难，他们的言语是不同的。通过调查了解孩子如何看待他们说话的不同，显然你可能需要与孩子单独会面，还要与整个班级一起解决这个问题。让孩子为自己的文化和作为班上有价值的成员感到自豪是很重要的。

第14章

干预措施的案例

引言

本章着眼于已经接受了 SM 治疗的儿童和青少年的案例，包括了不同的年龄段，有些案例中只涉及 SM，有些还合并有其他问题。对他们的管理阐明了本手册中的观点，按以下结构展示：

- 背景
- 评估
- 干预
- 结果

正如对大多数干预措施的回顾一样，这些案例中不可避免地会有一些经验教训，如果在一个理想的环境中，干预工作可能会做得更快、更好。事实上，有些例子可以追溯到我们实践的早期。在每一篇文章的结尾，我们都提出了一些事后看来本可以采取不同做法的建议。我们偶尔还会附上治疗师、老师和 / 或家长的意见。

下面列出了 8 个孩子和青少年（其真实姓名已经更改）开始有效干预的年龄、他们的问题和干预形式。其中男孩比女孩多是不寻常的事，这与通常的比例相反。

1. 亚当（3 岁 11 个月）：单纯性 SM；建立融洽关系。

2. 艾丹（4 岁）：单纯性 SM；母亲发起干预；非正式的渐入。

3. 莱昂纳多（6 岁）：SM + 英文作为第二语言（EAL）；塑形之后再渐入。

4. 丹尼尔（6 岁）：SM + 特殊语言障碍（SLI）；塑形之后再进行言语和语言治疗，以解决表达性语言和言语障碍。

5. 罗比（6 岁 3 个月）：SM + 自闭症谱系障碍（ASD）；渐入疗法。

6. 娜迪雅（7 岁 5 个月）：SM + 对立行为 + 尿路感染；需要情感与行为问题的指导与支持。

7. 丽莎（15 岁 10 个月）：根深蒂固的 SM + 特殊语言障碍（SLI）；针对语音节奏和发音进行语言训练，然后完成针对社区环境的任务。

8. 桑德（16 岁）：根深蒂固的 SM；由母亲发起干预；渐入疗法。

1. 亚当（3 岁 11 个月）

背景

- 亚当被转诊来看语言治疗师是因为一个健康巡视员听说了幼儿游戏小组组长的担忧。亚当在幼儿游戏小组不说话，任何引导他说话的做法都以失败告终。

- 比起担忧，母亲感觉更尴尬，但还是同意了转介，特别是亚当在他 4 岁生日后不久就要开始上学。

评估

- 亚当只和直系亲属、祖父母和一个邻居在家里说话。他可以很自由地和家人在家外面说话，但如果有人加入或者有人听到他说话，他会马上停止说话。

- 他不在家之外的任何地方上厕所。

- 第一次与治疗师见面的时候，在治疗师与他母亲谈话时，他能够小声地和妹妹说话。对于第一次见面就进行正式评估，他感到不高兴。这期间他没有眼神交流，但是在理解力测试中，他可以借助妈妈的手指指图片。

- 妈妈制作了亚当在家中的说话录音，没有任何证据显示他有言语和语言障碍。

干预

- 语言治疗师向妈妈和游戏小组成员提供有关消除沟通压力的一般建议，并为游戏小组的一对一助手（关键工作者）提供结构化方案（建立融洽关系，阶段 2 ~ 3，参见第 8 章）。

- 关键工作者向亚当解释说，她明白他说话有多难，而且在他准备好之前，她不会期望他跟她说话。她向亚当保证，不说话也完全没问题，如果他们慢慢来，他会越来越好。显然，这对亚当来说是一种极大的安慰，亚当拥抱了她，这让她感到意外。

- 关键工作者在每次小组游戏时，和亚当有 10 ~ 15 分钟的"特殊时间"。除了让亚当享受"特殊时间"，享受他与关键工作者的融洽关系，与她进行非言语的沟通之外，关键工作者没有给亚当提供任何奖励，之后才进展到说话。

结果

- 四周后，亚当与关键工作者交谈。当他自信地使用句子时，游戏小组的组长和助理被邀请参加"特殊时间"。除了回答直接问题和出勤点名，他还能自由地发言了。

- 随着说话能力的提高，亚当总体上获得了信心，并开始在家以外的地方使用厕所。

- 当亚当开始去当地幼儿园时，他继续每周参加一次校内的游戏团体干预活动。他所在游戏小组的关键工作者也在他的学校担任助理，因此每周可以在课堂上看到亚当两次。

- 第一周里，亚当的老师在点名时施压要求他回应，这让关键工作者感到非常气馁。亚当低着头，看起来极度沮丧。经过谈话沟通，老师和关键工作者达成一致，同意亚当坐在教室的角落里，不在老师的直视范围以内，当他觉得准备好时再回答问题。亚当在有机会与老师进行非正式的交谈后，能够在轮到他的时候说话。他先在与关键工作者在一起时说话，然后可以在独自一个人时说话。

- 三个月以后，亚当结束了他的言语和语言治疗。这时，亚当能够做到以下几点：主动在小组情境中提供信息，自由地与成人和孩子交谈，回答出勤点名，参加聚会和结交朋友。

治疗师的建议

游戏小组没有 SM 的经验，他们受益于一个结构化的、有明确目标的方案。关键工作者无法相信仅仅通过减压和开展不需要言语交流的游戏，就取得如此显著的效果。一旦家庭和游戏小组对亚当困难的性质有了共同的理解，亚当就开始进步。

作者的评论

- 亚当非常幸运地在这么小的时候就得到这么准确、适当的帮助，这归功于他的游戏小组、健康巡视员和治疗师主动、密切的合作。毫无疑问，这也是干预取得成功的原因。

- 正式评估不是必需的：非正式的信息收集就已经足够，他的情形在录音带中已得到揭示。

- 由于缄默并未长期建立，建设融洽关系的活动所取得的进展足以激发说话。我们还建议尽可能让家长非正式地参与活动。

- 转折点是游戏小组的关键工作者强调亚当的困难。再次说明，他非常幸运，关键工作者可以在学校生活刚刚开始的时候给亚当持续性的帮助，特别是在亚当的新老师一开始并不完全了解他的困难时。

2. 艾丹（4岁）

背景

- 当艾丹快 3 岁时，他只和父母、弟弟、祖父母说话。他有两个好朋友，但他总是用"奇怪"的声音和他们说话。

- 在很小的时候，艾丹和其他人讲过话。他 2 岁 4 个月的时候，曾经有一个他不认识的大人在一次聚会上大声对他吼叫，说他"做了什么错事"，这可能是引发他 SM 的原因。当时的情况是如此不恰当、不相称，以至于每个在那个房间的人，包括艾丹，都吃惊得闭上了嘴。在艾丹 3 岁开始去幼儿园以后，他的父母看到一个关于 SM 的电视节目，并意识到这是他正在经历的问题。他们把这个节目录了下来给他的幼儿园老师看，老师发现了一个关于 SM 的讲座，艾丹的母亲和她的朋友参加了。

- 在 3 岁 9 个月的时候，艾丹的医生把他转介给一个心理学家，他给艾丹做了评估，结论是"他没有精神创伤，并未受到精神问题的折磨"。但是，他建议做一个为期两年的心理治疗，最终妈妈没有同意，因为她觉得艾丹的情况需要更多认知方面的干预。艾丹被放在了一个行为心理学家的候诊名单上。

- 同时，艾丹被转介去看语言治疗师。在他 4 岁 3 个月上小班的时候，他们针对他的情况在学校里组织了与 SENCo 和心理学家的案例会议。

干预

- SENCo 购买了《选择性缄默症资源手册》，艾丹的小班老师阅读了手册并自愿成为他的关键工作者。她和妈妈制订了一个非正式的渐入方案，并开始实施。

- 妈妈每周带着艾丹上学一天，并在教室里与他一起玩简单的游戏。随着干预活动的进行，艾丹的老师会越来越多地逐渐参与进来，大约四周后，艾丹终于和她说话了，脸上带着一丝欣喜。
- 艾丹的老师安排了学校里与他接触的其他成年人（午餐工作人员、其他接待老师、课堂助理等）的非正式渐入干预活动。

结果

- 干预方案开始后，艾丹进步得很快，几次会面之后，他就可以说话了。在他 5 岁之前，幼儿园小班结束的时候，艾丹已经可以和接触的所有成年人说话。
- 艾丹开始和家里人在电话上交流，在上一年级之前的那个夏天结束时，他已经可以和所有熟人说话。
- 在接下来的一年里，有时候当他不认识的人或者他不熟悉的人和他说话时，他看起来会有些焦虑，但是总体来说，他的焦虑降低了。经过两年的时间，你完全不知道他曾经有过 SM。

家长的评论

很高兴我们发现了《选择性缄默症资源手册》，并且能够利用你们开发的工具获得如此好的结果。这种方法对艾丹来说非常有效，我们非常感激你们帮助他度过缄默症的焦虑期。我们取得了良好的成绩，这应该归功于艾丹的老师，也应该归功于学校提供资源，承诺帮助艾丹。

他现在 12 岁了，是个非常自信、有思想和善于表达的男孩。他的 SM 从来没有复发过。那时候他很小，在他的记忆里，那段日子是很模糊的，但是他能够记得当别人期待他说话时那种他觉得被"压扁"的感觉。很奇怪的是，他的缄默症经历从某种角度来看，塑造了他人格的积极面——他是一个好的倾听者，有理解力，说话考虑周全，并且适应力很强。我们意识到如果我们没有干预，让缄默症一直持续存在的话，情况将会非常不同。

作者的评论

- 这是一个充满了爱的案例，父母主动采取行动并继续下去，取得了很棒的效果。拒绝心理治疗，把重点放在对学校进行关于 SM 和干预的教育上，这是非常明智的选择。
- 非常幸运的是，学校的工作人员愿意配合妈妈，然后根据她的要求营造这种环境。而且，由于英语作为第二语言的孩子通常在开始上幼儿园的时候说得很少，学校最初采用放松式的方式，也就意味着他们没有给艾丹说话的压力，这是非常有帮助的。

3. 莱昂纳多（6 岁）

背景

- 英语作为第二语言：在家只说意大利语，第一次接触英语是 3 岁上学时。
- 4 ~ 5 岁时，莱昂纳多被转介去见语言治疗师（SLT）、语言障碍特教老师，以及教育心理学家。虽然他们认为莱昂纳多患有 SM，但是他们的评估结果尚无定论，并且他们没有提出有效的计划来缓解莱昂纳多的 SM。
- 6 岁的时候，莱昂纳多在学校依然不说话，被转介去看一个有 SM 经验的 SLT。他的老师对他的英语能力表示怀疑，因为她觉得他好像不能理解一些数学概念。

评估（由有 SM 经验的 SLT 进行）

- 妈妈单独与 SLT 会见。鉴于缺乏进展，使用全方位的父母访谈表格（第 6 章）收集更彻底的（而不是筛查性的）信息。
- 与莱昂纳多的初次会面：建立非正式的融洽关系（在此期间，他逐渐自由发言），并且使用图片词汇量表和语法接受测试评估他的接受性语言技能（显示有轻微的语言理解缺陷）。

- 通过学校会议收集信息，使用学校报告表格（第 4 章）和教学环境检查清单（第 8 章），并提供关于 SM 的信息。
- 给老师建议，教他如何帮助莱昂纳多理解而不给他施加压力（第 13 章）。

干预

- 引入塑形方案（鉴于父母缺乏关注，妈妈很长的工作时间和爸爸有限的英语），由关键工作者在图书馆执行，每周三次，方案从阶段 3 活动开始（非言语交流）。
- 每个学期两次的学校访问，以审查进展和讨论方案。
- 在 6 岁 9 个月的时候，莱昂纳多生了重病，有好几个星期没有上学。
- 7 岁时的校内审查会议，由家长、校长和班主任参与：学校担心莱昂纳多尚未进展到阶段 5（他只是发出动物和车辆的声音）；SLT 担心塑形方案的不一致性（例如干预活动有时被取消，因为关键工作者必须去处理其他事情；有时被打断，因为其他人要在图书馆工作）。
- 引入正式的渐入方案，由校长监督，让爸爸、莱昂纳多和他的弟弟每天在上课开始前在空荡荡的教室里待 10 分钟。
- 第一个星期，SLT 给予电话支持。
- 每学期做四次在校进展的审查。

结果

- 自从引入渐入方案，莱昂纳多进展神速，其他孩子一个一个地加入，关键工作者渐入；爸爸在第二个星期结束的时候渐出。
- 稳步进展，转移到教室和其他地点，以及其他人。
- 最后的一次学校会议上，关键工作者告诉 SLT，莱昂纳多那天早上已经可以对着橄榄球场地另一头大声叫喊。

- 在 8 岁 3 个月的时候，成功过渡到新学年后，莱昂纳多停止治疗。

作者的评论

- 这个案例显示出：渐入技术比塑形效果更好；确保规律、一致的管理方案的困难性；定期计划性审查的重要性；以及校长的关心和承诺的重要性。
- 事后看来，应该更早让爸爸参与到渐入治疗方案。需要花更多的时间帮助父母更好地理解问题。
- 令人遗憾的是，莱昂纳多最初被转介给的三个专业人士都没有足够的关于 SM 的知识或经验，没有能够及早给予他有效的帮助。
- 虽然为期两年，但在这项工作中只包含 10 次与 SLT 的会面，有时在诊所进行，有时在学校进行，伴随着重要的电话支持——SLT 以顾问身份行事。

4. 丹尼尔（6 岁的时候被转介）

背景

- 丹尼尔在 2 岁的时候被一位 SLT 诊断为严重的言语和表达性语言障碍，治疗重点是刺激语言发展和改进发音控制。丹尼尔一直在参与，但是仅限于使用耳语或非常小的声音。
- 从 2 岁开始，丹尼尔能在家里自由地说话（尽管语言能力很差），但是在陌生人面前和在托儿所里，他大部分时间是沉默的。然而，他没有得到 SM 的诊断。
- 4 岁的时候，丹尼尔去了一所针对言语和语言障碍儿童的特殊学校，但是 6 岁时，学校对他的情况表示忧虑，因为他在学校的所有口语表达都是耳语，并询问这是否可以得到处理。

评估

- 对丹尼尔说话习惯的评估表明，他在家中说话很多，声音正常，但在学校里，他不会自发说话；他以耳语形式回答直接的问题，只对成年人耳语，而不对儿童；他通常不愿加入活动。
- 他的表达性语言是混乱的，只使用由关键词组成的三四个字的话语，没有语法发展。
- 他的声音系统是混乱的，有元音扭曲，辅音替换和省略等问题。

干预

- 因妈妈虽然很高兴学校采取必要的措施，但不能定期去学校，所以 SLT 策划了一个每日塑形方案（参见附录 B）。
- 每天的游戏时间里，丹尼尔与语言特教老师（关键工作者）进行 10 分钟的干预活动；SLT 每周访问两次以讨论干预目标。会面以非言语活动开始，并在几周后延长至 15 分钟。
- 丹尼尔参与设定自己的目标并就奖品达成一致，奖品包括削铅笔刀、泡泡水。

结果

- 一周后的变化：肢体语言变化，干预活动中会露出灿烂的笑容，动作幅度更大、更轻松，自尊心增长。
- 六周后，丹尼尔总体上更加自信，并且非常渴望在团体干预活动中以耳语回答问题。
- 十二周后，丹尼尔第一次用自然的声音与关键工作者交流；又过了一周，在一对一的隐秘房间里，在放松的谈话情境下，他有了第一次真正的对话。
- 之后进行的推广：其他成人和儿童被带入隐秘房间；干预活动逐渐移入

教室；引入新的地点，包括学校外的街道和当地的商店。

- 三个月后，丹尼尔开始主动与其他成年人和孩子交谈，包括他下一学年的新班级老师。

- 在新课堂上，丹尼尔在新老师的办公桌旁朗读给老师听。同一天下午，在老师三次拒绝接受耳语之后，丹尼尔朗读了一篇他写的故事，这一次是当着其他同学的面。

- 之后，丹尼尔的个人干预方案停止了，没有任何反弹，之后重新引入了改善他的表达性语言和言语混乱的干预方案。丹尼尔非常合作，并能够在学校畅所欲言。

- 继续取得进展：在集会上，丹尼尔在全校师生面前讲话，8 岁时，他回到了普通学校，得到了持续的支持以培养读写能力。

老师和治疗师的评论

这是我们第一次接触 SM，我们对启动干预方案感到非常犹豫。语言特教老师的情感投入高于预期，有时很难将挫折合理化。因此，由两名工作人员分担工作量，并在每个阶段进行讨论，这是非常有价值的。重要的是坚持这一想法，即丹尼尔对使用语言倍感压力，因此他需要克服巨大的障碍。

我们了解到，我们不能对推广阶段操之过急，经常不得不回溯，采取更小的步骤进行。只要关键工作者仍然掌控情况，每日的干预活动就非常有效。当丹尼尔无法达到目标时，结束干预活动并让他重返课堂效果良好，对他试图延长干预时间的做法，应予以拒绝。

作者的评论

- 这个案例说明，即便之前没有治疗经验，对 SM 的关注也能够带来有效的治疗。

- 在缄默症得到解决之前，丹尼尔的表达性语言和言语障碍是不可能得到治疗的。然而，丹尼尔的耳语被接受了很长时间，以至于已经变得根深蒂固，所以进展需要时间。

- 由于父母无法参与，因此以塑形来引导说话；充分使用录音机，这使得他一开始不必直接与成年人交谈。

- 每个参与者的紧密联络意味着丹尼尔的耳语在他的新班级里不被接受。做出这个决定是因为他曾和老师使用声音交流，并在其他场合曾在全班面前说话。不让耳语这种习惯复发是非常明智的。

- 丹尼尔很幸运，很少有孩子能获得像他那样又好又多的支持。

5. 罗比（6岁3个月）

背景

- 在上幼儿园小班时，罗比能正常说话，但在4岁过渡到普通学校时，罗比感到害怕和困惑。罗比在学校不再说话，很快也停止和他的祖父母说话。三个月内，他就只和父母在家里讲话了。

- 罗比有严重的焦虑和抗拒改变的历史，例如：对巨大的声响感到害怕，无法应付其他孩子，非常僵化的饮食模式，只在自己家里并在妈妈陪伴下才会上厕所。

- 5岁时，罗比被转介到一个家庭心理健康中心，并被诊断为"自发缄默症"，然后又转介给一位SLT，被怀疑患有自闭症。

- 6岁时，多机构评估结果诊断为阿斯伯格综合征和SM。该团队召集了另一个有SM经验的SLT。

多机构评估

- 罗比能在家里和车里轻松地和父母说话。他不再公开与他们交谈，但偶尔会在家外面跟他们耳语。

- 罗比在评估时完全合作，以点头、摇头或指点回应。当需要口头答复时，他在妈妈的耳边以耳语作答。这些回应有时听得见，但他只对妈妈说。
- 对语言的理解和使用在平均范围内，但仅限于具体经验。对话语的含义、推理和抽象语言的理解能力非常差。缺乏同理心或从别人的角度看问题的能力。极好的机械性记忆力。
- 表现得严肃和僵硬，而不是害羞；面无表情地盯着评估员，但与父母相处则较为轻松。

干预

- 首次干预活动时间较长，是在多机构中心进行的，参与治疗的有 SLT、临床心理学家（CP）和父母。干预活动涉及鼓舞士气的谈话（参见第 5 章），罗比帮助 SLT 制作了一张谈话地图（第 5 章），还对渐入技术（第 10 章）进行了解释。使用这种技术，罗比每达到一个目标，就获得星星贴图作为奖励。通过和他的父母、SLT 和 CP 玩简单的谈话游戏，成功地引导罗比以正常音量说出句子（参见附录 C 中的目标）。
- 在家里的干预活动：重复渐入技术，让父母渐出；罗比自己回答 SLT 的简单问题。
- 与妈妈在学校的干预活动：在做家庭作业的教室重复练习渐入渐出技术。罗比第一次主动和 SLT 说话。之后，SLT 与罗比的老师讨论了阿斯伯格综合征和 SM 的影响。
- 在学校的一天结束时，与妈妈和老师在家庭作业教室进行治疗：使用渐入技术来引导罗比和老师的讲话，并在他的课堂上重复该活动。然后，妈妈和 SLT 渐出。在接下来的 10 天里，老师在午餐时间与罗比一起玩简单的口语游戏。他们安排了四次每次 5 分钟的治疗活动，之后罗比就可以出去玩了。
- 与老师和 SLT 的午餐时间：另一个孩子成功地渐入。罗比开始在正式的游戏治疗时间之外回答 SLT 和老师的问题，但他仍然对其他人听到非常警惕，除非被听到是游戏的一部分。在接下来的 10 天里，老师充当了关键工作者并且又让另外四个孩子渐入，直到罗比在午餐时间能在一个小团体中玩游戏并练习发音。

- 在学校里散步（参见第 10 章）：在学校各个地方，在其他孩子、父母和工作人员能听到的情况下，罗比可以轻松地和 SLT 说话。罗比同意邀请他下学年的班级老师参加下一次的治疗活动。不久之后，他的老师在课堂上进行了一个小型的团体游戏；在教室里，罗比在有 15 名同学在场时说话了。

- 挫折：在课堂上说话之后，孩子们在操场上围住罗比，很兴奋，因为他现在可以说话了。突然的嘈杂声和孩子们的亲近吓坏了罗比，那天晚上罗比告诉父母，他不能和他的新老师交谈，也不想再与其他孩子交谈。他整个暑假都保持这样的心态，害怕回到学校。他的父母很难让罗比安心，因为他没有过去和未来的概念，只能考虑他目前的焦虑状态。

- 在罗比返回学校的前几天，SLT 到罗比家拜访。他们在花园里度过了一段放松的时光，踢足球，追逐兔子。罗比自由地说话，并很乐意讨论他重返校园的事情。他们商定了一项行动计划：在他做好准备之前，没有必要和他的新老师交谈；请其他孩子在靠近他时，要保持冷静；还有造访他的旧教室，看望他以前的老师。

- 在新教室与他上一学年的教师一起进行干预活动：罗比自由而愉快地谈话，很好地适应了他的新教室。SLT 使用时间轴线来说明他随着时间的推移所取得的进步，并区分了过去、现在和将来，给罗比灌输了积极的想法。

- 在下一次的干预活动中，罗比在教室里在其他孩子、SLT 和他的新老师面前畅所欲言。在前一周，新老师和他以前的老师一起参加了一次干预活动，然后新老师接替以前的老师成为关键工作者，每天午餐时间她都会渐入一个新的孩子。SLT 并没有提示这一点，这显示新老师真正理解了一般治疗原则，也显示罗比已做好前进的准备。

结果

- 新学期开始三周后，罗比参与了所有的课堂活动，并与其他孩子和老师交谈。
- 他还开始在学校喝水，并第一次使用学校厕所。午餐时间仍然存在问题：不在学校吃布丁（如果他做了不同的事情，他害怕其他孩子的反应），只吃固定的几样食物。但罗比说他会以微小的步骤取得进展。
- 学校工作人员报告说，罗比每天都在取得新的进步，并很欢迎 SLT 在四个月的时间内审查情况。
- 罗比在整个方案进行了一半时，再次开始与祖父母交谈，最后，他能在家外面与父母自由交谈。

家长的评论

罗比是一个与众不同的孩子——这是近三年来他第一次喜欢去学校并且谈论其他孩子。他十分期盼其他孩子来家里和他一起玩耍。阿斯伯格综合征的诊断很合理，有助于我们解释他有时令人尴尬的行为。现在他能说话真是太好了，但是他有时可能很粗鲁而不自知！我们可以看到，谈话的困难只是他拘谨行为的一部分。

作者的评论

- 令人遗憾的是，罗比在一个又一个治疗机构间转介之后，才终于得到正确的帮助。好在全面评估和案例历史提供了非常宝贵的信息，有助于将言语和语言治疗引入到干预规划中，理解罗比的反应和给家长提供咨询。SLT 对自闭症谱系障碍和 SM 的了解也是一个优势。
- 罗比克服了他的 SM，但阿斯伯格综合征的诊断意味着他将继续在社交和对话中遇到困难。

- 治疗过程包含了 10 次 SLT 时间，再加上每两次学校访问之间的电话交流，以便向他的父母汇报进度，并从家里得到反馈。整个过程自始至终使用了一种非常直观的方法来弥补罗比在抽象语言方面的困难。

- 该案例很好地证明了如果学校对新方法持开放态度并能定期提供支持，在短时间内就可以实现目标。四周的午餐时间额外帮助，一年级和二年级之间有计划的过渡，以及家庭、学校和治疗师之间的密切联系，使治疗最终取得了成功。

6. 娜迪雅（7 岁 5 个月）

背景

- 当娜迪雅 6 个月大时，这家人作为难民来到英国，把一切都留在了祖国。她们经历了漫长而可怕的逃亡，期间在五个不同的旅馆和房屋待过，然后在一片粗陋的住宅区内获得了一个政府资助的住所。

- 在娜迪雅 2 岁时，她的外祖母加入了她们在英国的家庭。

- 因为她的 SM，娜迪雅被 SENCo 转诊给儿童和青少年心理健康服务团队的 SLT 专家。她与成年人交谈，但只与少数同龄人交谈；回应成年人的时候，她只用耳语、点头或摇头。她之前没有被转介或进行干预治疗。

- 转介说明指出，娜迪雅在学校没有行为问题，但是她"在家里可能很难管"。她的学业很出色。

评估

- 全方位的家长访谈（见第 6 章）是与英语很好的妈妈进行的。她并不担心娜迪雅不说话——"这是她的个性"。

- 妈妈担心娜迪雅固执、违抗、目中无人，把愤怒发泄在父母和外祖母身上。她表现得像个青春期少女，不尊重他们试图设定的任何界限，如果不顺她的意，她偶尔会表现出身体上的攻击性。

- 娜迪雅也被描述为具有创造性和想象力。她有四个朋友，但倾向于控制他们。她不参加集体活动或课外活动。

- 两年前，娜迪雅可以憋尿长达 36 小时，转介时，每天最多只上两次厕所，每两周就会引起尿路感染。她从未使用过学校的厕所，也无法在家独立上厕所。

- 娜迪雅有睡眠不好的经历：7 岁前，必须有人陪她躺着，直到她睡着；她经常在晚上醒来，有时候尖叫 30 分钟或更长时间。

- 她有分离困难的历史：外祖母到了之后不久，娜迪雅就和她待在一起，但不能和任何其他人独处。从 2 岁 6 个月开始，他们尝试了三所托儿所，但是娜迪雅不能离开外祖母；她对幼儿园和接待处适应很慢。

- 没有人担心她的言语和语言发展，或她的英语学习；娜迪雅会说两种语言，她和外祖母说母语。

- 妈妈说她小时候非常害羞，而且在她们移居英国期间非常焦虑，她形容娜迪雅的爸爸有很强的个性和社交羞怯。

干预

- 对家庭和学校进行 SM 教育。
- 与遗尿诊所的医生和健康巡视员保持联络，以解决尿路感染问题。
- 与家长会面，讨论行为管理策略和限制设定的一致性。
- 用塑形技术促使娜迪雅与关键工作者说话——娜迪雅的新班主任很优秀，对 SM 有浓厚的兴趣，并教了娜迪雅两年。然后，使用渐入技术帮助娜迪雅与成人和其他孩子在学校说话。
- 一些针对娜迪雅的焦虑的个体干预。
- 偶尔的家庭干预活动，娜迪雅的祖母也会参与。

- 与儿童精神科医生召开评估会议，试用一段时期 SSRI 氟西汀，以缓解 11 岁左右上中学时的焦虑。

结果

- 娜迪雅取得了很好的进展，能与她的关键工作者交谈，并与更多的同学交谈。但是，当她进入 5 年级和 6 年级时，进展停止了，并且她会在早上拒绝上学。
- 然而，娜迪雅开始与学校以外不认识的人交谈，她从中学的重新开始中受益匮浅。
- 上了六个月的中学以后，她的缄默症问题完全解决了，除了对与她的 SM 阶段有关的三个人——SLT、妈妈最好的朋友和她最好朋友的妈妈还有持续的焦虑。然而，妈妈要求娜迪雅终止干预。
- 对情绪和行为问题的管理略微改善。

作者的评论

- 全方位的父母访谈引出了非常有用的评估信息，这对于了解娜迪雅病情的历史复杂性至关重要。总而言之，娜迪雅有 SM、家庭中的行为问题、如厕和泌尿问题，还有在移民、丧失和压力、家庭焦虑、控制和不一致的养育方式，以及家庭重建的挣扎背景下的情感问题。
- 事后看来，干预可以更多地侧重于娜迪雅的焦虑，帮助父母了解她的说话、分离、睡眠和如厕等各种困难之间的关系。
- 令人遗憾的是，尽管关键工作者试图移交工作，但 5 年级和 6 年级的学校工作人员没有做好准备向娜迪雅提供她所需要的帮助。
- 由重建生活的努力所驱动，她的父母有繁重的工作，若非如此，对娜迪雅的干预可能更有效，且可能会在更短的时间内完成。
- 妈妈不清楚药物的作用，在三个月后决定让娜迪雅停止使用。

7. 丽莎（15 岁 10 个月）

背景

- 丽莎因为一般的语言延迟和不愿意说话，最初在 2 岁 10 个月时被转介做言语和语言治疗。丽莎在 6 岁 3 个月时退出治疗，虽然仍有"不成熟的说话能力"问题，但被认为这与她较慢的学习速度相符（教育心理学评估的结论）。

- 丽莎带着中度学习困难（MLD）和阅读障碍的特殊需求声明上了一所普通中学。她对上学非常不满，所以在辅导老师的支持下她只上半天学，并接受 6 个小时的家庭辅导。所有的体育活动她都不参加。

- 15 岁时她自行到她的医生那里就诊，由于严重的自卑情绪、缺乏自信、紧张抽搐（头颈部）和极端有限的鼻腔发音，她的医生将丽莎转介给私营部门的临床心理学家（CP）。

- 针对社交焦虑、低自我价值和消极（扭曲的）体象，丽莎和 CP 进行了四次 CBT 治疗。CP 认为丽莎的自信和社交表达将从 SLT 改善她的发音中受益。

- 丽莎被转介给面向成人的 SLT 团队，他们评估丽莎除语言障碍外，还患有 SM。丽莎被转介给具有 SM 经验的儿科 SLT。

评估（在医院的成人语言治疗部门进行）

- 妈妈提供了大部分背景信息。丽莎在校内外有两个朋友（能正常互动），还有一个与她相处得很好的表姐，但她一般很难交到朋友。在家里，她的声音响亮而咄咄逼人，但因为她说得很快且模糊不清，经常让人难以理解。对一些老师和父母的朋友，她常常只最低限度地说话（用一到两个字回答）。这个时候，丽莎的抽搐已经消失了，但她在任何人面前都会立刻耸起肩膀、垂下头、握紧拳头，在亲密的家人和朋友面前除外。

- 丽莎表现出长期焦虑。她回答 SLT 的时候总是用不连贯的鼻音，回应前总是勉强地发出声音"嗯"，低着头，眼神接触非常有限，脸上是僵硬的微笑。当被要求模仿动作（为理解呼吸而做）时，她完全僵住，似乎是出现了呼吸困难。她不会发起对话或主动评论。

评估（在家中由具有 SM 经验的儿科 SLT 进行）

- 丽莎在妈妈的陪同下接受了两次评估。丽莎被要求用手指或手势回应，在她觉得舒服的情况下尽可能多地说话。信息收集显示，她在 8 岁的时候与老师之间发生了重大事件。丽莎放学后被留在学校一个小时，直到她拍手为止（她之前从未这样做过）。这导致了她蜷缩的身体姿势（这从未消失），而且在小学也不再说话。老师不得不向丽莎的父母承认她做过的事。

- 比起在学校上课，丽莎更喜欢家庭辅导课程，但她和妈妈都认为她的家庭老师令人生畏。丽莎感到非常尴尬的是，在学校，她的辅导员一直和她坐在一起，但丽莎知道如果没有辅导员在身边，她就无法应对。其他孩子过去曾嘲笑她，但这个问题不再出现，可是丽莎仍然感到难为情。

- 妈妈认为爸爸对丽莎能去上大学有不切实际的期待。当爸爸出差时，她和两个女儿感觉更放松。

- 使用评定量表和排序以建立丽莎对她的情况和优先事项的感知（第 5 章）。丽莎较为放松时，用句子回答，没有鼻音。由于"嗯"的声音太大、节奏和语调不佳、一些元音变形、发音速度较慢以及发音清晰度较差，丽莎说话的可理解性很差。她在朗读时语调平坦，在时间的把握上也很差。她无法控制语音音高，但能够对音量有一定控制。她全身的协调性很差。所有这些都符合发音障碍的诊断，并可能是发展性协调障碍（DCD）。

- 在评估期间，丽莎写下了她的五个愿望，并将其列为优先事项。

1. 说得更清楚；

2. 更少害羞；

3. 不再担心说话；

4. 对我的外表感到满意；

5. 更好地适应学校。

- 使用焦点解决方法（参见第 5 章），SLT 帮助丽莎将优先事项 2 和 3 转换
  为可衡量的目标，例如：

SLT ：“你怎样的表现会让你知道你不那么害羞了？”丽莎：“我会看起来更
自然。”

SLT ：“所以你想要有良好的目光接触和姿势？”丽莎：“是的。”

SLT ：“当你担心你所说的话时，你在想什么？”丽莎：“人们会听不懂我说
什么。我不得不重复一遍。”

SLT ：“你怎样的表现会让你知道你不那么担心了？”丽莎：“我会说话。”

SLT ：“所以你想参与更多，而不用担心必要时重复自己的话？”丽莎：“是的。”

干预

- 解释回避循环和恐惧症（第 5 章），焦虑对家庭作业的影响，重塑无益思
  维（发挥 CBT 的影响力），通过一步步地面对恐惧来减少焦虑。

- 10 次干预活动，每次至少持续一个小时，历时超过 8 个月。活动内容为
  朗读（暂停，硬接触）、谈话以及提供关于她的姿势和电话使用（音量、
  清晰度、姿势）情况的诚实反馈，重点关注家里的优先事项 1 和 2。由于
  DCD，放松工作非常困难——它似乎只会让事情变得更糟。

- 然后处理优先事项 3，目标是在商店、咖啡馆和快餐店说话（第 9 章）。
  丽莎现在有积极的心态，她相信，如果她不得不重复一遍，人们总会在
  第二遍时听明白她的话。实践活动每两到六周进行一次，与学校假期相
  契合。

- 在社区阶段，丽莎认识了一个当地的男孩。她从即时通信发展到网络视

频聊天，最后在家里和男孩面对面交谈。在 16 岁 8 个月大的时候，她宣布她有了男朋友，这似乎实现了优先事项 4。男孩在支持丽莎的社区方案方面发挥了重要作用，并在丽莎 16 岁 11 个月时上大学后，接手了 SLT 的"实践"活动。

- 通过帮助丽莎与家庭老师断绝关系来解决优先事项 5 的问题，因为家庭教师没有帮助解决这一问题，没有谨慎地帮她过渡到大学。

- 丽莎上了大学之后，SLT 仍然参与其中，但是因距离遥远，一学期只会面一次。

结果

- 几乎一进入大学，丽莎就开始结交新朋友、购物、点餐，并主动打电话（例如预约做头发、寻找兼职工作）。

- 随着丽莎变得更加自信和健谈，她说话变得更着急，貌似发展成了口吃。她的 SLT 征求其他专家的意见，被告知她的情况更像是语言混乱而不是口吃。丽莎和 SLT 讨论了整体协调性差对她说话的影响，并要求她有意识地放慢语速。

- 一年后，丽莎通过了驾驶考试，暂时离开家到另一地区上大学。尽管很明显，她和陌生人在一起时仍然会感到紧张，并且在这些时候很难控制呼吸和语音，但她相信"现在一切都会好起来的"。值得注意的是，她现在认为她的困难是她可以处理的，而不是逃避的理由。

- SLT 在她 18 岁时停止了治疗，但偶尔仍然会在网上与她聊天。

- 20 岁时，丽莎因为口吃被要求再次转介到成人语言治疗部门参加了四次治疗，她觉得很有帮助。看起来，她能比年轻时更好地适应放松技巧。

作者的评论

- 此案例显示了几种与年轻人接近、评估和吸引他们的有用技术（参见第 5 章）。

- 言语意识在丽莎的 SM 上发挥了重要作用，这一点在她的优先列表中得到了证实。因此，SLT 最初决定将重点放在言语产生上，但在长期焦虑和害怕说话的背景下管理这一点至关重要。

- 所有干预活动（除大学联络和社区目标外）都在家进行。对于一些专业人士来说，这可能是无法实现的，但毫无疑问，这有助于丽莎放松和接受治疗。

- 在大学二年级之后，丽莎在大学获得了一席之地，表明早期的评估结果受到了焦虑的负面影响。显然，她没有中度的学习困难，她父亲的期望并非不切实际！

8. 桑德（16 岁）

这个例子描述了一项在挪威的干预，主要是通过一位家长向本书作者之一提供电子邮件反馈进行的。

背景

- 桑德从 2 岁起就没有真正开口说过话。大约 4 岁时，他在幼儿园里不和成年人及不熟悉的孩子说话，他的父母开始担忧。6 岁时，他唯一交谈的成年人是他的父母，但他在休息时间会说话、玩耍和自由活动。

- 转介给专科医生得出的结论是，他有广泛性焦虑，但没有 SM，因为 SM 孩子"不与任何人说话"。

- 除了书写和绘画技巧外，桑德没有其他问题。用妈妈的话说："除了大声说话之外，没有分离焦虑和任何其他焦虑迹象；他在放学后和课间休息时非常喜欢社交；总是有朋友来拜访我们，因为他无法与朋友的父母说话，所以更喜欢在我们家和朋友玩"。

- 桑德大约 10 岁时，他的妈妈向人求助，被告知："不用担心，他长大自

　　然会好，现在只是害羞。"

- 一年后，专科医生将他诊断为 SM。但是，尽管如此，老师们仍认为他是"懒惰"和"缺乏动力"。这时，桑德放弃了他早先曾经挣扎着努力学习的数学，说自己"就是愚蠢"。

- 15 岁时，桑德会和六七个同龄人以及他的英语老师说话（他最喜欢的科目是英语，和不同的同学一起上课）。在家里，他越来越孤立自己，但积极参与社交媒体和网络游戏。他开始在网上和一位丹麦网友以及一位英国网友交谈。

- 也是在 15 岁时，桑德被转介给治疗师——一位心理学家。桑德最初每周见她一次，后来隔周见一次。

- 16 岁时，妈妈非常担心，因为桑德几乎放弃了。他不能和他的祖父母说话，和他的治疗师没有取得任何进展，也没有得到学校的帮助。

- 妈妈通过电子邮件与本书作者之一联系，征求意见。五年前她曾经观看了这位作者的电视节目，并购买了一本《选择性缄默症资源手册》。

干预

- 建议妈妈和桑德在 YouTube 上观看萨基·戈拉克希迪思（Saki Galaxidis）的视频（一个 22 岁的青年人，谈论他从 SM 中康复的经历）（参见附录 F）。

- 妈妈还从 SMIRA 那里得到了《沉默的孩子》DVD 并和桑德一起观看。妈妈评论说，了解其他患有同样病症的人是非常重要的。当然，还要了解它是否有可能被克服。

- 妈妈还被建议参加由作者主持的大龄儿童 SM 培训日。一个月后，她参加了培训日课程。

- 课程结束一周后，妈妈发来电子邮件："我告诉儿子渐入技术，他完全接受！'是的，妈妈，我知道我能做这个。'这是那个本来已经放弃的男孩，因为他'不想要任何帮助'！我的儿子第一次在与他的治疗师会面后开始说话。我们一关上门，他便开始说话了。这从未发生过！他总是等到我们回到车里，才再次开始说话。我确实看到了他的变化。他是如此积极和乐观，所以现在是我们走出沉默的最好时机。"

- 再过一周，妈妈写道："伦敦之行已经得到了回报！我们开始使用渐入技术渐入我妈妈，我们玩得很开心！我们使用了报数和数日子。今天我下班回家时，儿子的祖父在这里，儿子用句子回答了他的问题！而且我注意到，他在家里说得更多了（就像萨基建议的）。为什么我没早几年就这样做？我在 2009 年买了《选择性缄默症资源手册》，并且也读了一遍，但是我花了很多力气试图让学校应用你的渐入技术（学校和治疗师都不愿做），我看不到清晰的目标。没有干预，只是挣扎。"

- 三周后，妈妈写道：桑德已经换了一个新的治疗师，将在大约 10 周以后，从他在新学校上学（8 月）开始进行治疗。

- 与此同时，他们继续努力渐入治疗，并取得良好进展——例如在帮助祖父母搬家时聊天。妈妈说："渐入技术太棒了！我的儿子实现了如此多的目标！"

- 妈妈使用排序法帮助桑德优先考虑两个目标——去购物并保持身体健康（参见第 5 章）；以及一个测验游戏，以便他与祖父母进行更深入的交谈。

- 在新学校的第一天，妈妈向学校工作人员提供了 SM 的相关信息，以及孩子可能从中受益的事项。她告诉我们："他所有的新老师都在那里——因为他们想尽一切努力使他有个良好的开端。对我来说，这是全新的经验，老师想要学习和倾听！我借给他们我的 SMIRA DVD——他们很想尽快看完。这以前从来没有发生过！"

- 妈妈描述了桑德在新学校的前两周："他的焦虑程度比在以往任何经历中都要高，但他还是继续上学。第三周，我看到了他的不同之处——他笑得更多了，他告诉我关于学校和新科目的事情，总的来说，他看起来更快乐了。他告诉我，在他进入新学校的头几个星期里，他完全是恐慌的，后来情况就好多了。他在一次测试中甚至得到了 6 分（与 "A" 相同）。

- 这家人还养了一只狗。就养狗桑德曾经向妈妈请求了一段时间，他向妈妈承诺会遛狗，这样他就每天都要出门，也许还会和陌生人说话——他确实做到了。

- 这位新治疗师是一个社会工作者，她有缄默症的知识，有与 SM 儿童和青少年工作的经验。她告诉妈妈，桑德已经在治疗方面取得了一些重大进步。她也有一只狗，所以他们在外面不同的地方会面，桑德可以在她面前跟妈妈说话。

- 在新学年的早期，桑德不得不做他的前治疗师要求的一些测试。对语言的评估是非口语式的，并且他的分数高于他的年龄组，除此之外，其他测试的结果十分糟糕。这位心理学家说，桑德永远无法独自生活、接受教育或工作。妈妈不相信这个结果。她让爸爸查看桑德在学校的表现，他们听到了 "嗯，他做得很好！他甚至在别人听不到的情况下与一些学生和老师讲话，他会做他被告知要做的事情，他与其他学生没什么不同。唯一的问题是，老师希望他在课堂上知道答案时举手。"

- 妈妈总结说："他在学校的一切都不错，他坐公共汽车，他甚至和其他学生一起去商店，他在遛狗，他有动力去接受治疗，他在 Facebook 上找到了几个新朋友，他在家里说的话多起来——我看到一个快乐的少年。" 新治疗师对测试结果的分析安慰了她，新治疗师指出，事实是心理学家以前从未对任何患有 SM 的人进行测试，测试的环境和经验的缺乏可能会影响测试结果。

- 一个月后，桑德开始与邻居和姨妈说话："那天他和她说的话比他 16 年来说的加起来还要多。他还在学校进行了小组演示——在全班学生面前！"

结果（进入新学校后 10 周）

- 妈妈报告了桑德的老师对他的评论："他做得非常好！他的成绩很好——

大多数科目是平均水平，有些科目高于平均水平！最重要的是，他真的是班级的一员，他们无法分辨他与别人的区别。他能笑着说话，甚至在本周早些时候做了一件与众不同的事情。他们班要进行一个团队展示，我儿子主动领导了那个团队，突然在全班面前开始说话。他就是他的小组中报告的那个人。当然，其他三个学生也报告了，但没有我儿子说得多！"

- 妈妈只报告了一个问题（还有他的焦虑需要一些持续帮助）。桑德没有和一组 10 名有一些身体上或是精神上的困难的学生一起参加体操表演。如果他不加入这个小组，他们就无法在这个课程上给他打分（桑德观看并熟悉了体育课所需的内容，但不希望在课程进行到中间的时候参加。他在第二年全程参加了）。

作者的评论

- 令人遗憾的是，这个例子在很多情况下说明了人们对 SM 的无知所带来的影响，导致转介以及对他的情况恰当的识别和干预的延迟，以致桑德的情况恶化。
- 它显示在给予父母正确的建议之后他们可以做多少事。这是一个很好的例子，一个人参加适当的培训课程，并真正理解和实践课程内容。
- 桑德真正的转折点是理解缄默症是一个可以通过有逻辑、有条理的方式克服的恐惧症。
- 新学校的态度最有帮助——否则这会是一个挫折。
- 桑德很幸运地找到了一位有缄默症经验的治疗师。尽管他的母亲已经很好地管理了他的康复情况，但她发现，有一个志同道合的专业人士参与是一种巨大的支持和安慰。

第15章

向经历过选择性缄默症的人学习

引言

本章着眼于 SM 成人的生活故事，这些人在童年时曾患有 SM，有的甚至在进入成年后仍然患有 SM。他们回答了以下一系列问题：

- SM 开始时他们的年龄
- 他们无法与所有人充分、自由交谈的最早记忆
- 他们何时以及如何意识到自己患有 SM
- 他们认为是什么导致了他们的 SM
- 他们小时候是否有其他困难
- 他们无法轻松说话的经历
- 谁、什么帮助了他们，以及如何帮助他们
- 哪些策略和态度没有帮助
- 他们是否已经完全克服了他们的 SM，还是仍受其影响

我们非常感谢我们的分享者为这一章所付出的时间和心思，特别要记住，对某些人来说，它带来了相当痛苦的回忆。虽然我们不得不缩短一些叙述，但我们保证让每个人用他们自己的话说出自己的故事。显然，他们的经历和解释不同。但我们确信你会从最了解 SM 的人的经验中找到兴趣、鼓励和一些非常有用的建议。

在本章的最后，我们补充了我们的意见：其中一些是通用的，另一些与故事中的观点有关，以星号^(*)标示。你可能更愿意先查看作者的评论部分。

本章的撰稿人是玛丽亚（19岁）、凯蒂（26岁）、雷切尔（33岁）、卡尔（45岁）、萨拉－简（50岁）和薇薇安（55岁）。他们自己选择是否使用真实姓名。

玛丽亚（19岁）

SM 开始时的年龄

记得大约四五岁，我刚开始去学校时，我第一次意识到 SM 这个问题。但它肯定在更早的时候就开始了，因为当时我无法与我的外婆和我的爷爷说话。^(*)

无法与所有人充分、自由交谈的最早记忆

我不能说话的最早记忆是我上小学的时候。为了举办一场大型聚会，我的老师（A 小姐）诱哄我说"手套"。尽管我非常想说，可我就是说不出来。巨大的压力把我吓坏了，几乎让我昏过去。

我记得在奶奶和爷爷家，我唯一能交谈的人就是奶奶。我不得不关上门，这样爷爷就不能听见我说话了。

何时以及如何意识到自己患有 SM

小时候我一直很害羞，但我想我太小了，不能明白我患有 SM。直到我长大了，我的言语治疗师才让我对 SM 有了更多了解；当我一步步克服它时，我学到了更多 SM 的成因以及人们为什么会患上 SM。

是什么导致了我的 SM

至今我仍然不确定是什么导致了我的 SM。我能想到的唯一可能性是，我的弟弟在家里搞出很多麻烦，也许他的愤怒和行为使我感到震惊。

小时候是否有其他困难

没有。

无法轻松说话的经历

在上小学的时候，我的一些老师曾经让我在点到我的名字时说"是"。这让我感到非常不舒服，因为我知道自己本可以用其他方式与老师沟通，比如举手。

我记得的另一件事是我经常被班上的孩子询问，为什么我会那样，为什么我不能说话。这让我感到非常大的压力，很烦躁。

谁、什么帮助了我，以及如何帮助我

我的言语治疗师对我帮助很大。她过去常常到学校看我，帮我和一个助教聊天，这位助教每周都带着一个小组进行活动，我们经常做不同的游戏和任务。这对我有很大的帮助，因为做我喜欢的事情使我获得信心，并且让班上的人对我为什么是这样的更加了解。老师画了一个生日蛋糕，每当我和一个新的孩子说话时，他们都会把自己的名字写在纸蜡烛上，然后把它贴在蛋糕上。

我记得我的言语治疗师曾经用过一个策略来帮助我和我的祖父母交谈，她会把我的几个家庭成员组织在一起，并让他们在我每次说话时都更靠近一步。

受到我的言语治疗师和学校的表扬（当我的"生日蛋糕"满是蜡烛时，每个人都鼓掌；当我第一次在集会上唱歌时，我得到了一张证书）帮助了我很多。这让我觉得自己重新找回了信心，可以把事情做好。

哪些策略和态度没有帮助

在我更小的时候我看过另外两个言语治疗师，他们都退出了。(*)这让我觉得我所取得的进步是在浪费时间，因为我从来没有完全恢复信心。

一直被朋友们逼着说话也无济于事。这使我更不想说话了。

我是否完全克服了我的 SM

在 6 年级结束时我就好了，那时我大约 10 岁或 11 岁。在中学没有出现任何问题。我会说我完全克服了我的 SM。如果陌生人在街上问我现在是什么时间，我会很乐意和他们说话。我在大学学习艺术，有一份兼职工作，也有社交生活，所以 SM 没有耽误我。

凯蒂（26 岁）

SM 开始时的年龄

我认为我天生如此，而且情况随着年龄的增长变得更糟，症状更明显。我的母亲回忆说，我比其他孩子更矜持，她注意到我刚开始上学时身体会僵住，也会变得沉默不语。

无法与所有人充分、自由交谈的最早记忆

从记事时开始，我就不能像其他人那样说话。在我最早的学校记忆中，我记得我太害怕而不能在课堂上举手，或者跟我旁边的人说话。我甚至不能离开我的座位！在小学，我有几个朋友，如果周围安静的话，我可以在学校和他们说话。但是，在我搬家，开始上新学校后，我就不能和任何人说话了。

何时以及如何意识到自己患有 SM

我知道我与众不同，我有问题，但我认为我是唯一一个经历过我所遭受的痛苦的人，这让我感到非常孤独。在我大约 10 岁的时候，一位老师说我患有 SM，但是直到我上 8 年级的时候，也就是大约 12 岁时，我才看了一位言语治疗师且得到"确诊"。就在那时，我无意中遇到了 SMIRA（选择性缄默症信息和研究协会）。

什么导致了我的 SM

有些人认为 SM 是由某种创伤引起的，但我觉得自己不属于这种情况。我认为部分原因是遗传的，因为我的家人也非常害羞。我认为这部分取决于我的本性，但也可能是由于难产引发的。

小时候是否有其他困难

没有。

无法轻松说话的经历

上学对我来说真的很难，我每天都害怕上学。实际上，我并没有一次特别糟糕的经历，只是有很多我已经习惯的日常经历。我总是独自一人，在小组任务中我总是最后一个被选中，如果他们不得不和我一起做事，他们总是会小题大做。他们会就像我不在那里一样地谈论我，好像我是一个负担一样地对待我。例如，他们如果和我搭档就会抱怨，或者当我们组里有三个人再加我的时候，他们会说"我们小组中只有三个人"。

老师们甚至偶尔也会加入，告诉我，我让所有人失望了，人们很难与我合作。有时候，学校里的其他孩子会拿走属于我的东西，或者对我很无礼，他们知道我不会告诉任何人。(*) 在课堂上我也很沮丧，知道问题的答案而不能举手告诉老师，无法要求新的练习册，也无法要求上厕所。

谁、什么帮助了我，以及如何帮助我

来自其他人的积极态度让一切变得不同。即使这并没有让我开始说话，但有对我好的人，让我参与活动，接纳我，在他们周围我感到更快乐、更舒服。我不确定是否有任何特定的有效策略。我想如果我在更小的时候被诊断出 SM，情况可能会有所不同，但当我知道问题出在哪里的时候，我感觉有点太晚了。

那时候我非常孤独和迷茫，不知道我有什么问题，不知道如何解决它。我

从来没有见过任何人和我有同样的遭遇，也无法与任何人在这样的遭遇上产生联系，直到我无意中发现了 SMIRA。我第一次觉得自己融入了群体，并成为其中一员。人们想要认识我，接纳我，听听我的经历，我觉得自己有用，这一次我被接受了。

SMIRA 向我介绍了多种不同的技术，我可以用这些技术让自己变得更容易说话，也可以让我和有同样经历的人交流。我不再感到羞耻，也不再觉得自己是个失败的人。尽管我的 SM 并没有因为找到了 SMIRA 而得到治愈，但 SMIRA 让我觉得一切都会好起来，这可能在我克服 SM 的过程中给了我帮助。它也帮助我的家人和学校更了解我的情况。

哪些策略和态度没有帮助

诱哄或对我施加任何压力都无济于事。如果我觉得人们试图强迫我说话，我只会感到更加孤立、烦躁和被误解。在某种程度上，这让我根本不想说话。很多人似乎低估了我说话的难度，并且一直说"说话吧"，这令我非常沮丧。

我是否完全克服了我的 SM

在我 18 岁开始上大学时，我已能够畅所欲言，但我仍然非常害羞。我想我在那之前就已经准备好开始说话了，但是，因为我很长时间没有在学校讲话，所以很难突破。(*) 我在大学时很好，但几个月后，在我开始我的第一份正式工作时，我感到恐慌，并害怕上班。

我感到非常焦虑、害羞和敏感，这让我想起了我在学校时的感受。我去看了医生，他给了我一些 β - 受体阻滞剂，我也看了认知催眠治疗师。

我认为 SM 影响了我大部分的童年时间，还有人们对待我的方式，甚至可能影响了我的自信。然而，我现在很自信，也不那么焦虑了，并且觉得随着年龄的增长，我会越来越自信。我天生很内向，认为害羞和安静可能是我个性的一部分，而不是 SM 的副作用。我觉得我并没有受到太大的影响。

雷切尔（33 岁）

SM 开始时的年龄

在我 3 岁生日前，我开始参加游戏小组。当没有成年人在场时，我会和其他孩子交谈，但如果我知道附近有成年人，我会拒绝^(*)讲话。当我开始上学的时候，我拒绝^(*)说话。我在上学路上会跟妈妈说话，但是当我们接近学校时，我就会僵住。

无法与所有人充分、自由交谈的最早记忆

我最早的记忆可能是从小学一年级开始，那时我不会^(*)在课堂上给老师朗读，所以我会事先录下我的朗读，然后和老师坐在一起，随着录音的播放，指点页面上的文字。

何时以及如何意识到自己患有 SM

在我大约 6 岁的时候，妈妈给一本育儿杂志写了封信，并被他们发表了。爱丽丝·思卢金（Alice Sluckin，SMIRA 的创始人）阅读了这篇文章并回复了信件。这封信导致了我的诊断。

是什么导致了我的 SM

我真的不知道。我觉得我很害羞，但也不是特别害羞。我现在意识到我父亲患有焦虑症，但我不知道那是否会对此有影响。没有什么特别的生活事件可能导致我突然停止说话。

小时候是否有其他困难

就我所知，没有！

无法轻松说话的经历

最令人担心的一次经历可能是我在学校的操场上磕破了头。那时我大约 7

岁左右。无论多么痛苦,我都不会哭,所以我全憋在心里。我的头在流血,但是我不会告诉他们我祖父母的联系方式,让他们来学校接我(由于某种原因,妈妈在那天联系不上)。最后,他们让一个朋友坐下来陪我,我在电话簿上找到了祖父母的名字并指了出来。

其他困难情况的例子

- 我是近视,但无法告诉任何人我看不见黑板……请注意,我不确定如果我读不出这些字母,他们将如何进行眼部测试!
- 我讨厌去看牙医。我会拒绝^(*)张开嘴,并绝对不会说"啊"。
- 我在学校的集会上尿裤子,因为我不敢要求上厕所。

谁、什么帮助了我,以及如何帮助我

我的老师给了我一些卡片,上面写着有用的短语,例如"我可以去厕所吗"。我不确定这长期来说是否特别有帮助,因为它让我不说话就能应对日常生活,但它确实在短期内使生活更轻松了。一个好处是,它使我更像其他正常的孩子,我的沉默并没有让我完全与众不同。

在我七八岁的时候,我有一位很棒的老师,她让我参与演出一个不说话的角色。她让妈妈在图书馆和我以及一小群朋友一起读书,我开始在一个没有威胁的环境下与他们一起阅读。之后我能在教室里读给妈妈听,而我的老师假装没在听。随着时间的推移,我的声音不再那么低,我终于能够读书给老师听了。最后,我在整个学校集会时读了我的作文,这让其他老师难以置信。

"从 1 到 10 评分,有多可怕?"这是妈妈使用的策略(我想这是基于我们看到的一位心理学家的建议)。如果我对即将发生的事情感到焦虑,我们会讨论它有多可怕,从 1 分到 10 分进行评分,然后试着把焦虑合理化。如果我设法完成了这项任务,下次遇到困难的时候,妈妈就会回顾之前我说那个挑战是多么可怕,并提醒我,无论如何我仍然设法做到了,后来它似乎就不那么可怕了。

我的沮丧也帮助我打破沉默。我开始看到其他孩子在我之前被挑选出来完成任务，这些任务我知道我可以做得更好。我唯一一次偶然发言是在我即将克服 SM 时。当朋友做错事的时候，我脱口而出"不，不是那样"。我开始意识到不说话阻碍了我的发展，我并不想这样。

哪些策略和态度没有帮助

- 让我处于人们试图让我说话的情境中。我会觉得自己陷入了困境，焦虑不安，在那种情况下，他们无法让我说出任何话。
- 给我贴上不说话的标签。即使我确实觉得自己足够勇敢，我也没有机会开口了。

承认自己不想说话在某种程度上对我有所帮助，但给自己贴上不会说话的标签却没有任何帮助。"雷切尔此刻不说话"和"雷切尔不说话"的差异是微妙的，但它对人们对待我的方式产生了巨大的影响。重要的是，如果我想要说话，我就有机会说话（不会吸引过多的关注），但同样重要的是，我也可以不说话。将我称为"不说话的女孩"绝对没有帮助，因为这给了我类似不受欢迎的名人身份。

我是否完全克服了我的 SM

在学校打破沉默之后，我没有回头。我从来都不是第一个在课堂上举手回答问题的人，我可能只在我非常有信心知道正确答案的时候才举手。我在小学的最后一年获得了女生代表的职位，在一定程度上代表学校。

我继续做志愿者的工作，包括在有成人在场的会议上发言，并获得领导能力证书。我不认为我特别喜欢做演讲，但我认为很多人都不喜欢！

我现在有两个孩子，经营着我们的乡村幼儿小组。我也在教区委员会，工作涉及一定的公开演讲。从很多方面来说，我认为 SM 的挑战赋予了我力量，因为我设法克服了一种主要的焦虑，相比之下，我所有的其他焦虑似乎都无关紧要！

卡尔（45 岁）

SM 开始时的年龄

我相信 SM 是我与生俱来的一部分。因此，我相信，对于许多在焦虑或被审视时变得沉默寡言的孩子来说，做出类似 SM 的行为是完全正常的。因此，我不认为我的 SM 有一个开始，应该说它从未消退。随着年龄的增长，我的 SM 与我的情感越来越交织在一起。[*]

无法与所有人充分、自由交谈的最早记忆

回想起我的幼年时代，在某些情况下，缄默对我来说是完全正常的行为。作为一个孩子，我的阿姨、叔叔和祖父母从未听过我说话。我的祖父母在他们去世前从未听过我说话。我记得很小的时候我就保持沉默，当母亲的朋友们看着我时，他们读到了我脸上的意图，说"他所有的想法都装在心里。"

何时以及如何意识到自己患有 SM

我小时候很聪明，喜欢学习——特别是数学。我非常关注当下的生活，并不关心别人如何看待我。因此，直到我十几岁的时候，我才意识到我在说话方面有问题，尽管这是我行为的一部分。我是否在学校缄默，我几乎不记得了，因为这对我来说无关紧要。在 20 世纪七八十年代，学校对讲话的重视程度要低得多。

什么导致了我的 SM

我的家庭生活出现了一些问题，这些问题导致了我的 SM，再加上学校里的不当行为使我的 SM 情况更糟糕。

在我的童年时期，我的母亲有持久的心理健康问题。她经常无法忍受听到孩子的声音。因此，如果我发出一点声音，或者以某种方式查看，我就会受到惩罚；如果我不听她的话，我的父亲会用皮带威胁我。[*]需要说明的是，我一

点也不会因为母亲的心理健康问题而责怪她（事情本来就是这样）。但是，她的行为深深地影响了我。[*]

虽然现在不会再发生这样的事情（至少我希望不会），但我的沉默引起了老师的怀疑——而且，在没有任何警告的情况下，我不得不接受一项非常有侵入性的检查，以寻找在幼儿学校遭受性虐待的迹象。我的父母不知道，我没有告诉任何人发生的事情。多年来，这让我对自己感到非常羞愧，事后看来，这件事让我的 SM 情况变得更糟糕。[*]

十几岁时，我的母亲和父亲离婚了，我的继父搬进了家——一个我无法与之交谈的人。我的母亲和继父经常大声争吵，有时甚至暴力相向。特别是在他们刚刚开始交往时，我也经常受到暴力威胁。十年来，我在家里完全保持缄默，感觉无处可逃。与大多数 SM 青少年相比，我过着完全相反的双重生活：从 6 年级开始直到大学，我在学校说话，而在家里一直缄默。

小时候是否有其他困难

我在童年期患有抑郁症，并且至今仍受影响。然而，我并不觉得我特别焦虑。有很多时候（例如和陌生人在一起的时候，当我离开父母的时候），我可以说话。事实上，在不受管束时，我口若悬河，会大声说话，很外向，自己完全做主。在我看来，我不认为 SM 是一种"焦虑障碍"；相反，我认为它是条件反射和情感问题的混合物。

无法轻松说话的经历

最糟糕的经历实际上是我的第一次大学毕业典礼。在很长一段时间里，我过着双重生活，在一种情况下说话而在另一种情况下不说话。那时，我 SM 的选择性部分实际上是在城市之间。在伦敦，我通常可以说话，虽然有一些例外——当人们以某种模糊的方式让我想起我父母或我家庭的情况时。我尤其不能与我的伙伴交谈。在我的家乡，我是缄默的。

毕业典礼那天，我试图保守我 SM 的秘密。这让我深感惭愧。我不能容忍我的母亲或父亲知道我可以在大学说话，我不能容忍我在大学的朋友知道我不能在家里说话。我让这两个群体的人分开，让一个群体与另一个群体彼此远离。那天之后，我故意与朋友们失去联系，保持着 100% 的缄默，直到我开始攻读博士学位。正是在这个阶段，我的心理健康问题变得更加严重。

谁、什么帮助了我，以及如何帮助我

我相信，打破 SM 的唯一方法就是让自己遭受如此之多的痛苦，以至于我再也无法忍受，不得不开口说话。我又在另一个城市开始攻读博士学位，故意把自己与所有人隔离开来，这样我就可以（以某种方式）说话了。在遭受痛苦之后，我精神崩溃了。一位出色的精神病学家帮助了我，他没有对我进行心理治疗，仅仅给我开了一种最近上市的 SSRI（帕罗西汀）。

然后，我跟妈妈说话了，事实上，是她想出了这个策略来帮助我。她指着书（由凯瑟琳·库克森写的《我们的约翰·威利》一书）中的文字，我用耳语讲给她听。在一天左右之后，我设法提高了我的音量。(*) 几天后，我第一次跟我的继父说话。几个星期之后，我加入了一个业余戏剧社团，并出现在戏剧舞台上表演（《音乐之声》），只是为了向自己证明我已经克服了 SM。

在身心遭受如此折磨之后，我继续学业并取得了博士学位。这是一个巨大的情感上的、不那么学术的成就。

哪些策略和态度没有帮助

最没有帮助的策略或态度是在学校进行的不恰当的、侵入性的审查。一直到 20 多岁，我从未听说过 SM（在那个阶段，它仍然被称为"elective mutism"）。我的 SM 模式与标准模式相反，在家里缄默，所以在很多方面，它完全被隐藏了。因此，没有人试图使用任何策略帮助我。

我是否完全克服了我的 SM

在我开始和我的母亲和继父说话之后的几年里，我相信我已经克服了 SM。然而，在经历了大学生活之后，我仍然感受到压力的影响，我必须对自己做些什么才能再次说话——孤立自己，故意使自己身体不适。虽然没有确诊，但我很清楚我患有创伤后应激障碍（PTSD）。

令人遗憾的是，现在仍然有同样的诱发因素，在被触发时我仍然变得缄默——尤其是在伴侣和其他亲属身边时。我仍然对我能和谁说话以及不能和谁说话有自己的规则（一向如此）。因为没有针对 SM 成人患者的治疗支持，所以我的余生都将与它为伴。

萨拉 - 简（50 岁）

SM 开始时的年龄

从我记事起，我不记得有什么时候我可以毫无顾忌地畅所欲言，一想到要开口说话就会产生恐惧感。在此之前我没有任何关于我的语言发展的信息，但是我确实清晰地记得我在大约四岁开始上学时，整天除了说"是"或"否"或点头之外，不会说其他的话。

无法与所有人充分、自由交谈的最早记忆

我的记忆包括：孤独感和离群感，感觉自己是多余的，当不得不说话时感到恐惧，身体上感到瘫痪和僵住。我还牢牢记得，我经常会做一些我不想做的事情，错过我真正想做的事情。

何时以及如何意识到自己患有 SM

大约五年前，在我四十多岁的时候，我无意中发现了"选择性缄默症"一词，当时我正在接受神经发育延迟专业人员的再培训。在关于保留的莫罗反射

（新生儿的惊跳反射）和恐惧瘫痪的讲座中，涉及一个描述，即莫罗反射可能对人产生生理影响，这是一个开悟的时刻。

我认识到自己一直处于"红色警戒"状态的症状和感觉，肌肉的紧张，难以改变和做出决定，自卑，有很强的不安全感和依赖感，喉部和咽部麻痹。

什么导致了我的 SM

围绕 SM 这一主题进行研究和阅读后，我认为导致我的 SM 的原因是综合性的。我是一个高度敏感的孩子，出生在一个非常混乱的家庭（我是五个孩子中最小的一个），家人常常误解我并经常以强硬、愤怒和不耐烦来回应我的 SM。因此，我感到自己被忽视、从未被倾听、不重要、不为人知。[*]

小时候是否有其他困难

从我很小的时候起，我的气质风格和我的直接照料者（主要是我神经质的母亲和酗酒的祖母）使用的育儿模式之间的"契合度"就是不健康的，我绝对存在依恋和信任问题，这种情况一直延伸到我的成年生活中。因此，虽然我不希望任何孩子患 SM，但我认为我童年的 SM 是对不愉快环境的一种健康反应。

无法轻松说话的经历

当我还是个孩子的时候，我曾被一个家庭成员和一个家庭外的成人性虐待，我从来没想过告诉任何人。我并不认为我很重要，应该受到保护。由于无法用语言表达我感到多么糟糕和害怕，我无法向任何人报告这件事。在某种程度上，我希望有人能弄清楚正在发生的事，并为我"说话"。[*]

谁、什么帮助了我，以及如何帮助我

首先，承认和理解我受 SM 之苦，并且我并不是个例。这是开始工作的平台，包括让我周围的人了解 SM 以及它如何影响人们的生活。

其次，有一个安全的地方开始说话——就我的情况而言，和我的治疗师在一起时是安全的，在我意识到我是一名 SM 患者之前，我已经和他会面大约一年了。我的治疗师的一个对 SM 有帮助的主要品质，是可以信任，让我不用担心她会评判我的沉默和我的难以开口，并且可能拒绝我。(*)

具体的帮助策略包括 EFT（情绪自由技术），该技术使用敲击身体特定的经络穴位，以及由神经生理心理学研究所（INPP）开发的运动方案，来克服我保留的莫罗反射的生理影响。结果，我第一次感到能够深呼吸，吸入的空气一直到我的胃部；不受身体紧张的影响；更能够使用眼神交流，在微笑时露出牙齿；并且说话时的恐惧感普遍减弱。

最后，我的个人康复经验告诉我，当我的胃"翻腾"时，我现在认识到这是一个信号，表明我想说些什么但是我在抑制说出来。在认识到这种感觉后，我通常能够有意识地克服对说话的焦虑。随着越来越多的练习，我说话变得越来越不假思索。

我还要补充一点，我生活中的一个临时解决方案是学习外语。我十几岁时去了墨西哥，六个月的时间里没有人期望我说他们的语言，我感觉到一种真正的休息。当我开始说西班牙语时，我绝对没有像说英语时那样焦虑。

哪些策略和态度没有帮助

与试图强迫我说话或期望我说话的人在一起没有帮助。

其他人出于对我的沉默的设想，例如挑衅、粗鲁、被宠坏了等，往往会采取某种惩戒措施。(*)这似乎是因为大多数人都很难理解，如果你没有可见的身体残疾，为什么你不能说话。

我是否完全克服了我的 SM

我想说的是，经过大约两年的治疗，在认识到 SM 存在一年后，我明显从 SM 中恢复了。之后又过了几年，说话对我来说几乎成了自然而然的事。我现在感到震惊，因为有时我觉得我有些话痨，而且我的声音似乎更大了——我周围的人对此也有积极的评论。

　　然而，绝对清楚的是，从我的经验来看，我觉得一个人永远也不能完全摆脱早期的损害（程序编制），但是可以识别它，并立即采取措施来控制它。有时我还是会僵住。当这种情况发生时，我并不恐慌——我停下来并承认它只是对我的 SM 的提醒，深呼吸（包括暂停），然后重新开始。我仍然需要见治疗师，以处理几十年来一直遭受 SM 的痛苦，这给我留下了很多要做的"工作"，特别是在人际关系和自尊方面。[*]

　　有趣的是，当我写下这些文字时，我可以看到我自由写作和表达自己的能力也受到了 SM 的阻碍，自由写作只是随着我现在的自由表达而发展起来的。[*]

　　虽然重新找到我的声音是一项艰苦的工作，但这绝对是值得的，因为对我而言，自由发言与我的身份及我是谁息息相关——那是我之前从未接触过的问题。

薇薇安（55 岁）

SM 开始时的年龄

　　很难精准地确定我的 SM 是什么时候开始的。3 岁的时候，我记得在我遇到陌生人（特别是男性）时我会躲在照料者身后。这种做法得到了容忍，不说话让我感觉很正常和舒适，我感到非常放松，因为我的照料者总是和我在一起。我没有意识到出了什么问题。[*]

无法与所有人充分、自由交谈的最早记忆

　　在大约四岁半开始上学时，我饱受分离焦虑的折磨。我还记得当时我感到非常害怕——惊慌失措。我对场景的转换（比如课间休息、为体育课做好准备，或者上台为学校排练戏剧）适应不良。

　　在这个年龄，第二个困难涉及我与母亲的新约会伴侣的互动。我既不能与

他有眼神接触，也不能和他说话，被视为有敌意。这成了许多冲突的原因。当他成为我的继父后，我几次遭到殴打。[*]从那一刻起，我认为自己是一个坏孩子。成年人从那时起对曾经看似自然和可接受的行为变得不满和愤怒。[*]

何时以及如何意识到自己患有 SM

四岁半时，我的第一次上学经历以及我与母亲的伴侣之间的困难，开始敲响警钟。我感到自己很不一样，很尴尬，但我真的不知道为什么会这样。又过了 40 年，我才遇到"选择性缄默症"这个词。

什么导致了自己的 SM

我的结论是，SM 通常存在很强的遗传倾向，而那些受影响的人更是有一组清晰可识别的共同特征。SM 跨越几代人，从父母传给孩子的情况（如我们家的案例）并不罕见。

小时候是否有其他困难

事实证明，僵住的反应对我来说是个问题，尤其是作为一个年幼的孩子（9 岁以下），在高度焦虑期间这一问题最严重。这也让我笨手笨脚，常常比不能说话更让我烦恼。

无法轻松说话的经历

6 岁的时候，班主任要我去校长办公室读书。最初，我感到宽慰，因为我没有遇到麻烦。在我以前的学校里，因为良好的阅读能力（尽管是默读），我一直受到称赞。可是让我非常恐惧的是，在校长办公室读书时我的喉咙突然感到一阵发紧，好像有人用手掐着我的脖子。

我拼命试图挤出一句话，但没办法说出来。我最终只勉强挤出了一个词，却是个错误的词，因为我找不到我读到哪儿了。与此同时，校长很生气，指责我拖延时间，因为我无法阅读。这件事让我深受创伤。如果我告诉我的父母，他们永远不会相信我，因为这毫无意义，听起来像是一个愚蠢的借口，所以我保守秘密。[*]

我在豪恩斯洛（伦敦）的学校像是地狱——人满为患，陈旧不堪，还有大量不会说英语的亚洲难民儿童涌入，因此，餐厅的女士常常对孩子动粗，而不是和他们说话。由于焦虑（而不是运动协调困难），我的身体以前所未有的方式变得僵硬。

午餐时间有严格的军队般的纪律，以便我们在 20 分钟内完成从洗手、吃饭到离开大厅的全过程。在上学后的两个星期内，我被一位餐厅的女士从后面狠狠地撞了一下，因为我僵住了，行动太过缓慢。

我被一位老师骂了一顿，因为我的脸僵住了，她觉得我在偷笑。我还被我的班主任提起来摇晃，因为一个男孩在她没注意的时候偷了我的铅笔，而她在我把笔拿回来时抓住了我。[*]

9 月，当我的同伴升入高年级时，我留级了。班主任告诉我，这是因为校长说我需要学习阅读。我感到非常沮丧，因为我失去了我的朋友，这导致我永远在学校落后。

谁、什么帮助了我，以及如何帮助我

我的最佳经历发生在我母亲再婚后。在我上当地小学之前，我遇到了 W 太太，她是学校的秘书。她对我上学非常乐观，并告诉我不要担心，因为她会照顾我。第一次课间休息时，W 太太把我介绍给了一群一起玩耍的女孩，她知道她们住在附近，并问我是否愿意加入她们（只要不是我主动发起，我那时可以和其他孩子交谈）。我们很快就成了朋友，在校内外一起玩。W 太太作为导师，有效地弥合了家庭与学校之间的差距。她的干预总是简短而轻松。

我的班主任老师也帮助过我，他确保我明白我必须做什么，并解释如何最好地开始做布置的作业，这有助于减轻我的焦虑。

哪些策略和态度没有帮助

对于我和我的女儿来说，一次性或基线测试都是非常有问题的。另一个毫无帮助的策略是在我 12 岁时，在一所新的中学留级——尽管我的考试成绩其实在年级中游。

我的老师说，这是为了让我获得信心。事实远非如此。在不知道我患 SM 的情况下，我将我所有的失败归咎于自己的性格，无论我多么努力，我都会失败。我恳求母亲说服学校让我和同龄人一起升学，但她受够了，对我很是恼怒。

我开始陷入深深的抑郁，最终到了再也无法上学的地步。我的父母认为我无故缺席，因为我没有身体不适。最后我躲在卧室里，而我与父母的关系也达到历史最低点。

我是否完全克服了自己的 SM

没有，我还没完全克服我的 SM。我设法赶上错过的资格测试，获得了"O"和"A"水平，然后在我年近 30 岁时获得了理学学位。但是，我相信如果人们没有把我的羞怯和缺乏信心作为对付我的武器，在获得最低限度的支持下，我可以在学校取得"O"级的成绩。在学校里不断的挫折和失败（本来都是可以避免的）影响了我作为一个成年人的信心。

在 20 多岁时，我似乎从 SM 中得到一定程度的自然缓解。我现在可以在大多数日常情况下讲话，但也有例外，包括在频繁对话的小组中发言。这在大学课程中尤其有问题，因为学校期望学生能够清晰地表达并且能够很好地探索和讨论想法和概念。我一直觉得自己无法加入志愿者协会和学生组织，如学生会。

我发现即使我知道答案，在现场被提问的时候我也无法回答，这使得口试成为一种折磨，无论是在大学，还是在我求职面试中。我发现求职面试对我来说简直是惩罚（我面试了大约 50 次才找到第一份工作）。无论多么努力，我仍然沉默寡言。而且，在极度焦虑的时候，我仍然会保持沉默，并可能完全失去说话的能力。我强烈认为 SM 是一种残疾。

作者的评论

本章中坦诚的人生故事说明了几个要点：

- 玛丽亚、卡尔和薇薇安证明了 SM 的发生通常早于人们意识到真正的问题是 SM。他们的沉默一直被接受，他们感到没有说话的压力；他们感觉生活平凡而舒适，没有任何不对劲的感觉。

- 了解 SM 的人提供的帮助有很好的效果（例如玛丽亚的言语治疗师，凯蒂的 SMIRA，雷切尔的爱丽丝·思卢金），这强调了需要在 SM 意识和管理方面进行良好的培训。

- 还有一些很好的例子说明，对 SM 一无所知的人的支持和接受的重要性（例如卡尔给他的母亲读书，萨拉 – 简的治疗师，薇薇安的学校秘书）。

- 故事中对晚期诊断、管理不善和错失机会的后果进行了悲剧性描述，指出了不论多晚，成人服务机构识别 SM，并具备有效管理 SM 的知识和技能的重要性（例如卡尔、萨拉 – 简和薇薇安的故事）。

- 玛丽亚谈到她的前两位言语治疗师的"退出"对她的影响。当然，人们经常会换工作，工作的内容也经常改变。但是，SLT 经常只与那些 SM 儿童一起工作一段很短的时间。连续性和良好的治疗师过渡的重要性有时会被忽视，这会增加孩子的失落感或失望感。我们认为，在孩子与他们定期见到的人（例如助教）建立融洽关系的同时，SLT 担当支持性的咨询角色效果更好。

- 凯蒂在学校受到同伴虐待的例子表明，欺凌可能并不总是显而易见，但同样使人痛苦，即使有人称之为"轻微的"欺凌。

- 课堂上玛丽亚和凯蒂得到的支持程度之间形成了鲜明的对比：玛丽亚的班级知道她有 SM，大家都加入进来，想要提供帮助，并分享玛丽亚对自己成就的喜悦。凯蒂描述了相反的经历。然而，凯蒂在有计划地在大学重新开始后，也取得了很大的进步。如果她早先能够在学校告诉其他人，她可能已经能够像她希望的那样早点摆脱她的 SM 了。

- 雷切尔用"拒绝"和"不会"这样的否定词，可能是因为这是她听到其他人谈论她在压力下说话或开口时的焦虑反应的方式。

- 雷切尔的案例显示了父母和老师对 SM 的了解可以成为很大的支持和帮助。这说明 SLT 或心理学家的直接干预以及评估和正式诊断对康复并不重要。

- 卡尔描述了他的 SM 和情绪之间纠缠不清；萨拉－简描述了她长大后感到自己不重要和有隐形感；薇薇安觉得自己是一个坏孩子。我们认为，没有得到对 SM 的解释影响了他们的自我形象。

- 薇薇安很难理解为什么她不能给老师朗读，这进一步强调了向受 SM 影响的人解释 SM 的必要性。

- 在卡尔、萨拉－简和薇薇安的早年生活中，他们指出缺乏与父母的良好关系，或者生活在不愉快的环境中，是导致他们的 SM 和终身低自尊的重要原因。在帮助孩子克服 SM 并成为自信年轻人的过程中，温暖、持续的陪伴所带来的积极影响不容小觑。

- 卡尔和萨拉－简的案例中，对不恰当和侵入性的身体检查和性接触的描述令人不安。他们强调了确保所有儿童都在向最亲近的人披露此类事件上得到支持的重要性。同样重要的是，要考虑没有 SM 的孩子如何处理这些情况，并反思过去三十年来保护意识和立法方面的变化。

- 萨拉－简很好地描述了如何识别她的恐惧并面对它们——理性思维对克服焦虑和控制情绪的重要性。她还描述了有效的一般焦虑管理策略。

- 萨拉－简的 SM 对她的写作能力的影响并非不寻常。我们已经在几个年轻人身上看到了这一点，尽管表现方式有所不同。

- 有一些例子涉及卡尔和薇薇安受到的一些令人无法接受的严厉对待，以及萨拉－简受到的惩罚。值得庆幸的是，这种反应似乎在今天的孩子身上不那么常见了。然而，我们也看到父母和老师没有表现出"足够坚强的爱"。他们无意中给了孩子太多的宽容，助长了逃避的情况，而不是帮助孩子面对他们的恐惧。这可能对孩子的进步有害。

如果你想阅读其他有益的人生故事，我们推荐贝尼塔·雷伊·史密斯和爱丽丝·思卢金（Benita Rae Smith & Alice Sluckin）合著的《应对选择性缄默症》（*Tackling Selective Mutism*）一书中安和霍莉的故事。

附　　录

附录A

为孩子开口表达赋能

　　机缘巧合，组织翻译《选择性缄默症资源手册（原书第 2 版）》的王俊华女士向我询问 SM 在中国的诊疗情况。SM 是个不常见的病，在儿童群体中的患病率为 0.7% 左右，大多数精神科医生和心理治疗师并不熟悉怎样有效干预 SM。作为一名多年从事临床、教学和科研工作的精神科医生与心理治疗师，我愿意为 SM 患者群体做一点事。

　　后来，我参加了国际著名的 SM 专家露丝·佩雷德尼克的 SM 专业培训课程，有幸成为露丝在中国培训的第一位精神科医师。在这个专业培训课程中，约翰逊和温特根斯的《选择性缄默症资源手册》和露丝所著的《选择性缄默症治疗指南》都是指定的阅读材料，两本著作都让我受益匪浅。

　　下面谈一下我的学习收获和感想。

　　1. 因为患有 SM 的孩子通常在学校比较安静，不影响别的同学，所以老师往往觉得孩子只是性格安静，家长也很少主动带孩子求医，带孩子去精神科问诊的就更少了。

　　2. 即使在医学比较发达的英美国家，SM 儿童也常常被误解为只是害羞，或者故意的对抗行为，甚至被误诊为自闭症、智力障碍、发育迟缓等。

　　3. 如果给予适当的早期干预，SM 儿童的预后相当好。而如果迟迟不给予恰当的帮助，SM 儿童不仅在学校会被孤立，而且症状往往会发展为严重的社交焦虑症，到青春期甚至发展为抑郁症。所以，正确的早期干预至关重要！

4. 有些 SM 患者伴随有严重的焦虑症，对于这样的患者（特别是青少年、成人，或长期干预但效果不明显的儿童），针对 SM 的心理和行为干预很难起作用。在这种情况下，恰当使用精神类处方药物（通常建议选择性 5- 羟色胺再摄取抑制剂，包括帕罗西汀、舍曲林、西酞普兰等）可以降低患者的焦虑水平，让心理和行为干预达到事半功倍的效果。这就是在 SM 治疗中采用精神类处方药物的目的。

5. SM 患者通常不需要长期使用精神类处方药物，因为药物短期内就可以降低焦虑，帮助患者通过心理和行为干预掌握应对 SM 的技巧并对自己建立信心。当然，药物的选择、剂量和使用时间与患者的状况以及家长、老师和咨询师的知识水平和行动力有着密切的关系。

6. 对 SM 患者仅仅使用药物干预是不够的。精神科医生必须理解，使用药物的目的是降低患者的焦虑程度，从而帮助他们从心理和行为干预中获益。

希望有更多精神科医生和心理治疗师了解更多 SM 的干预方法。正确的诊断和及时的干预可以扭转 SM，能够改变孩子的一生。俊华女士组织翻译的这套书，对于患有 SM 的孩子是一个福音，对于专业人员也是难得的参考书。

谢博

精神科医师，心理治疗师，心理咨询师

2019 年 10 月于深圳

附录B

SM家长/家长督导经验分享

　　我的小儿子生在加拿大，长在全中文的家庭环境中，他是家里的老幺，也是全家人的宝贝。一岁半开始说话，在家说话交流完全正常。

　　两岁八个多月去全英文的托儿所，刚开始在托儿所完全不说话（英语），老师安慰我说小孩学语言快，少则一个月，最多半年就开始说英语了。我带着期盼数日子，每天去托儿所接孩子，都满怀期待地望向老师，那眼神似乎在问她："今天我儿子开口说话了吗？"而老师几年如一日地摇头，并说"Not yet"。这样的期待和摇头一直持续到两年半之后托儿所毕业，到那时孩子都没开口说出一个英语单词，他在托儿所里一直用点头摇头以及其他身体语言搞定一切交流。

　　要上小学了，我开始感到慌张：如果上了小学还一直不说话，会是什么结果？于是我开始上网搜索，东查西找，有一天查到"Selective Mutism"这个词，翻译成中文就是选择性缄默症（SM），网上描述的症状与我家儿子的表现一模一样：在家说话正常，在外面特别是在学校的环境下完全不说话。双语的孩子特别容易出现这种症状，让人头疼的是这种症状持续得越久，孩子越痛苦，因为孩子在学校完全不说话，不回答问题，不仅需要老师的高度耐心和理解，同时还需要班上同学的理解，要得到周围这么多人的理解太难了。时间久了，到了高年级（初中），孩子会被同学当怪物，特别容易被欺负。而且随着孩子年龄的增长，想说但就是张不了口的窘态将使孩子的心灵倍受煎熬，也容易导致心理疾病。

　　看完网上这些介绍，我不禁大汗淋漓，该怎么办？于是带孩子去看儿童医生。其实之前每年体检时，都跟医生提过孩子的问题，但医生听说孩子在家说话都正常，也就没有重视。这次我把关于 SM 的推测告诉了医生，但医生听后表情茫然，他以前也没遇到过这样的病例，所以暂时也拿不出治疗方案和意见，只能继续观察。

　　于是我带着对孩子不说话的担忧和焦虑，把儿子送入小学。在后来的几年里，我和孩子以及家庭犹如一叶在茫茫大海中失去方向的小舟，拼命挣扎也找不到彼岸，殚精竭虑，担心一个不小心小舟就被 SM 这个巨浪掀翻。

　　我通过一个偶然的机会，看到了《选择性缄默症资源手册》这本书，当时心里猛地咯噔了一下，这不正是"众里寻他千百度，那人却在灯火阑珊处"吗？这本书简直就是一个 SM 理论和实践知识相结合的大全，甚至我这么多年来自己摸索出的自认为做得好的地方，在这本书里都能找到理论根据。于是我迫不及待地看完了整本书，犹如久旱逢甘露，更像找到了一个失散多年的知己。心说要是早看到这本书，有了它的指导和帮助，是不是孩子早就能走出缄默了？自己和家庭也就不用辛苦那么多年。所以我决心一定要不遗余力地把这本书推荐给所有 SM 儿童的家长和认识 SM 儿童的人，希望它能给 SM 儿童带来开口说话的曙光。

张燕

附录C

SM家长感言

我是三个孩子的妈妈。三个孩子中，老二患有 SM。4 岁半确诊，但真正好好开始干预时，孩子已经 7 岁多。可以说耽误了很多宝贵的时机。作为家长，在与 SM 做斗争的这段时间里，心里有很多感想和感慨。

老二出生于美国休斯敦。自幼活泼可爱，聪明伶俐，语言能力也是三个孩子中最强的，一岁半已经滔滔不绝地讲长句。但她生性极其敏感，并且是个喜欢追求完美的孩子。两岁九个月，她去了当地的幼儿园，哭得厉害。每次快到幼儿园，她就会喊"肚子不舒服"（两年后才知道，是因紧张而腹部痉挛）！但她还是慢慢适应了幼儿园生活。后来，我们搬家到芝加哥，4 岁的她去了新的幼儿园，情况就此开始了变化。她很少跟老师、同学讲话，只在必要的时候对老师说悄悄话。之后升班，面对新老师和新教室，她的语言彻底消失了！尽管新老师用各种奖励方法鼓励她，但都不能使她真正开口说话。她用指头指、用笔写，以代替口头交流。那时候我才从网络搜索中对 SM 有所了解，确定她就是这种情况！而后治疗师也证实了这一点。

但接下去，我便开始了一段段弯路。弯路 1：作为父母，我们并没有重视，也没有立即采取行动。我错误地以为不用干预，孩子自己也会慢慢好起来。弯路 2：由于自己不懂，等到觉得需要干预的时候，找到的所谓治疗师也是有问题的，他们声称可以帮助患有 SM 的孩子，但其实南辕北辙，浪费时间、金钱，还耽误了宝贵的治疗时机。弯路 3：孩子升入小学的前前后后都没有干预伴随，新学校、新老师、新同学无疑是更大的挑战。于是在那段时间，孩子情况忽然恶化，变得爱哭、黏人、无安全感。除了在新学校一言不发，跟爷爷奶奶等长辈也不再讲话。她说喜欢体操课，可是上体育课的时候她会全身僵住，几乎不能参与任何活动。她进入了最严重的 SM 阶段。

我逐渐意识到事态严重。从此，我决心自己多努力，帮助孩子改善情况。认真学习后才更明白了，家长理所当然要多多学习！不要以为单交给治疗师就能解决问题。事实上，只有家长、治疗师、教师三方配合才能最终帮助孩子克服 SM。随后，事情也慢慢出现了一些转机。最大的转折点是我加入中华选择性缄默症家长微信群，认识了很多 SM 家长，大家的态度和行动力大大鼓励了我。大家相互鼓励，抱团取暖，毫不吝啬地分享各自的经验，一种找到组织的感觉油然而生！群里很大一部分是身在中国的家长，因为国内没有这方面专家，并且人们普遍对 SM 并不了解甚至存在误解，所以 SM 儿童和家长在各个方面有很多挣扎。不久后，我有机会开始做文字志愿者，参与翻译一些相关图书，真心希望可以因此帮到国内的 SM 儿童。在帮助别人的同时，这份工作对我而言也是最直接的学习和提升。当我更多地了解 SM 知识时，我更加理解女儿。我也学习了更多治疗 SM 的正确方法。我感慨这一切相见恨晚！作为妈妈，我下定决心始终站在"前线"跟 SM 做斗争。我一周三次去女儿的学校做干预；在校外其他环境注重她的主动参与；在家里，更多给她理解、关爱和陪伴，并邀请玩伴来家里玩。在短短的 3 ~ 4 个月时间里，女儿开始不断地进步，逐渐有点"遍地开花"的趋势了。在根深蒂固的缄默区——学校里，她对好朋友开口了！在餐馆，她跟服务员说话；在朋友家，她跟朋友的妈妈说话；去图书馆，她跟工作人员正常问答；邀请朋友来家里时，她跟朋友说话，也跟朋友的父母说话了！

我很感恩，虽然经历重重弯路，但最终走上了正确的路。在走上正确的路以后，女儿才有了今天的不断进步。虽然还有一段路需要继续走，但我能看到，她的安全感、独立、体贴、语言表达、声音慢慢回来了。

　　我真心希望读到此书的 SM 家长不要像我一样走弯路。立即行动起来！越早干预，效果越好！作为家长，一定要多多地学习这方面专业知识。这本资源手册为每位读者提供了详尽实用的知识、技巧和干预方法。如果我们了解更多，就能更早帮孩子摆脱 SM 的束缚。

张敏　博士